4. ÄGYPTOLOGISCHE TEMPELTAGUNG

Köln, 10.-12. Oktober 1996

Feste im Tempel

Herausgegeben von

Rolf Gundlach und Matthias Rochholz

1998

HARRASSOWITZ VERLAG · WIESBADEN
in Kommission

Die Deutsche Bibliothek – CIP-Einheitsaufnahme

Feste im Tempel / 4. Ägyptologische Tempeltagung, Köln, 10.–12. Oktober 1996 / hrsg. von Rolf Gundlach und Matthias Rochholz. – Wiesbaden : Harrassowitz, 1998
(Ägypten und Altes Testament ; Bd. 33 : Akten der Ägyptologischen Tempeltagungen ; Teil 2)
ISBN 3-447-04067-X

Gedruckt auf alterungsbeständigem Papier.
Druck und Verarbeitung: MZ-Verlagsdruckerei GmbH, Memmingen

ISSN 0720-9061
ISBN 3-447-04067-X

Ägypten und Altes Testament

Band 33,2

ÄGYPTEN UND ALTES TESTAMENT

Studien zu Geschichte, Kultur und Religion Ägyptens
und des Alten Testaments

Herausgegeben von
Manfred Görg

Band 33

AKTEN DER ÄGYPTOLOGISCHEN TEMPELTAGUNGEN

Herausgegeben von
Horst Beinlich, Rolf Gundlach,
Dieter Kurth und Steffen Wenig

Teil 2

1998

HARRASSOWITZ VERLAG · WIESBADEN
in Kommission

Vorwort

In den letzten Jahrzehnten hat sich auch in der Ägyptologie die Tendenz durchgesetzt, neben allgemeinen Kongressen kleinere, Spezialproblemen gewidmete Tagungen abzuhalten. Erstere sind inzwischen durch die große Zahl von Teilnehmern fast nicht mehr zu überschauen. Auf der anderen Seite erforderte die Spezialisierung, der sich auch unser Fach nicht entziehen kann, die Bildung kleinerer Arbeitsgruppen zur Diskussion gemeinsam interessierender Themen. Dieser Überlegung verdanken auch die „Ägyptologischen Tempeltagungen" ihre Entstehung. Die zentrale Bedeutung der Tempel als Quellen altägyptischer Kultur und Geschichte brachte es dabei mit sich, daß auch in diesem Themenbereich allgemeine Probleme des Faches zur Sprache kommen und, das konnte uns in unserem Anliegen nur bestärken, daß auch außerhalb unseres Tagungsrahmens „Tempeltagungen" abgehalten werden, z. B. durch anglo-amerikanische Kollegen. Ägyptologie ist immerhin von Hause aus eine internationale Disziplin, die von dem Neben- und Miteinander lebt.

Inzwischen sind unsere „Ägyptologischen Tempeltagungen", die aus der deutschsprachigen Ägyptologie heraus organisiert werden, zu einer Tradition geworden, beginnend mit dem ersten Kongreß 1990 in Gosen, auf den die Mainzer Tagung 1992 und die in Hamburg 1994 folgten. Auf Vorschlag von Philippe Derchain wurde dann zur vierten Tagung 1996 nach Köln eingeladen. Ausgerichtet wurde der Kongreß von den Kollegen des Kölner Seminars für Ägyptologie. Ihnen, vor allem dem Direktor des Kölner Instituts, Heinz-Josef Thissen, gebührt unser herzlicher Dank. Danken möchten wir auch den Spendern, die die Durchführung der Tagung finanziell „abgesichert" haben.

Dem Mainzer Institut für Ägyptologie oblag die Herausgabe der Tagungsakten, die mit diesem Band 33,2 der Reihe „Ägypten und Altes Testament" vorliegen. Dem Herausgeber der Reihe, unserem Kollegen Manfred Görg, danken wir nochmals für sein Entgegenkommen und seine unschätzbare Hilfe, unsere Tagungsakten als „Unterreihe" in ÄUAT aufzunehmen. Dieter Kurth hatte damit begonnen, als er die Vorträge der 3. Tagung (Hamburg 1994) veröffentlichte (AÄTT 1 = ÄUAT 33,1).

Unsere Kölner Kollegen hatten vorgeschlagen, die 4. Tempeltagung unter dem Generalthema „Feste im Tempel" abzuhalten. Von den 12 Referenten haben sich fast alle an diese „Vorgabe" gehalten. Es gehört auch bei diesen Spezialtreffen zum guten Ton, nicht stringent zu verfahren. Schließlich ist ein Generalthema nur ein grobes Raster, das nicht überbewertet werden sollte. Es freut die Herausgeber der AÄTT besonders, daß alle Referate zum Druck eingereicht wurden.

Besonders herzlich danken wir der Johannes Gutenberg-Universität Mainz und dem Verein der Freunde der Universität Mainz, die die Druckkosten dieses Bandes übernommen haben. Meinem Doktoranden und Mitarbeiter Matthias Rochholz ist die Redaktion und die Herstellung der Druckvorlage zu danken, die er in bewährter Qualität angefertigt hat.

Mainz, im März 1998 Rolf Gundlach

Inhaltsverzeichnis

Literatur- und Abkürzungsverzeichnis

Abkürzungen richten sich in der Regel nach HELCK, Wolfgang und Wolfhart WESTENDORF (Hrsg.), Lexikon der Ägyptologie (= LÄ) Bd.VII, Wiesbaden 1989, S.XIV–XXXVIII.

Die Monographien, die dort nicht aufgeführt sind, werden in den Anmerkungen einmal vollständig, später mit einem eigenen abgekürzten Titel zitiert; die Zitierweise ist der in BSEG vorgenommenen angelehnt.

Erscheinungsorte der Reihen und Zeitschriften, die im LÄ verzeichnet sind, wurden nicht erneut erfaßt.

AÄTT 1 — ÄUAT 33.1, Akten der Ägyptologischen Tempeltagungen; Teil 1: Kurth, Dieter (Hrsg.), 3. Ägyptologische Tempeltagung Hamburg, 1.–5. Juni 1994: Systeme und Programme der ägyptischen Tempeldekoration.

AL — D. MEEKS, *L'Année Lexicographique I–III*. Paris 1980–1982.

BAKI 1 — Beiträge zur ägyptischen Königsideologie, hrsg. von H. Beinlich, Ph. Derchain, R. Gundlach, U. Rößler-Köhler, H.-J. Thissen (*ÄUAT* 36,1).

BAKI 2 — Die Ideologie des frühen ägyptischen Königstums, hrsg. von R. Gundlach, W. Seipel (Redaktion: Chr. Raedler) (*ÄUAT* 36,2).

Festival procession (*OIP* 112): *Reliefs and Inscriptions at Luxor Temple Vol. I. The festival procession of Opet in the Collonade Hall, with translation of texts, commentary, and glossary* (*OIP* 112), 1994.

Fs Derchain (*OLA* 39): VERHOEVEN, Ursula und Erhart GRAEFE (Hrsg.), *Religion und Philosophie im alten Ägypten. Festgabe für Philippe Derchain zu seinem 65. Geburtstag am 24. Juli 1991* (*OLA* 39), 1991.

Fs Gundlach (*ÄUAT* 35): SCHADE-BUSCH, Mechthild (Hrsg.): *Wege öffnen* (Festschrift für Rolf Gundlach, *ÄUAT* 35), 1996.

Hibis III — N. DE GARIS DAVIES, *The Temple of Hibis in El Khargeh Oasis, Part III - The Decoration* (*PMMA* 17), 1953.

Karnak — Cahiers de Karnak. Centre Franco-Égyptien d'étude des temples de Karnak. Paris.

K*RI* — Kenneth A. KITCHEN, *Ramesside Inscriptions. Historical and Bibliographical.* 8 Bde. Oxford 1975–1990.

KURTH, Treffpunkt der Götter: D. KURTH, *Treffpunkt der Götter. Inschriften aus dem Tempel des Horus von Edfu.* Zürich / München 1994.

Tempeltagungen (*HÄB* 37), 1994: Rolf GUNDLACH und Matthias ROCHHOLZ (Hrsg.), *Ägyptische Tempel – Struktur, Funktion und Programm* (Akten der Ägyptologischen Tempeltagungen in Gosen 1990 und in Mainz 1992) (*HÄB* 37), 1994.

Theben — Theben. Herausgegeben von Jan ASSMANN. Mainz, ab 1983.

Datenbank der Ritualszenen

HORST BEINLICH

Während der IV. Tempeltagung in Köln wurde das Würzburger DFG-Projekt „Untersuchung zur Struktur der ägyptischen Tempel der griechisch-römischen Zeit anhand einer Datenbank der Ritualszenen“ vorgestellt, wobei die bis dato bestehenden Abfragemöglichkeiten an einigen Beispielen gezeigt und ein Ausblick auf eine graphische Darstellbarkeit von Ergebnissen der Abfrage gegeben wurden. Der Arbeitsstand aus dem Jahre 1996 ist mittlerweile (Anfang 1998) völlig überholt. Die Anzahl der erfaßten Ritualszenen hat um etwa 50%, die Abfragemöglichkeit der Datenbank um ein Vielfaches zugenommen, und die graphische Darstellungsmöglichkeit von Abfrageergebnissen auf gestaffelten Ebenen von der Ägyptenkarte über Bezirkskarten, Tempel- und Raumgrundrisse bis hin zur Wiedergabe der Einzelszene ist realisiert worden.

Der Abdruck eines Vortragstextes auf der Grundlage des jetzt längst überholten Forschungsstandes in den Akten der Tempeltagung scheint mir nicht opportun zu sein. Bei einer der nächsten ägyptologischen Tagungen wird sich sicher die Möglichkeit finden, das Projekt in seinem jetzigen Konzept und mit dem neusten Stand der Arbeit darzustellen.

Die Festbesucher in Esna

MARIA-THERESIA DERCHAIN-URTEL

Als Textgrundlage für die folgenden Ausführungen dienen die Festestexte aus Esna, zusammengefaßt in Esna V, „*Les fêtes religieuses d'Esna, aux derniers siècles du paganisme*", von Serge SAUNERON.

Zahlreiche Feste wurden im Ablauf eines liturgischen Jahres in Esna gefeiert, von mehr oder weniger langer Dauer, die im offiziellen „Festkalender" in kurzen Stichwortangaben zusammengefaßt erscheinen, in zwei Teilen, d.h. angebracht auf der Dicke der Tempelwand über den jeweils außen liegenden Säulenschranken (Nord und Süd), in 'erhabenem Relief' (Texte 55 und 77).

Dazu treten als weitere und bei weitem reichhaltigste Quelle die Festrituale selbst, mit den großen Hymnen an Chnum, Neith, Heqa und Menhyt-Nebtu, die die fünf großen Feste von Esna ausführlich beschreiben, auf den Schäften der Säulen selbst. Mit diesem Anbringungsort wird mit der bis dahin gültigen Tradition der Dekoration der Säulenschäfte in früheren griechisch-römischen Tempeln gebrochen, die, wie z.B. in Edfu, zwar großformatige Ritualszenen dort zuläßt, jedoch keine fortlaufenden Texte als flächendeckende Dekoration des Säulenschaftes kennt.

Eine dritte, aber im Verhältnis zu den Säulentexten als untergeordnet zu betrachtende Informationsquelle zu den Festestexten stellen daneben noch die zahlreichen Anspielungen auf einzelne Anlässe und Begebenheiten innerhalb der Ritualszenen auf den Tempelwänden dar, die noch manche wichtigen Ergänzungen zum Festgeschehen liefern können, insgesamt aber keine wesentlichen Neuerungen mehr hinzufügen.

Diese fünf, mit großem Detailreichtum beschriebenen Feste als Grundlage der folgenden Ausführungen sollen hier zuerst kurz vorgestellt werden.

1. Die Feste zu Ende des Monats ***Athyr***: Fest des Gottes Heqa, der als jugendlicher Gott vom Stadttempel aus als mit regenerierender Kraft ausgestattet, in feierlicher Prozession zum *Pi-Ḫnmw-n-Sḫt*, dem 'Haus des Chnum des Feldes' nördlich des Haupttempels gelegen, auszieht. Weiter noch führt ihn sein Weg nördlich zum *Pi-Nṯr*, Sanktuar der verstorbenen Götter, nahe des heiligen Hügels als Grabstätte des

Kneph, Tanen, Atum sowie Osiris. Zurück in *Pi-Ḫnmw*, erfolgt dort die Inthronisation des Heqa; an diese Zeremonie schließt sich im folgenden unter ähnlichen Voraussetzungen zur Wiederbelebung der fruchtbaren Erde das Fest der Göttin Nebtu-Hathor, der 'Herrin des Feldes' an. Verbunden erscheinen diese Festtage mit den ersten Tagen des Monats ***Khoiak***, die den Besuch der Götter der an Esna angrenzenden Kultzentren feiern, wobei hier aber der Einzugsbereich, entgegen dem großen Vorbild dieses Festes, des Besuches der Hathor von Dendera in Edfu, deutlich kleiner gehalten ist: Kom el-Ahmar im Süden (Hierakonpolis) bis Moʿalla und Gebelein im Norden schicken ihre Götter, die gemeinsam mit dem 'Hausherren' von Esna, besonders Chnum-des-Feldes, sowie Nebtu und Heqa die wiedergewonnene Fruchtbarkeit der Erde feiern.

2. „*Das Fest des Erhebens des Himmels*" und das „*Fest des Einsetzens der Töpferscheibe*" am ***1. Phamenoth***: Zwei in Esna miteinander verbundene Feste, deren erstes auch „*Fest des Ptah, des Schöngesichtigen, der den Himmel an diesem Tag erhoben hat*" genannt wird (Festkalender).
   Es ist nach Esna als memphitisches Schöpfungsfest, parallel zum Chnum eigenen Fest der „Töpferscheibe" zur Erschaffung der Menschen, transponiert. In der Überlagerung der Person des Chnum mit Schu(-Ptah) vereinigen sich so in Esna zwei ursprünglich als deutlich mythologisch getrennt zu betrachtende Feste.
   Dieses Fest ist bei weitem am ausführlichsten auf den Säulen dokumentiert, auf 14 der insgesamt 18 Säulen des Pronaos.
3. Das „*Fest der Ankunft der Neith-Methyer in Sais*" am ***13. Epiphi***. Als eine Art Pendant zur Erzählung der Erschaffung der Menschen durch Chnum präsentiert dieses Festritual zunächst die Erschaffung der Göttin Neith in Esna selbst, danach aus ihrer eigenen Schöpferkraft heraus, die Erschaffung der Welt, die Geburt des Re, sowie anschließend ihre Reise zu ihrem Hauptkultort in Sais, zusammen mit ihrem Sohn Re. Ist bis heute auch ungeklärt, ob Neith schon seit alters her eine bedeutende Rolle in Esna spielt, so steht sie doch, greifbar in diesen Texten, an wichtiger Position neben Chnum, und in eben dieser Bedeutung besetzt sie ein eigenes Fest.
4. und 5. Das „*Fest des Ergreifens des Herrschaftsstabes*" und der „*Sieg des Chnum*" am ***19. und 20. Epiphi***, denen „*Die Revolte der Menschen*" am ***9. Payni*** vorangeht.

Letztere Episode lehnt sich ganz eng an die bekannten Ereignisse der „Revolte" gegen den alternden Sonnengott an, vor allem bekannt in seiner ausführlichen Version im „*Buch von der Himmelskuh*" aus dem Grab Sethos' I. Daran schließt sich der „*Sieg über die* [nicht näher genannten] *Götterfeinde*" und damit der Triumph des Gottes Schu als Retter des alternden Chnum-Re an.
Diese beiden miteinander verbundenen Feste haben als Rahmen und Hintergrund sowohl das Sanktuar *Pi-Ḫnmw-n-Sḫt* als auch die Götternekropole *Pi-Nṯr* sowie den See *S3w-ḥnn*, auf welchem die letzte entscheidende Schlacht, vielleicht sogar in der Art eines Mysterienspieles, geschlagen wird.

All diese Feste haben unter Teilnahme des Volkes stattgefunden, d.h. vornehmlich der Stadtbevölkerung von Esna, aber auch der Bewohner der umliegenden Orte, besonders der nördlich des Haupttempels gelegenen, wo sich die Ziele der verschiedenen Prozessionen befinden: *Pi-S3ḥw-Rʿ*, *Pi-Ḫnmw-n-Sḫt*, der See *S3w-ḥnn* und die Nekropole *Pi-Nṯr*. Und von diesen Teilnehmern soll im folgenden die Rede sein.

Die Priesterschaft als Träger der Feste tritt dabei nur gelegentlich in Erscheinung, als Handelnde, die fest in den Ablauf der Rituale eingebunden sind, während die Besucher mit ihren zahlreichen Äußerungen der Freude und der Anteilnahme im Vordergrund stehen.

Somit ist das Geschehen im Inneren des Tempels selbst, zu dem nur die Eingeweihten Zutritt hatten, aus dem folgenden ausgeklammert. Unsere Beobachtungen zu den Teilnehmern erstrecken sich auf das Umfeld des Tempels, die Prozessionswege und die oben genannten Heiligtümer.

Jedes der einleitend erwähnten Feste beinhaltet neben den Festritualen, die im Tempelinneren, also unter Ausschluß der Öffentlichkeit, vollzogen wurden, eine mehr oder weniger aufwendige Götterprozession. Alle in Esna beheimateten Götter verließen mindestens ein Mal im Jahr den Haupttempel: Chnum/Chnum-Re, Neith, Heqa, Harsiese und Nebtu-Menhyt; auch Thot wird erwähnt.

Der dafür durchweg gebrauchte Ausdruck ist *(s)ḫʿj* 'erscheinen (lassen)', wie wir es seit ältester Zeit in diesem Zusammenhang kennen, soweit sich die Prozession von einem Punkt A aus (hier: Haupttempel) zu einem anderen Punkt B (eines der oben genannten kleineren Heiligtümer) bewegt und dort anhält; oft verbringt dabei dort die Gottheit die Nacht.

Einmal jedoch wird bei einem der Auszüge des Heqa, Kind des Schu und der Tefnut (= Geb), am 22. Pachons ausdrücklich ein Rundgang beschrieben: *pḫr niwt.f ... ḥtp ḥr st.f wrt m Ḥwt-Ḫmnw m-bꜣḥ itw.f 'die Stadt durchziehen ... zurückkehren an seinen Hauptsitz im Tempel des Chnum (= Haupttempel), in Gegenwart seiner Väter'* (77,14).

Der 14. Payni erwähnt die '*Schiffahrt der Nebtu*' *ḫnj Nbt-ww*; dahinter verbirgt sich das Fest der Rückkehr der fernen Göttin, in Esna verbunden mit der Wiederbelebung der Natur, wenn Nebtu(-Tefnut), eben die '*Herrin des Feldes*', zurückkehrt und ihr Bruder Schu ihr zu Ehren vor ihr tanzt (so in der Hymne 346); in das Bild umgesetzt bedeutet dies den Tanz des Pharaohs vor der Göttin, in diesem Fall Trajan, auf der Säule 17 in der hintersten südlichen Säulenreihe sowie Bild 520, auf der rückwärtigen westlichen Tempelwand[1].

sḫꜥj, pḫr und *ḫnj* '*erscheinen, umherziehen, zu Schiff fahren*' sind **die** wenigen Termini, die in stereotyper Weise die Bewegungen und Wege der Götter charakterisieren. Die Teilnahme und die Freude der Menschen an den Festen werden dagegen auf reichhaltigere Weise zum Ausdruck gebracht.

Die umfassendste und damit allgemeinste Bezeichnung der Festesfreude lautet: *irj hrw nfr* '*einen schönen/freudigen Tag verbringen*', so anläßlich eines '*Auszuges des Chnum-Re, der Nebtu und ihres Gefolges*', die in die Nekropole *Pꜣ-Nṯr* ziehen: *irj hrw nfr m-pḫr n ḥwt-nṯr tn* '*einen schönen Tag verbringen in der Umgebung des Tempels*' (V, 15 = 55,6; 1.-6. Khoiak); – beim '*Fest des Schu*': *irj hrw nfr in s nb* '*einen schönen Tag verbringen seitens aller Menschen*' (V, 18 = 55,8; 1. Mechir); – dazu: *irj hrw nfr m hrw pn ḥb Rnnt ḫrtw.f* '*einen schönen Tag feiern an diesem Tag: man nennt ihn das Fest der Renenet*' (V, 21 = 77,12; 1. Pachons). Aus der doppelten Verwendung von *hrw* als Objekt zu *irj* neben der Zeitangabe *hrw pn* geht deutlich hervor, daß *irj hrw nfr* ganz allgemein auch nur mit 'feiern' übersetzt werden kann.

Auch in Edfu wird ein Mal ausführlich auf die Teilnehmer, hier beim Fest des Besuches der Göttin Hathor bei Horus von Edfu, Bezug genommen: '*500 Brote verschiedener Sorten, 100 Krüge Bier und 30 Schenkel von Kleinvieh ist für die Bewohner der (umliegenden) Dörfer (bestimmt) (ḥr nꜣ ꜥnḫw nw niwwt), damit sie die Zeit zubringen, indem sie sitzen und trinken und einen schönen Tag feiern vor diesem herrlichen Gott,*

---

1 Die Angabe *LD* IV, Bl. 83 b ist falsch; es handelt sich nicht um den Abakus eines Pfeilers aus Dendera, sondern es ist das Bild zu Esna 382. Auch dies stellt Trajan dar, als *snn ꜥnḫ n Šw* 'lebendes Abbild des Schu' tanzend vor Menhyt-Tefnut und Nebtu. Im Textband (LD, Text IV, 31) ist die Zuordnung dieses Bildes zur Säule 17 in Esna korrekt wiedergegeben.

indem sie sich mit Salböl einreiben und sehr (laut) jubeln mit den Bewohnern der (anderen) Dörfer' (*wrš.w ḥmsw ḥr swr ḥr irj hrw nfr m-bȝḥ nṯr pn šps ḥr sin sgn ḥr nhm r ˁȝ wr ḥnˁ ˁnḫw nw niwwt*) (E V, 127,6ff.)[2].

Insgesamt aber, und besonders gemessen an der Bedeutung und Dauer dieses großen Edfufestes, erscheinen die Erwähnungen der Festteilnehmer in Edfu eher bescheiden.

Am 10. Payni ergeht die gleiche Aufforderung zum Feiern beim Fest des Heqa, die sich hier aber wohl eher eingeschränkt auf die göttlichen Teilnehmer bezieht, da dies *m pr-ms* 'im Mammisi' stattfinden soll (V, 25 = 77,15).

Deutlich aber richtet sich diese Aufforderung an alle Einwohner der Stadt, wenn die Göttin Neith in Gestalt einer Kuh vom Schiffsanlegeplatz am Abend zum Haupttempel zurückgeführt wird, wobei die Beschreibung ihres Schmuckes wert ist, hier festgehalten zu werden: '*Eine Kuh mit schwarzem und glänzendem Fell, ... man reinigt sie mit Weihrauch auf einer Flamme; ihre Augen werden mit schwarzer und grüner Schminke geschminkt; sie wird mit Öl eingerieben; man befestigt eine Krone mit einer Doppelfeder auf ihrem Kopf, und ein Fayence-Amulett in Form eines kleinen (ḏd-)Pfeilers an ihrem Hals*' (V, 295 = 207,19); – dazu: '*Erscheinen dieser Göttin und ihrer Begleitung, ... viele Fackeln entzünden im Inneren des Tempels*[3]*! Männer und Frauen sollen einen schönen Tag feiern! Die ganze Stadt soll Freudenschreie ausstoßen!*' *irj hrw nfr in tȝjw ḥmwt irj ihjj in niwt tn r ḏr.s* – mit dem Zusatz '*Niemand soll schlafen bis zum Morgengrauen! Ganz Esna ist in Festfreude!*' (V, 302 = 207,23).

Die Göttin legt so, für alle Gläubigen sichtbar, den Weg zurück von der Schiffsanlegestelle, dicht beim heutigen Quai, auf dem Dromos, der diesen Quai mit dem Tempel verbindet und noch heute in seiner ursprünglichen Lage deutlich zu erkennen ist (V, 295).

Am Morgen dieses Festtages erscheint '*zur 3. Stunde*' (zwischen acht und neun Uhr) die Göttin in feierlicher Prozession vor dem Tempel, wobei ein Priester eines sehr hohen Ranges *ḥȝtj-ˁ wr* '*einen Bogen vor ihr trägt*', so die wörtliche Ritualanweisung (V, 278 = 207,16). Das Bild zur Szene 545 auf der rückwärtigen westlichen Wand des Säulensaales illustriert diese Prozession detailgetreu, wobei '*dem Bogen über der Schulter*' noch vier Pfeile in der rechten Hand des Priesters hinzugefügt erscheinen.

'*Sehr reichhaltige Opfergaben werden dargebracht ... m pr pn r ḏr.f m ḫnt.f m rwt.f im ganzen Tempel, innen sowohl wie außen*' (207,17). Dabei steht der Oberste Vorlese-

---

2 Trad. KURTH, Treffpunkt der Götter, 162.

3 Vgl. dazu Herodot II,62, der das berühmte „Fest der brennenden Lampen“ in Sais zu Ehren der Göttin Neith beschreibt.

priester in vollem Ornat (wie es in ähnlicher Weise gleich noch beschrieben werden soll) '*auf dem Vorhof*' *m wb3* vor der Göttin, *iw ḥr.f r mḥt* '*wobei sein Gesicht nach Norden gewandt ist*', wohl in Anspielung auf die Ankunft der Göttin aus Sais im Delta und in der ganz allgemein geltenden Perspektive der Symbolik des Tempels von Esna, wonach dessen nördlicher Teil besonders dieser Göttin vorbehalten ist (V, 280 (q)).

Eng lehnt sich an die vorab genannten Freudenbezeugungen folgende Aussage bei einer Prozession der Nebtu an: *irj ḥb m-b3ḥ.s* '*feiern in ihrer Gegenwart*' (V, 16 = 55,6). Ganz direkt wird diese Freudensäußerung auf die Göttin bezogen, so wie bei einer Prozession der Göttin Menhyt-Nebtu die folgende Beobachtung steht: *msj mnḏwj m-b3ḥ.s in ḥmwt nt niwt tn* '*Entblößen der Brüste vor ihr seitens der Frauen dieser Stadt*' (346,19).

msj, obgleich  geschrieben, ist hier als 'darbringen' (aus der Opferterminologie) zu verstehen, so im Licht des Textes 179,3 aus Kom Ombo, welcher ebenfalls  ganz eindeutig für das übliche  *msj* verwendet; so auch  *msj n Mḥnt* in den Thebanischen Tempelinschriften aus griechisch-römischer Zeit (Urk. VIII, 56 k,9).

Diese kleine Beobachtung am Rande des Festgeschehens weckt unvermeidlich die Assoziation zu dem Bericht von Herodot (II, 60), der überliefert, daß '*sich die Frauen (auf dem Weg zum Fest in Bubastis) entblössen*' – eine unerwartete Bestätigung und Erweiterung seiner Beobachtung!

Diese allgemein ausgedrückte Festesfreude *irj hrw nfr* / *irj ḥb* wird noch durch weitere Einzelbeobachtungen präzisiert und ausgemalt. Zu Beginn eines feierlichen Auszuges (hier zum Fest der '*Übergabe der Töpferscheibe*' gehörig, aber im Prinzip für alle gültig) gibt der 'Himmelsbeobachter'  *b3q-pt*[4] das Signal zum Aufbruch '*in der 3. Stunde*'; es folgt das '*Verlesen des Prozessionsrituales seitens des Obersten Vorlesepriesters*', angetan '*mit einem roten und grünen Band, einem Pantherfell auf dem Rücken, ein Menat aus Gold und Fayence an seinem Hals, mit einem Widderkopf daran; ein Band mit einer Straussenfeder (šwt n niw) um den Kopf herum, ein kleiner Umhang auf seiner Schulter, den 3ms-Stab und eine Papyrusrolle in der Hand*'; reiche Opfer werden dazu vier Mal aufgebaut '*am Eingang der Vorhalle*' (V, 134 284,7–12)[5].

---

4 Zur Lesung s. S. SAUNERON, Le prêtre astronome du Temple d'Esna, in: *Kemi* 15 (1959), 36–41.

5 Als Illustration zu dieser Beschreibung (Esna 284, Domitian) s. aus der gleichen Epoche Dend. Mam. Tf. 87 (Trajan) das Bild eines entsprechend gekleideten Priesters; dazu ebenfalls römisch das Bild eines Priesters, auf einer bemalten Holzstele aus Theben (P. MUNRO, Die spätägyptischen Totenstelen (*ÄA* 25), 1973, Tafelband, Tf. 21, Abb. 75). – Die Federn auf dem Kopf beider Priester ragen steil auf, erinnern also zunächst eher an Falken- denn an im oberen Teil abgerundete Straußenfedern. Doch auch die Schwanzfedern der Strauße sind gerade ausgerichtet; sie unterscheiden sich durch ihre gleichmäßige

Zu dieser Prozession wird weiterhin vermerkt: '*Der Weg wird geheiligt (ḏsr w3t) für Chnum-Re, in seinem Naos, außerhalb seines Tempels (rwt pr.f)*' (V, 127 = 284,1); damit tritt die Gottheit in das Blickfeld der wartenden Menge.

'*Jeder muß an seinem Platz sein! Wie wichtig ist es, die Riten in den Straßen auszuführen (wr.wj irj irw m mrrt), ohne daß sichtbar werden die verborgenen Dinge (d. h. Chnum verborgen in seinem Schrein)! Wie wichtig ist es, den Weg seiner Majestät zu heiligen ... inmitten seiner Gefolgschaft!*'

Im weiteren Verlauf überwacht der 'Himmelsbeobachter' *b3q-pt* an ihrer (= der Priester) Spitze die Opfergaben und '*ruft dabei in alle Straßen der Domäne des Gottes*' (*ḥr sʿš m mrrt nbw ntj ḥwt-nṯr*) (284,8), d. h. er kündigt dem wartenden Volk das Erscheinen des Gottes an[6].

Auch beim Fest der Göttin Neith am 13. Epiphi steht der Oberste Vorlesepriester, wie oben bereits erwähnt, im vollen Ornat *ʿḥʿ m wb3 pn n ḫft-ḥr n nṯrt tn* '*auf dem Vorhof, gegenüber dieser Göttin*' (V, 278 207,18), also ebenfalls im Blickfeld des Volkes, während reiche Opfertische aufgebaut werden *m-ḫnt m rwt.f* '*im Inneren und außerhalb (des Tempels)*' (207,17).

Dies gilt auch für das Verbrennen von Weihrauch, als Abschlußzeremonie zu einem '*Großen Opfer*', so beim „*Fest des Erhebens des Himmels am 1. Phamenoth*": '*Weihrauch verbrennen ... im ganzen Tempel, sowohl innen als außen*' (mit gleichem Wortlaut; V, 81 = 224,2f.).

Tritt nun eine Prozession aus dem Tempel heraus, so wird – zumindest für Chnum-Re – gefordert, *ttf irtt w3ḏ m ḫft-ḥr* '*reichlich frische Milch auf dem (Haupt)weg auszugießen*' (V, 27 = 77,18).

Bei dem Erscheinen des Gottes zum „*Fest der Vereinigung mit der Sonnenscheibe*"[7] '*ist der Himmel festlich, die Erde in Jubel, ... jeder unter ihnen in Herzensfreude*' (*pt m*

---

feine Fiederung von den durch Streifen unterbrochenen Falkenfedern. Die Illustration Dend. Mam. Tf. 87 trägt diesem subtilen Unterschied zeichnerisch aufs beste Rechnung. – S. dazu P. BEHRENS, s.v. Straußenfeder, *LÄ* VI, 77–82.

6 Diese Stelle hat unter der Feder von S. SAUNERON zwei leicht voneinander abweichende Übersetzungen erfahren: *Kemi* 15 (1959), 38 wird *ḥr sʿš m mrrt nbw ntj ḥwt-nṯr* mit '*psalmodier dans tous les couloirs du temple*' wiedergegeben; die hier vorliegende jüngere Übersetzung (1962) dieses Textes trägt verstärkt dem Determinativ ⊗ für *mrrt* sowie dem allgemeinen, nach außen verlagerten Festablauf Rechnung, so daß ich mich hier der Wiedergabe '*lancer des appels dans toutes les allees du domaine sacre*' anschließen möchte.

7 Dieses Fest fand in Esna nicht auf dem Tempeldach statt, sondern das Götterbild wurde vor dem Haupteingang zum Tempel der nur wenige Morgenstunden dauernden Sonneneinstrahlung ausgesetzt; s.

ḥb t3 m hjj … wᶜ nb im.sn m nḏm-ib) (V, 150 = 275,10); fast gleichlautend wird dies an anderer Stelle ausgedrückt, zu Ehren der Göttin Neith: '*der Himmel ist festlich, die Erde in Freude, die Tempel erstrahlen mit Glanz, … die Menschen sind in Jubel vor ihr*' *(ḥnmmt m snsw n ḥr.s)* (V, 151 = 331,7).[8]

Eine andere Ehrenbezeichnung noch gilt ihr, festgehalten in einer Hymne anläßlich des Festes der „*Fahrt nach Sais*" am 13. Epiphi: *sḏr n.s ᶜḥᶜw ṯs-pḫr* '*es werfen sich zu Boden für sie die, die aufrecht waren (und umgekehrt)*' (V, 292 = 163,26).

Die Freude angesichts eines anderen Gottes, hier Heqa, findet noch einen anderen Ausdruck: *ᶜḏᶜḏ n.k n3 swt ḏsr m i3w q3 ḫrw ḏr m33w ḥr.k nfr* '*es jubeln dir zu die Kapellen in Verehrung, und lauter Jubelgesang (ertönt), wenn sie dein schönes Antlitz erblicken*' (341,9).

Sind auch nicht ausdrücklich 'die Menschen' genannt, kann man sie aber doch hier als 'in' oder 'vor' den Kapellen, die Heqa bei seiner Prozession besucht, zugrunde legen[9].

Einige besondere Angaben liefern nun noch die Festrituale der beiden letzten Feste, das „*Fest des Ergreifens des Herrschaftsstabes*" und der „*Sieg des Chnum*" am 19. und 20. Epiphi. Beide Feste haben, wie eingangs bereits erwähnt, als Rahmen und Hintergrund neben dem nördlichen Sanktuar *Pi-Ḫnmw-n-Sḫt* noch weiter im Norden die Götternekropole *Pi-Nṯr* und den See *S3w-ḫnn*, auf welchem die entscheidende Götterschlacht ausgetragen wird.

Zum einen finden wir dort ausführliche Hinweise zur Reinheit, nicht nur für die Priester gültig, sondern auch offensichtlich für Privatleute *s nb ntj nn ᶜq r ḥwt-nṯr tn ḥr irj k3t.sn* (V, 344 = 197,19). Ein ähnlicher Hinweis auf Personen, die im Tempel eine 'Arbeit' *k3t* tun müssen, findet sich bereits in Edfu (I, 554,2–3); neu ist aber hier die Bemerkung,

---

dazu V, 129–130; vielleicht ist in diesem Zusammenhang auch die '*Entschleierung der Götterbilder*' zu sehen (V, 158ff.), die dort '*in ihrem Kiosk*' ruhten. – Zu der möglichen Vorstellung von der Verschleierung des Kiosk und damit des Gottesbildes vgl. das Palästrinamosaik (± 1. Jahrhundert), welches einen (griechischen) Tempel in Ägypten mit voll geblähtem Sonnensegel davor, in Form von 𓊹, zeigt; s. A.K. BOWMAN, *Egypt after the Pharaohs. 332 BC–AD 642 from Alexander to the Arab Conquest*. London 1986, 71; auch M.-Th. DERCHAIN-URTEL, Die Bild- und Textgestaltung in Esna – eine 'Rettungsaktion', in: Fs Derchain (*OLA* 39), 1991, 119.

8 M.-Th. DERCHAIN-URTEL, „Der Himmel ist festlich…" (in: Fs Gundlach [*ÄUAT* 35], S. 34–41.

9 Zur Lesung von (𓀠) ß (*q3*) *ḫrw* kann die häufige Schreibung ßßß *sḫrw*, die damit zweifellos in Zusammenhang steht, herangezogen werden; 'lauter Jubel' *q3 ḫrw* erscheint z. B. als ⊿𓄿𓀠ß𓅪 in Urk. VII, 56,17, neben *dw3* und *sw3š*; ebenso ⊿𓀠 Urk. VIII, 56k,2° neben anderen Ausdrücken der Verehrung wie *snq*, *njnj*, *ḥknw*, *ḥnw*, *i3w*, *dw3* u.a. *ᶜḏᶜḏ* 'jubeln' wird auch anderenorts mit *m33* 'erblicken' in Zusammenhang gebracht, so z. B. die Mendesstele, Urk. II, 36,6: *ḥr nb ᶜḏᶜḏ n m3.f* 'jedermann jubelt, wenn er ihn (= den König) erblickt'.

'*wer einzutreten wünsche*' *(mr ˁq)*, neben dem gleich danach genannten '*allgemeinen Tempelpersonal*', zusammengefaßt als *wnwtjw ḥwt-nṯr*.

Hier ist deutlich eine Lockerung der bisher streng geltenden Vorschriften festzustellen, die jegliche profane Teilnahme am Geschehen ausgeschlossen hatten. Diese Tempelbesucher, die das Innere betraten, hatten sich nun genau definierten Vorschriften zu unterwerfen.

'*Kein Mann in Trauer soll das Innere dieses Tempels betreten*' (V, 344 197,18)! Diese 'Trauer' *snmm*, mit 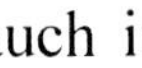 determiniert, trifft auch in anderen Texten auf Ablehnung, so wenn es von Hathor in Dendera heißt, '*der Abscheu ihrer Person ist die Trauer*' *bwt k3.s snmm* (V, 58,8). In ähnlicher Aussage möchte H. JUNKER diese 'Trauer' mit 'übler Laune' gleichsetzen, da auch in einem Preislied an Hathor in Karnak gleich danach das Spiel des Sistrums zur Erheiterung erwähnt wird[10].

Hier ist aber diese 'Trauer' nicht als störende gedrückte Stimmung, d. h. als Gemütszustand dieser Tempelbesucher zu sehen, sondern sie steht in direktem Zusammenhang mit den folgenden Anweisungen: '*Rasieren, Schneiden der Fingernägel und der Haare dessen, der hier eintritt*' sowie '*Kleiden in feines Leinen, wer sich im Tempel bewegt*'. Dies steckt deutlich den Rahmen ab, in welchem diese Anweisungen ihr besonderes Gewicht erhalten: Speziell im Tempel von Esna im Hinblick auf den Widdergott und Tempelherrn Chnum gilt das Tragen von Schafwolle als strafwürdiges Sakrileg.

Die Erwähnung der 'Trauer' *snmm* zielt daneben auf die Pflege und Reinheit von Haare und Fingernägeln ab, da zum Ausdruck von Trauer oft vernachlässigtes und wirres Haupthaar gehörte[11].

Unrasiert zu sein und wirres Haar zu tragen galt in Ägypten als ausgesprochen ungepflegt und abstoßend; als Zeichen der Trauer aber wurde dies zeitweise, bis zur endgültigen Bestattung, gezeigt, wofür es eine Reihe von Zeugnissen gibt (sogar Erde und Schmutz verteilte man auf seinem Kopf) – und so konnte sich Herodot (II, 36) nur wieder einmal wundern, daß sich Ägypter anders als andere Trauernde aus ihm bekannten

10 H. JUNKER, Poesie aus der Spätzeit, in: *ZÄS* 43 (1906), 113; s. H. STERNBERG-EL HOTABI / F. KAMMERZELL, *Ein Hymnus an die Göttin Hathor und das Ritual 'Hathor das Trankopfer darbringen'* (*Rites Egyptiens* VII), Bruxelles 1992, Text U (= *Urk.* VIII, 134,28f., Ptahtempel in Karnak), 9–11; dazu 26 (Übersetzung der ausführlicheren Denderaversion).

11 W. WESTENDORF, s.v. Trauer, *LÄ* VI, 744–745; Ch. MÜLLER, s.v. Haar, *LÄ* II, 924.

Völkern verhalten, da sie sich '*die Haare wachsen lassen (anstatt sich kahl zu scheren)*'[12].

Eine andere Vorschrift aber ist noch in *Pi-Nṯr* strikt zu beachten: Zum einen darf dieser Boden '*von keinem Tier betreten werden*'. Diese Vorschrift stellt schon eine Parallele zum Schutz des Abaton von Bigge dar; andere werden folgen (V, 319 = 196,2).

Zum anderen noch gilt dieses: *ir tkn sj st ḫp(r) ḫrjj m tꜣ ḏr.f* '*Wenn eine Frau es betritt, geht ein Unglück über das ganze Land nieder*' (V, 319 = 196,2). Dies bezieht sich auf das Heiligtum selbst; von der Teilnahme im weiteren Umkreis sind Frauen nicht ausgeschlossen.

Der einfache Festbesucher bekommt nun einen anderen Platz zugewiesen, ist aber auf jeden Fall in das Geschehen einbezogen: So nämlich möchte man den anschließenden Passus verstehen (nach einer ausführlichen Diskussion dieser Stelle von S. SAUNERON, der ich mich hier anschließe): *st-rdwj nt niwtjw sbtj n ḥwt-nṯr tn n ꜥq.sn ḥr ḏꜣḏꜣt* '*der Platz der Bewohner der Stadt ist die Umfassungsmauer dieses Tempels, sie sollen (aber) nicht auf die Tribüne vordringen*'[13] (V, 341 = 197,18).

Damit ist, als *ḏꜣḏꜣt*, ein aus Stein aufgeführter tribünenartiger Platz gemeint in der Tempelachse selbst, als Ruheplatz für die am Festgeschehen teilnehmenden Götter, zu welchem natürlich nur die Priesterschaft, nicht aber das Volk Zutritt hatte[14].

Zuvor aber, beim vorangehenden Fest zum Gedenken an die 'Revolte der Menschen' treten zu Ende der Zeremonie im Heiligtum von *Pi-Nṯr* die Festbesucher deutlich und lautstark in Erscheinung: die 'Revolte' ist niedergeschlagen, und *irj ihjj / ꜣhjj m-pḫr n iꜣt tn r ḏr.s in s nb* '*es ertönen Jubelrufe rings um diese ganze Stätte herum von allen Menschen*' (V, 329 = 196,10).

iꜣt r ḏr.s meint hier mit großer Wahrscheinlichkeit die ganze Anlage mit ihrer (sicherlich nicht sehr hohen) Umfassungsmauer, in deren Umkreis (*m-pḫr*) sich nun die Bevölkerung ohne Einschränkung aufhalten und am Festablauf teilhaben kann. Leider lassen die archäologischen Befunde keine eindeutige Stellungnahme mehr zu; *Pi-Nṯr* ist vom Erdboden verschwunden.

---

12 Chr. DESROCHES-NOBLECOURT, Une coutume égyptienne méconnue, in: *BIFAO* 45 (1947), 185–232, besonders Teil B, 212ff.

13 Zu *st-rdwj* s. S. SAUNERON, Remarques de philologie et d'étymologie (en marge des textes d'Esna), in: Mél. Mar., 1961, 245–247: L'expression var. .

14 S. dazu die Erläuterungen V, 343, Anm. (i).

Bevor nun die Gottheit, hier Chnum, zum (Kampf und) „*Sieg über seine Feinde*“ selbst am Rand des Sees *Sꜣw-ḥnn* Platz nimmt[15], werden wiederum große Opfer dargebracht, Wein, Bier, ‘*Produkte seines Feldes*’, und bei dieser Gelegenheit werden auch junge Kühe geschlachtet, nachdem man sie ‘*gereinigt*’ und ‘*geschmückt*’ hat, *r-rwt ḥwt-nṯr.f* ‘*außerhalb seines Tempels*’, also am Eingang des Heiligtums *Pi-Nṯr*.

Auch hier nehmen natürlich, wenn auch sicherlich aus gebührender Entfernung, die Festbesucher teil, was umso wahrscheinlicher ist, als angesichts der reichen Opfergaben festgehalten wird, *n snm in s nb n tš.f* ‘*kein Mann seiner Gegend darf (von den Opfern auf den Festaltären) essen*’ (V, 339 = 197,16). *s nb* ist hier in auffälliger Weise  geschrieben, wie dies sonst fast ausschließlich in Dendera unter Trajan anzutreffen ist; auch dieser Text stammt aus der Zeit des Trajan.

Unter *s nb n tš.f* sind hier eventuell, im Gegensatz zu den schon genannten *niwtjw* ‘*die Stadtbewohner*’, Besucher aus den umliegenden Gegenden gemeint, die zu dem großen Ereignis einer Schlacht auf dem See *Sꜣw-ḥnn* hier zusammengeströmt sind.

Interessant ist die oben getroffene Einschränkung auch in anderer Hinsicht, da kurz vor diesem Verbot darauf hingewiesen wird: *ʿqw rmnw.f m ḫt nb nfr* ‘*die Einkünfte seiner (= des Gottes) Träger (bestehen) aus allen guten Dingen*’ (mit Aufzählung der einzelnen Gaben), wie dies auch schon aus Edfu bekannt ist. Für diese Tempeldiener also, nicht für Außenstehende und Ortsfremde, sind sie bestimmt.

Es ist mit großer Wahrscheinlichkeit anzunehmen, daß, wie bereits vermerkt, tatsächlich eine gemimte Schlacht aus Anlaß des Festes des „*Sieges des Chnum*“ zwischen den Götterfeinden des alternden Gottes und dem jungen Gott Schu(-Chnum) stattgefunden hat, wenn auch nur wenige Einzelheiten von diesem Ablauf selbst erzählt werden. „*Der Sieg des Chnum*“ spiegelt sich aber in einer Hymne und in einem anderen, nicht zu den Festritualen gehörigen und leider sehr lückenhaften Text wider: Die Feinde gehen bei einem großen Massaker im Wasser unter, Schu(-Chnum) verwandelt sich zunächst in ein Krokodil, um sie unter Wasser verfolgen zu können, danach in einen Löwen, um die an Land Geretteten zu vernichten (V, 374f. = 127,1ff.). Da nun gleichzeitig die Teilnahme eines Publikums immer wieder erwähnt wird, ergänzen sich diese Angaben zu einem durchaus vorstellbaren und beeindruckenden Ablauf dieses Festgeschehens, zu dessen Abschluß ‘*reichlich Wein auf den Opfertischen ausgegossen werden soll, ... um das Herz (des Gottes) zu erfreuen*’ (V, 377 = 77,17).

---

15 Zu dem *Sꜣw-ḥnn* benannten See s. V, 325, Anm. (c).

Bevor nun aber dieser Tag des entscheidenden Kampfes anbricht, herrscht die Ruhe vor dem Sturm: Das Fest des 19. Epiphi, des „*Ergreifens des Herrschaftsstabes*“ endet in *Pi-Nṯr*, der Götternekropole, in aller Stille; *Ḫnmw-pꜣ-nḥj-nfr* '*Chnum-der gute Hirte*' läßt sich in seinem Heiligtum nieder; nur eine einzige Fackel wird im Inneren des Tempels entzündet, bei '*Einbruch der Nacht*', für den Abschluß dieses Festes.

Weiter lauten die Anweisungen: '*Keine Fackel entzünden außerhalb seines Tempels, wo es auch auf dieser heiligen Stätte (iꜣt) sein mag, außer einem Holzbecken außerhalb*'. Bis zur 4. Nachtstunde (neun bis zehn Uhr abends) sollen Sänger dieses Tempels im Angesicht des Gottes singen, ... '*aber nicht begleitet von einer Harfe oder einem Tamburin, und auch keine Trompete soll erklingen an dieser Stätte*' (V, 351 = 197,25f.). Die Vorschriften des Abaton werden eingehalten, auch in Esna.[16]

Auch die Festbesucher, in Erwartung des folgenden göttlichen Kampftages, haben sich so in die Stille und Dunkelheit zurückgezogen, aus der sie am folgenden Morgen mit '*Freudenrufen im Umkreis dieser Stätte*' wieder heraustreten werden.

* * *

Hier wird also erstmalig in großem Maßstab die Teilnahme von Personen aufgezeigt, die nicht an der Essenz der Feste, d.h. weder an ihrem mythologischen Anlaß noch auch am Ablauf des Rituales selbst wie die Priester, strenggenommen teilhaben.

Überspitzt gesagt, könnte ein Fest auch nur um seiner selbst willen, aus sich heraus, stattfinden, es genügt sich selbst, da den zugrunde liegenden theologischen und mythologischen Gegebenheiten durch die Festrituale Rechnung getragen wird (auch eine Prozession ist streng genommen überflüssig, da sie ohne die Wirkkraft eines Rituales ist), eine Art Verlängerung des täglichen Rituales also, zu welchem ohnehin ein nicht 'Berechtigter' keinen Zutritt hatte.

Und nur dieses Gesetz spiegelt sich bis weit in die griechisch-römische Zeit in den Texten der anderen Tempel wider – losgelöst von Zeit und Raum und ihrer auch nicht bedürftig. Sein Echo im profanen Raum wird dort nicht berücksichtigt, da man der Wirkkraft der Rituale so sicher ist.

In Esna aber sind die Festrituale nicht mehr Selbstzweck, sondern sie werden in den sie umgebenden Kosmos, d.h. in die *hic et nunc* umgebende Welt eingeordnet. Sie werden Objekt.

---

16 S. SAUNERON, L'Abaton de la campagne d'Esna, in: *MDAIK* 16 (Fs Junker II, 1958), 271–279.

Ein Vorläufer dieser Reflexion über diese Außenwirkung von bisher auf das Innere eines Tempels beschränkten und in ihrer Atemporalität sich selbst genügenden Ritualen liegt ja bereits in der wachsenden Zahl von Beschreibungen der beschrifteten Tempelwände vor (z.B. in den Bauinschriften von Edfu): die Inschriften und auch das Bild werden zunehmend zum Objekt, dessen man sich oft mit Stolz rühmt, wobei allerdings vornehmlich ihre materielle Existenz, nicht aber ihr Inhalt reflektiert oder überhaupt nur genannt wird[17].

Hier in Esna wird der Ritualtext sozusagen zur Konfrontation mit dem Profanen freigegeben, verliert dabei vielleicht einen Teil seines Mysteriums, ist dadurch auch nicht mehr atemporal, aber er rundet die Darstellung und die lebendige Dichte der so vielfach besonders in Esna gepriesenen Schöpfung ab, ohne welche (vielleicht eine inzwischen 'moderne' und durchaus realistische Einschätzung der Lage) auch diese Rituale garnicht hätten existieren können.

17 S. dazu M.-Th. DERCHAIN-URTEL, Ägypten in griechisch-römischer Zeit, in: *ZÄS* 117 (1990), bes. 113f.

Mythos und Fest. Überlegungen zur Dekoration der westlichen Innenseite der Umfassungsmauer im Tempel von Edfu[1]

ARNO EGBERTS

„Tybi, or not Tybi, that is the question."

Die Texte und Darstellungen des sogenannten Horusmythos gehören zweifellos zu den bekanntesten und am besten untersuchten Teilen der Dekoration des Tempels von Edfu. Seit der Erstpublikation durch EDOUARD NAVILLE im Jahre 1870[2] sind zahlreiche Übersetzungen und Studien zum Horusmythos erschienen[3]. Die wichtigsten Studien sind von MAURICE ALLIOT[4] und HERBERT FAIRMAN[5]. Das Thema meines Beitrages ist also nicht besonders originell. Ich möchte allerdings zu meiner Verteidigung anbringen, daß die Interpretation, die ich hier vorlegen werde, wohl neu ist.

Der Name „Horusmythos" geht auf NAVILLE zurück. Nach dem Vorbild von FAIRMAN teilt man ihn gewöhnlich in fünf Texte ein[6]. Die Texte A, B und C stehen auf der westlichen Innenseite der Umfassungsmauer (Abb. 1–4). Die Texte D und E befin-

---

1 Der vorliegende Text ist eine überarbeitete Fassung meines Vortrages auf der Kölner Tempeltagung am 11. Oktober 1996. Ich danke DOROTHEA SCHULZ für ihre Übersetzung meines niederländischen Textes.

2 E. NAVILLE, *Textes relatifs au Mythe d'Horus recueillis dans le temple d'Edfou*, Genève 1870.

3 Bibliographie in J.G. GRIFFITHS, s.v. Horusmythe, *LÄ* III, 54–59. Füge hinzu: D. JANKUHN, Das Verhältnis von Bildern und Texten der Horusmythen von Edfou, in: W. VOIGT (ed.), *XVIII. Deutscher Orientalistentag vom 1. bis 5. Oktober 1972 in Lübeck. Vorträge* (*ZDMG Supplement* 2), Stuttgart 1974, 26–32; W. SCHENKEL, *Kultmythos und Märtyrerlegende. Zur Kontinuität des ägyptischen Denkens* (*GOF* IV/5), 1977; P. DERCHAIN, «En l'an 363 de Sa Majesté le Roi de Haute et Basse Égypte Râ-Harakhty vivant par-delà le Temps et l'Espace», in: *CdE* 53 (1978), 48–56; J.G. GRIFFITHS, Egyptian nationalism in the Edfu temple texts, in: J. RUFFLE *et al.* (ed.), *Glimpses of ancient Egypt*, Warminster 1979, 174–179; D. KURTH, Der kosmische Hintergrund des grossen Horusmythos von Edfu, in: *RdE* 34 (1982–1983), 71–75; B. GEßLER-LÖHR, *Die heiligen Seen ägyptischer Tempel. Ein Beitrag zur Deutung sakraler Baukunst im alten Ägypten* (*HÄB* 21), 1983, 284–296; H. STERNBERG, *Mythische Motive und Mythenbildung in den ägyptischen Tempeln und Papyri der griechisch-römischen Zeit* (*GOF* IV/14), 1985, 21–35; J. PODEMANN SØRENSEN, Three varieties of ritual drama, in: *Temenos* 22 (1986), 79–92; A.L.S. MAWDSLEY, *Egypt's eternal drama. An analysis of The Triumph of Horus*, Ann Arbor 1987 [*non vidi*]; D. KURTH, Über Horus, Isis und Osiris, in: U. LUFT (ed.), *The Intellectual Heritage of Egypt. Studies presented to László Kákosy by friends and colleagues on the occasion of his 60th birthday.* (*Studia Aegyptiaca* 14), Budapest 1992, 373–383; KURTH, Treffpunkt der Götter, 196–229.

4 M. ALLIOT, *Le culte d'Horus à Edfou au temps des Ptolémées* (*BdE* 20), 1949–1954, 677–822.

5 H.W. FAIRMAN, *The triumph of Horus. An ancient Egyptian sacred drama*, London 1974.

6 H.W. FAIRMAN, The Myth of Horus at Edfu–I, in: *JEA* 21 (1935), 26–36, insb. 26–27.

den sich auf der östlichen Innenseite der Umfassungsmauer und sollen hier außer acht gelassen werden[7]. Text A ist ein Teil einer Reihe von Szenen im mittleren Register der Wand. Es geht hierbei um die Szenen 5 bis 12 nach der Numerierung in der Standardausgabe von ÉMILE CHASSINAT[8]. Text B ist ein Teil von Szene 13 desselben Registers[9]. Text C gehört zu einer Reihe Szenen im unteren Register. Es handelt sich hierbei um die Szenen 3 bis 13 nach der Numerierung von CHASSINAT[10].

Sowohl Text A wie auch Text B hat größtenteils mythischen Charakter. Aus diesem Grunde werde ich sie hier als Horusmythos A und Horusmythos B bezeichnen. Dabei verwende ich den Ausdruck „Horusmythos" nicht im allgemeinen Sinne, also als Bezeichnung für die Texte A, B, C, D und E, sondern nur im engeren Sinne für die Texte A und B. Da Text C nach FAIRMAN und anderen dramatischer Natur ist, nenne ich ihn hier „Horusspiel".

Der Horusmythos und das Horusspiel haben viele gemeinsame Züge. Zum ersten gibt es eine thematische Verwandtschaft. Der Horusmythos A erzählt, wie Horus von Behedet die Feinde des Re durch Ägypten verfolgt und vernichtet. Diese Feinde nehmen unter anderem die Gestalt von Nilpferden an. Auch im Horusspiel steht das Harpunieren von Nilpferden zentral.

Neben den thematischen Übereinstimmungen zwischen Horusspiel und Horusmythos bestehen auch formelle Übereinstimmungen. Dies zeigt sich vor allem in der Art, wie die Texte auf der Wand verteilt sind (Abb. 1). In der ägyptischen Tempeldekoration müssen zusammenhängenden Szenen meist von außen nach innen gelesen werden (ich verwende hier den Ausdruck „lesen" natürlich im übertragenen Sinn). Ein schönes Beispiel finden wir bei den Szenen des Rituals des täglichen Kultes[11]. Die Leserichtung solcher Ritualszenen stimmt mit der Blickrichtung des Königs überein. In den Szenen von Horusmythos und Horusspiel ist es genau umgekehrt. Diese Szenen und ihre Texte müssen von innen nach außen gelesen werden. Zu dieser abweichenden Leserichtung finden sich in der Literatur verschiedene Erklärungen: nach ALLIOT[12] und FAIRMAN[13] werden die Szenen von Horusmythos und Horusspiel so von den umgebenden Szenen

7 Vgl. KURTH, Über Horus, Isis und Osiris, in: Fs Kákosy, 1992.

8 *Edfou* VI, 108.15–132.5; X, Tf. 146–148 (= Abb. 2–4); XIII, Tf. 518–533.

9 *Edfou* VI, 132.7–136.9; X, Tf. 146 (= Abb. 4); XIII, Tf. 534–535.

10 *Edfou* VI, 60.6–90.3; X, Tf. 146–148 (= Abb. 2–4); XIII, Tf. 494–514.

11 Siehe z. B. *Edfou* I, 24.16–26.15; 40.3–42.2; IX, Tf. 11–12; XI, Tf. 213–214; 222–224; *Dendara* I, 40.4–43.2; 58.12–61.2; Tf. 51–54; 62–64; III, 64.3–67.3; 76.5–78.12; Tf. 180; 186–187; 191–192.

12 ALLIOT, Le culte d'Horus (*BdE* 20), 1949–1954, 677–678.

13 FAIRMAN, The triumph of Horus, 1974, 15.

isoliert und ihre Einheit betont. DIETER KURTH sieht einen Zusammenhang zwischen der Leserichtung und dem Inhalt des Horusmythos[14]. Der Text muß von Norden nach Süden gelesen werden, da Re und sein Gefolge sich im Mythos von Süden nach Norden und danach wieder in den Süden begeben. In beiden Fällen ist der Süden der Endpunkt.

Ich selbst ziehe eine einfachere Erklärung vor. In den Szenen von Horusmythos und Horusspiel sind die Götter die handelnden Personen. Dies ist ein wichtiger Unterschied im Vergleich mit den normalen Ritualszenen, in denen der König die handelnde Person ist. Sowie ich bereits eher bemerkt habe, ist in den Ritualszenen die Blickrichtung des Königs, von außen nach innen, übereinstimmend mit der Leserichtung der Szenen. Es ist also sehr logisch, daß Szenen, in denen Götter als handelnde Personen auftreten, in Übereinstimmung mit der Blickrichtung der Götter, von innen nach außen gelesen werden müssen. Diese Erscheinung ist zum Beispiel auch im großen Tempel von Deir el-Bahari wahrzunehmen. In den Ritualszenen der unteren Galerie ist der Blick des Königs auf die Tempelachse gerichtet[15]. Somit müssen diese Szenen von außen nach innen gelesen werden. Die bekannten Geburtsszenen der mittleren Galerie müssen allerdings von der Tempelachse ausgehend gelesen werden[16]. Die abweichende Leserichtung der Szenen von Horusmythos und Horusspiel folgt also einer ehrwürdigen Tradition.

Eine andere Übereinstimmung zwischen Horusmythos und Horusspiel betrifft die Verteilung der Szenen in den Registern. Diese Verteilung ist in beiden Registern identisch und unterscheidet sich von der Verteilung im oberen Register. Aufgrund dieser Übereinstimmung in der Thematik, der Leserichtung und der Szenenverteilung in Horusmythos und Horusspiel wurde bisher angenommen, daß die beiden Texte in demselben liturgischen Kontext standen. Am Ende des Horusspiels wird das Datum „2. Monat der *prt*, Tag 21“ genannt, das heißt, der 21. Mechir[17]. Dies ist der erste Tag des sogenannten Siegesfestes (*ḥb ḳn*)[18]. Nach ALLIOT wurde auch Horusmythos A an diesem Tag rezitiert. In seiner Rekonstruktion der Liturgie wechseln sich die zitierten Teile des Horusspiels und des Horusmythos A sogar ab[19]. ALLIOT[20] verbindet Horusmythos B mit einem anderen liturgischen Datum, nämlich dem „1. Monat der *prt*, Tag 27“, da dieses

14 KURTH, *RdE* 34 (1982–1983), 73–74.

15 NAVILLE, *Deir el-Bahari* VI (*EEF* 29), 1908, Tf. 156–162.

16 BRUNNER, Geburt des Gottkönigs (*ÄA* 10), 1986^2, 3.

17 *Edfou* VI, 88.2.

18 A. GRIMM, *Die altägyptischen Festkalender in den Tempeln der griechisch-römischen Epoche* (*ÄUAT* 15), 1994, 80–83.

19 ALLIOT, Le culte d'Horus (*BdE* 20), 1949–1954, 704–761.

20 *Ibid.*, 806–813.

Datum explizit in Text B genannt wird[21]. Das Fest des „1. Monat der *prt*, Tag 27" werde ich hier nach dem Monat, in dem dieses Fest gefeiert wurde, als Tybifest andeuten[22].

Im Gegensatz zu ALLIOT setzt FAIRMAN Horusmythos B nicht mit dem Tybifest sondern mit dem Siegesfest in Beziehung[23]. Angesichts der Tatsache, daß verschiedene Meinungen existieren, liegt es nahe, sich näher mit dem liturgischen Kontext von Horusmythos und Horusspiel zu befassen.

Über den liturgischen Kontext des Horusspiels kann kein Zweifel bestehen. In der letzten Szene des Horusspiels, in Szene 13, werden drei Ritualhandlungen abgebildet und in den Begleittexten genannt: erstens das in Stücke schneiden eines Kuchens in Form eines Nilpferdes; zweitens das Rezitieren eines Textes, der „dieses Buch" genannt wird und womit wahrscheinlich das Horusspiel gemeint ist[24]; drittens das Mästen einer Gans[25]. Diese Handlungen sollen am 21. Mechir ausgeführt werden, zum Anlaß des Siegesfestes.

Bis heute hat man, getreu NAVILLE, Szene 13 immer als eigenständig aufgefaßt. Das heißt, daß die Szenenverteilung des Horusspiels an diesem Punkt von der des Horusmythos abweicht. Szenen 12 und 13 des Horusspiels stimmen nämlich mit der darüber gelegenen Szene 13 des Horusmythos, also Horusmythos B, überein. Meiner Meinung nach können die Szenen 12 und 13 des Horusspiels, entsprechend der darüberliegenden Szene, am besten als Einheit betrachtet werden. Gegen eine eigenständige Szene 12 spricht auch das Fehlen von Textkolumnen an der linken Seite der Vorstellung, wie sie in allen anderen Szenen des Horusspiels vorkommen. Nicht umsonst nannte FAIRMAN Szene 12 ein „interlude", ein Zwischenspiel[26]. Diese Interpretation verfällt, wenn wir in Szene 13 einen Teil von Szene 12 sehen. Auch in anderen Szenen des Horusspiels folgen den königlichen Figuren andere Personen. Ein Beispiel findet sich in Szene 10, wo der Königin die Frauen von Busiris und Buto folgen[27]. Die Tatsache, daß Szene 13, bis auf den oberen Teil, tiefer liegt als Szene 12, kann kein Argument für eine Scheidung der beiden Szenen sein. Die tiefere Anbringung des ersten Registers und des Sockels ist charakteristisch für den Teil der Umfassungsmauer, der gegenüber dem Pronaos liegt.

---

21 *Edfou* VI, 134.2.

22 Vgl. den Beitrag von WOLFGANG WAITKUS in diesen Akten (S. 155).

23 FAIRMAN, The triumph of Horus, 1974, 16.

24 FAIRMAN hat eine andere Deutung vorgeschlagen (*ibid.*, 43–44).

25 *Edfou* VI, 88.1–2; 7–8; XIII, Tf. 514.

26 FAIRMAN, The triumph of Horus, 1974, 111.

27 *Edfou* XIII, Tf. 509.

Eine ähnliche Situation läßt sich auch auf der östlichen Wand der Umfassungsmauer wahrnehmen[28].

Um unnötiger Verwirrung vorzubeugen, werde ich die Szenen 12 und 13 im weiteren als Schlußszene des Horusspiels andeuten. In den vorausgehenden Szenen des Horusspiels liegt die Betonung auf den Handlungen der Götter. In der Schlußszene dagegen geht es vor allem um die Handlungen des Königs und zwei anderer menschlicher Figuren, nämlich eines Schlachters und eines Vorlesepriesters. Die Schlußszene des Horusspiels ist demnach eine Ritualszene, entsprechend der darüberliegenden Szene 13 des Horusmythos. In Szene 13 gibt der König Re von Behedet Traubensaft (*ḥrw-ꜥ*)[29]. Wie ich bereits in meinem Vortrag auf der Hamburger Tempeltagung vorgeschlagen habe, ist Behedet hier als Andeutung von Nag el-Hasaya, die Nekropole von Edfu, aufzufassen[30]. Die Opfergaben, die vor Re aufgestellt sind, weisen auf das große Opfer (*pꜣ wdn ꜥꜣ*) zur Gelegenheit des Tybifestes hin. Im begleitenden Text, also im Horusmythos B, wird dieses Opfer ausdrücklich genannt[31]. Dies gilt auch für die Darbietung des Traubensaftes[32]. Die Erwähnung der Ritualhandlungen im Text links der Szene ist ein Kennzeichen, auf das man auch in der Schlußszene des Horusspiels trifft[33].

Die formellen und inhaltlichen Gemeinsamkeiten zwischen den Schlußszenen von Horusspiel und Horusmythos veranlassen mich, die folgende Hypothese aufzustellen: Die Schlußszene des Horusspiels zeigt einen deutlichen Zusammenhang mit den vorhergehenden dramatischen Szenen und reflektiert den rituellen Kontext des Horusspiels, das möglicherweise von nur einer einzigen Person zur Gelegenheit des Siegesfestes rezitiert wurde. Ein ähnlicher Zusammenhang besteht zwischen den Szenen des Horusmythos. Hier ist die Schlußszene eine Wiedergabe des rituellen Kontextes der Rezitation des Horusmythos. Meine Hypothese beinhaltet, daß nicht nur Horusmythos B sondern auch Horusmythos A in Zusammenhang mit dem Tybifest stehen. Dies bedeutet, daß Horusmythos und Horusspiel andersartige liturgische Hintergründe besitzen.

Meine Hypothese stützt sich einzig und allein auf den Vergleich der Szenenverteilung und der Darstellungen im unteren und mittleren Register. Ich möchte nun einige

---

28 *Edfou* X, Tf. 150–151.

29 *Edfou* VI, 132.7; XIII, Tf. 534.

30 A. EGBERTS, Praxis und System. Die Beziehungen zwischen Liturgie und Tempeldekoration am Beispiel des Festes von Behedet (in: *ÄTT* 1), 1995, 13–38, insb. 15 mit Anm. 9; 25–29.

31 *Edfou* VI, 134.3.

32 *Edfou* VI, 133.7.

33 Siehe oben, Anm. 25.

inhaltliche Aspekte von Horusmythos A und B nennen. Damit hoffe ich verdeutlichen zu können, daß der Unterschied zwischen den Texten A und B, der auf FAIRMAN und ALLIOT zurückgeht, eine Illusion ist[34]. Ich schließe mich lieber NAVILLE an, der den Text der Schlußszene des Horusmythos als Fortsetzung des Textes der vorausgehenden Szenen sieht[35].

Horusmythos A endet mit einer Anzahl von Glossen, die durch *ir*, „was betrifft", eingeleitet werden. Diese Glossen beziehen sich auf Erscheinungen, die in Szene 12 dargestellt sind[36], nämlich die Flügelsonne[37], der Morgenstern[38], der Abendstern[39] und der Flügelskarabäus[40]. In der letzten Glosse kommt unter anderem die Zeichnung eines Skarabäus zur Sprache, die auf der Brust des Königs angebracht wird und eine apotropäische Funktion hat[41].

Die Zeile über der Schlußszene des Horusmythos, mit der Horusmythos B anfängt, enthält ebenfalls eine durch *ir*, „was betrifft", eingeleitete Glosse. Das Thema dieser Glosse ist ein *„Skarabäus aus Gold, der an eine Schnur aus idmi-Leinen aufgezogen ist, die der König um seinen Hals trägt"*[42]. Diesem Amulett in der Form eines Skarabäus wird dieselbe apotropäische Funktion zugeschrieben, wie auch der Zeichnung auf der Brust des Königs. Das Amulett ist in der Darstellung des Königs in der Schlußszene wiedergegeben[43]. Die erste Zeile des Horusmythos B stellt demnach einen Zusammenhang her zwischen Horusmythos A, an den die erste Zeile inhaltlich anschließt, und der Darstellung der Schlußszene. Dies läßt sich gut mit einer liturgischen Beziehung zwischen der Schlußszene und den vorhergehenden Szenen des Horusmythos in Einklang bringen.

Der Text an der linken Seite der Schlußszene beginnt mit der Nennung einer Ritualhandlung, nämlich dem Trinken von Traubensaft durch den König[44]. Darauf folgt ein mythischer Text, der unter anderem den Ursprung des Tybifestes beschreibt[45]. Der Ur-

---

34 Siehe oben, Anm. 4 und 6.
35 NAVILLE, Textes relatifs au Mythe d'Horus, 1870, 25.
36 *Edfou* XIII, Tf. 533 (rechts).
37 *Edfou* VI, 129.10–130.4.
38 *Edfou* VI, 130.5–8.
39 *Edfou* VI, 130.8–131.1.
40 *Edfou* VI, 131.1–10.
41 *Edfou* VI, 131.3.
42 *Edfou* VI, 133.1.
43 *Edfou* XIII, Tf. 534.
44 *Edfou* VI, 133.7.
45 *Edfou* VI, 133.9–135.12.

sprung des Traubensaftopfers für Horus von Edfu kommt in diesem Text nicht zur Sprache. Die Ätiologie dieses Opfers wird bereits im Text zu Szene 6, also in Horusmythos A, angegeben[46]. Dieser Teil des Mythos handelt von der Vernichtung der Feinde in Behedet bei Edfu. Das heißt, daß Horusmythos A die mit Horusmythos B verbundene Ritualhandlung bereits vorwegnimmt. Auch diese Tatsache scheint auf einen liturgischen Zusammenhang zwischen der Schlußszene und den vorhergehenden Szenen des Horusmythos hinzuweisen.

Der letzte inhaltliche Aspekt, den ich hier zur Sprache bringen möchte, ist die Chronologie des Horusmythos. Diesem Thema habe ich einen Aufsatz gewidmet, der demnächst in der Festschrift für HERMAN TE VELDE erscheinen wird[47]. Dort habe ich zu zeigen versucht, daß Horusmythos A die mythische Periode vom 1. bis zum 14. Tybi in Beschlag nimmt. Der 1. Tybi ist also das Datum, an dem Horus in seiner Gestalt als Flügelskarabäus die Feinde des Re in Behedet vernichtet hat. Horusmythos B spielt sich am mythischen Datum des 27. Tybi ab. Horusmythos A und Horusmythos B schließen also auch unter chronologischen Gesichtspunkten aneinander an.

Die drei inhaltlichen Aspekte, die ich besprochen habe, nämlich die Glossen auf dem Skarabäus, das Traubensaftopfer und die mythische Chronologie beweisen meiner Meinung nach eindeutig, daß der traditionelle Unterschied zwischen Horusmythos A und B jeglicher Grundlage entbehrt. Hieraus folgt, daß der gesamte Horusmythos in Zusammenhang mit dem Tybifest gebracht werden kann. Dagegen gibt es keinen einzigen Anhaltspunkt für eine Beziehung zwischen Horusmythos und Siegesfest, das sich ausschließlich mit dem Horusspiel in Verbindung bringen läßt.

Wie bereits gesagt, findet sich im Horusmythos eine implizite Erwähnung des 1. Tybi. Dies ist selbstverständlich ein bekanntes Datum aus dem Festkalender von Edfu[48]. An diesem Tag begann das sogenannte Fest des heiligen Falken. Dieser Falke war nicht nur ein Symbol des Königtums, sondern auch des Urfalken aus der Kosmogonie von Edfu[49]. Über diesen Falken wird manchmal gesagt, daß er aus dem Land von Punt südlich von Ägypten kommt. Dies läßt den Eindruck entstehen, daß ein Zusammenhang mit dem Horusmythos besteht, in dem die Götter von Nubien aus nach Behedet kommen. Dieser Zusammenhang wird noch durch die Tatsache gestärkt, daß die

---

46 *Edfou* VI, 112.1–2.

47 EGBERTS, 'The chronology of the Horus Myth at Edfu'.

48 GRIMM, Die altägyptischen Festkalender (*ÄUAT* 15), 1994, 66–67.

49 A. EGBERTS, *In quest of meaning. A study of the ancient Egyptian rites of consecrating the* meret-*chests and driving the calves* I (*Egyptologische Uitgaven* 8), Leiden 1995, 153.

Ankunft in Behedet auf den 1. Tybi fällt. Der Horusmythos verweist also indirekt auf das Falkenfest vom 1. Tybi, was seinen Niederschlag in der Dekoration der Umfassungsmauer des Tempels von Edfu findet. Die Dekoration des oberen Registers der westlichen Innenseite, unter dem sich das Register des Horusmythos befindet, steht in Beziehung mit der Kosmogonie von Edfu und dem Falkenfest, wie auch die gesamte Dekoration der nördlichen Innenseite[50].

Wir haben also gesehen, daß die Dekoration der westlichen Innenseite der Umfassungsmauer auf verschiedene Festdaten weist: der 1. Tybi im oberen Register, der 27. Tybi im mittleren Register und der 21. Mechir im unteren Register. An diese Aufzählung muß noch ein viertes Datum zugefügt werden. Die Szenen 14, 15 und 16 des mittleren Registers stellen die Räucherung und das Ziehen der Sokarbarke sowie das Schlachten eines Stieres und einer Oryx-Antilope dar[51]. Die Schlachtszenen gehören zur Sokarbarkenszene, da die Sokarbarke mit den Köpfen eines Stieres und einer Oryx-Antilope dekoriert ist. Wir können diese drei Szenen also als eine dekorative Einheit auffassen[52]. Nach NAVILLE haben diese Szenen nichts mit dem Horusmythos zu tun[53], woran FAIRMAN sich anschließt[54]. ALLIOT dagegen denkt, daß die Sokarbarke in Verbindung mit dem Siegesfest am 21. Mechir steht[55]. Hierin folgt ihm JEAN-CLAUDE GOYON, der selbst die Route rekonstruiert, auf der die Sokarbarke am 21. Mechir gezogen würde[56]. Ich schließe mich NAVILLE und FAIRMAN an, daß das Ziehen der Sokarbarke im Tempel von Edfu nur am 26. Choiak stattfand, nämlich aus Anlaß des Sokarfestes. Die Sokarbarkenszenen sind an der westlichen Innenseite der Umfassungsmauer angebracht, um die Prozessionsroute des Sokarfestes zu markieren. Aus bestimmten Inschriften ist bekannt, daß die Sokarbarke längs der Innenseite der Umfassungsmauer um den Naos des Tempels herum gezogen wurde[57]. Die Szenen vom Ziehen der Sokarbarke befinden sich auch auf der östlichen Innenseite der Umfassungsmauer[58] und auf der östlichen Außenseite des Naos[59]. Es besteht demzufolge kein liturgischer Zusam-

---

50 S. CAUVILLE, *Essai sur la théologie du temple d'Horus à Edfou I* (*BdE* 102), 1987, 166–175.

51 *Edfou* VI, 136.11–143.5; IX, Tf. 148; XIII, Tf. 536.

52 EGBERTS, *In quest of meaning* I (*Egyptologische Uitgaven* 8), 1995, 402 mit Anm. 78.

53 NAVILLE, Textes relatifs au Mythe d'Horus, 1870, 27.

54 FAIRMAN, The triumph of Horus, 1974, 16.

55 ALLIOT, Le culte d'Horus (*BdE* 20), 1949–1954, 793–803.

56 J.-C. GOYON, La fête de Sokaris à Edfou. À la lumière d'un texte liturgique remontant au Nouvel Empire, in: *BIFAO* 78 (1978), 415–438.

57 *Edfou* VI, 9.7–8; 192.10–11.

58 *Edfou* X, Tf. 151.

59 *Edfou* X, Tf. 92.

menhang zwischen den Szenen des Horusmythos und den Sokarbarkenszenen im selbigen Register. Es gibt wohl eine thematische Beziehung, da die Vernichtung der Seth-tiere ein wichtiger Aspekt des Sokarfestes in Edfu war[60].

Das Hauptergebnis meiner Überlegungen ist die Feststellung, daß der Horusmythos, im Gegensatz zum Horusspiel, nicht mit dem Siegesfest vom 21. Mechir in Verbindung gebracht werden sollte, sondern mit dem Fest vom 27. Tybi. Somit gehörte das Tybifest zu den Höhepunkten des Tempelkultes in Edfu.

---

60 *Edfou* V, 399.1–6.

Horusmythos B — Horusmythos A

3	4	13	12 11	10 9	8 7	6	5	14	15	16
1	2	13 12	11 10	9 8	7 6	5	4	3	14	15

Horusspiel

Abb. 1

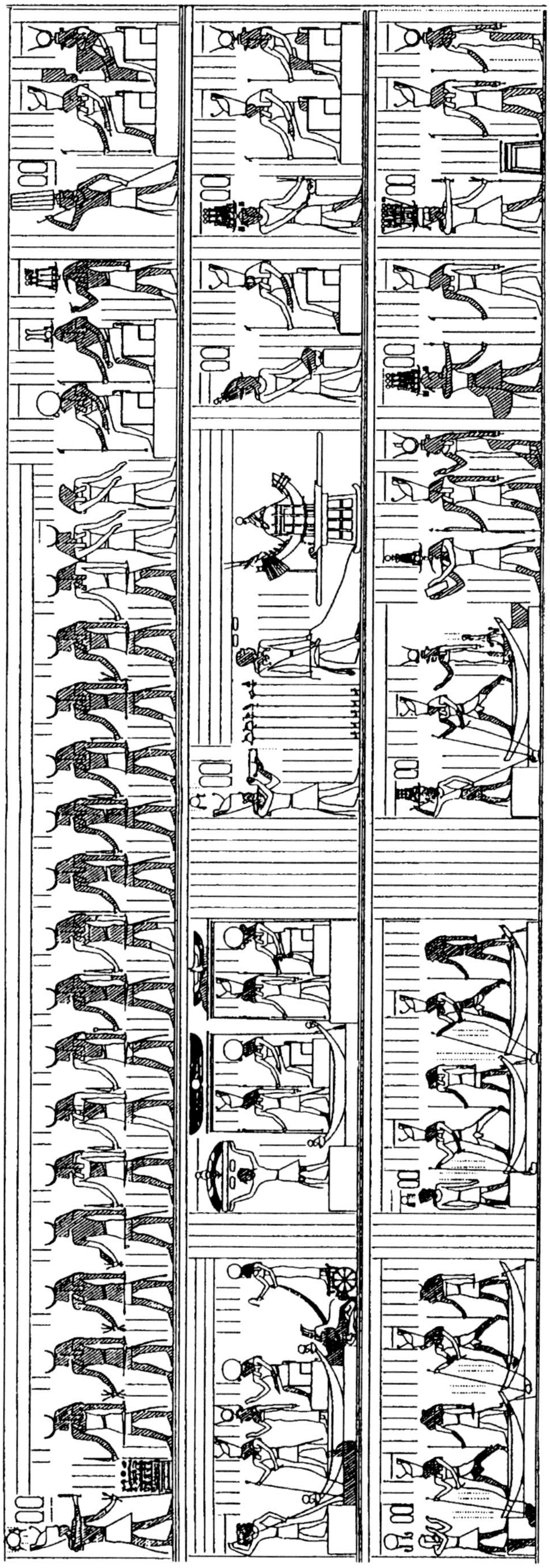

Abb. 2: nach Edfou X, Tf. 148

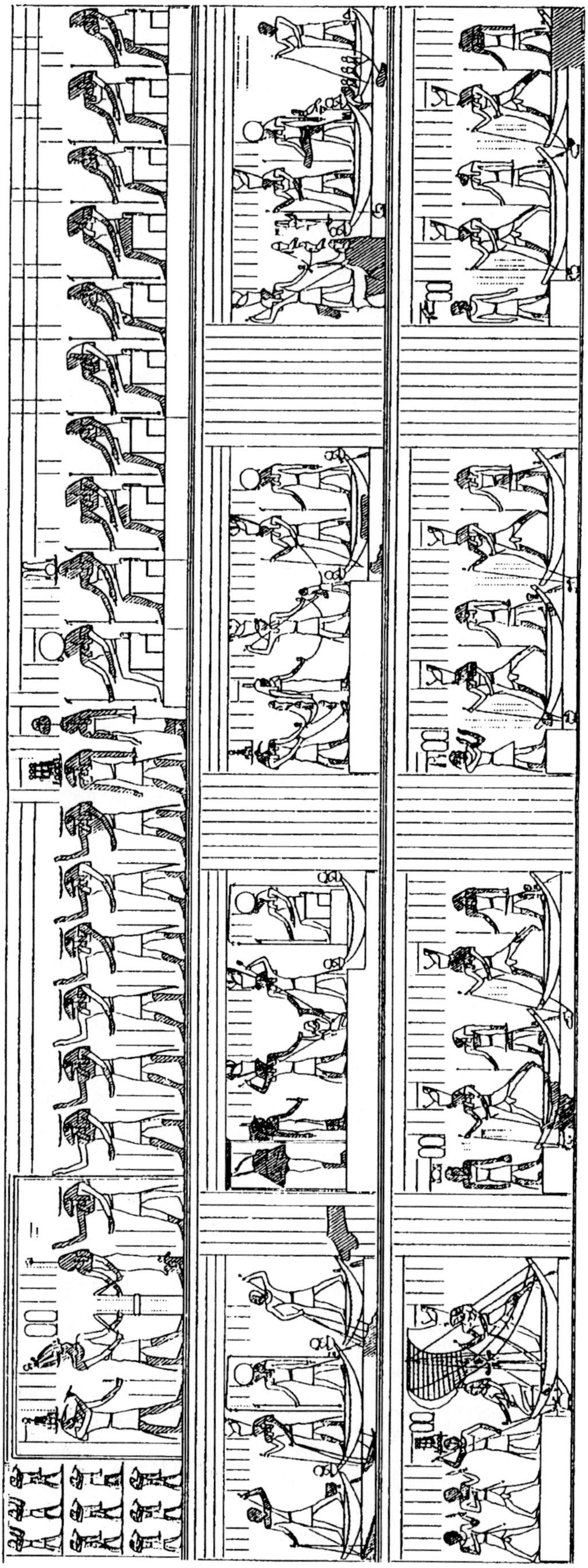

Abb. 3: nach Edfou X, Tf. 147

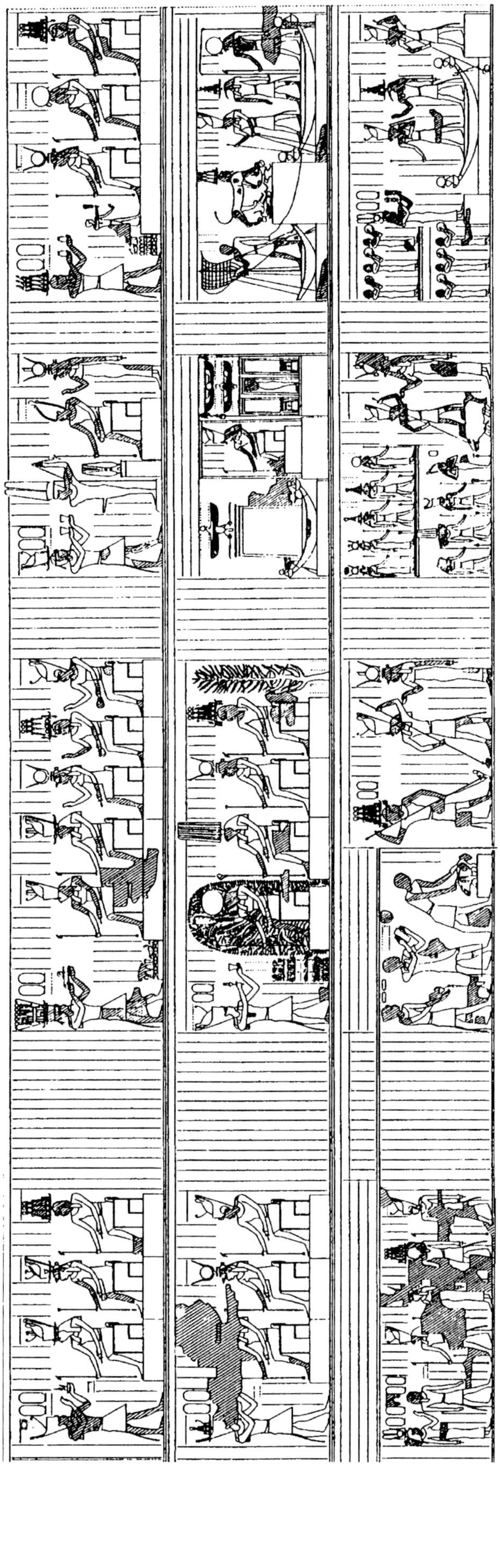

Abb. 4: nach Edfou X, Tf. 146

Das Ritual *sꜥḥꜥ kꜣ sḥn.t* als Tempelfest des Gottes Min

Frank Feder

Das hier vorzustellende Ritual *sꜥḥꜥ kꜣ sḥn.t* gehörte zu den Ritualen, welche wir in den uns erhaltenen Tempeln des Alten Ägypten oft und im zentralen Bereich des Tempels antreffen können. Welche Verbindung Min hierbei auch mit anderen Göttern einging, ihm war das Ritual in seinem Ursprung gewidmet. Obwohl das Ritual relativ gut belegt ist – als Darstellung allein 22 Mal sowie mehrfach in Inschriften – widersetzte es sich bisher sehr erfolgreich seiner Deutung. Seit nunmehr einhundert Jahren ist es als „Kletterakt", „Wettklettern" oder „Kletterzeremonie" bekannt, welche sich auf dem „Klettergerüst" abspielte[1]. Von hier erhielt auch die Idee eines sportlichen Wettkampfes Nahrung. Mit dem Bekanntwerden weiterer Darstellungen erschien das „Klettergerüst" immer fragwürdiger zu sein, und man kam zu dem Schluß, daß es sich eigentlich nur um das Aufstellen des Zeltes *sḥn.t*, dem wohl ältesten Kultobjekt des Min, für den *kꜣ* (Stier) Min handeln könne[2]. Die Kletternden sind „Nubier", jedenfalls aus dem Süden Ägyptens, die den Gott aus seiner Heimat Punt begleiten und auf den Stangen die Verkleidung des Zeltes vollenden. Die lange Zeit akzeptierte Trennung von *sḥn.t* für das „Klettergerüst" und *sḥn* für das Zelt, die das Wb ins Leben gesetzt hatte, erwies sich als haltlos. Die augenscheinlich geringe Ähnlichkeit des „Klettergerüstes" mit dem Zelt machte die Erklärung des Rituals als Bau des Zeltes zum Problem. Das forderte wohl eine ganz andere Deutung heraus, die Martin Isler sogar in einem Gnomon finden wollte[3].

Worum mag es also gehen bei diesem Ritual, das immer neue Deutungen zu fordern scheint? Als einzige Möglichkeit bleibt, alle verfügbaren Darstellungen des Rituals und seiner Beischriften zu studieren.

Die älteste Darstellung findet sich im Totentempel Pepis II. in Saqqara-Süd[4]. Die Rekonstruktion Jéquiers wird durch die späteren Szenen bestätigt. Wir sehen den König mit oberägyptischer Krone, der einen Stab in der linken Hand hält und mit der rechten

1 Vgl. bei H. Gauthier, *Les fêtes du dieu Min* (*RAPH* 2), 1931, 148.

2 I. Munro, *Das Zelt-Heiligtum des Min. Rekonstruktion und Deutung eines fragmentarischen Modells (Kestner-Museum 1935.200.250)* (*MÄS* 41), 1983 und W. Helck, s.v. „Klettern für Min", *LÄ* III, 454–455.

3 The Gnomon in Egyptian Antiquity, in: *JARCE* 28 (1991), 155–185.

4 Jéquier, Pepi II, II, 1938, pl. 12–15. s. Abb. 1.

ein Szepter in Richtung des Ritualgeschehens führt. Vor ihm klettern acht mit Federn geschmückte Männer an vier an einen senkrechten Mittelmast gelehnten Stützen empor. An diesen und am Mittelmast sind Seile befestigt, die von scheinbar 10 als *rḫ njsw.t* bezeichneten Männern gehalten werden. Dem König zugewandt wohnt der *ḥrj-ḥb ḥrj-tp* der Szene bei. Über der Szene war Min in einer Reihe von Göttern zu sehen, wobei sein *sḥn.t*-Zelt hinter ihm noch gut zu erkennen ist. Das Ritual stand offensichtlich hier im Zusammenhang mit dem Sed-Fest, wie die benachbarten Szenen verdeutlichen (Sed-Fest-Symbole und typische Kulthandlungen des Sedfestes wie Kultläufe). Bei allen weiteren Darstellungen des Rituals spielt sich die Szene direkt vor dem Gott ab. Nur wenige von ihnen zeigen uns eine so detaillierte Beschreibung. Zumeist reichte nur die Erwähnung des Hauptmastes mit wenigstens zwei Stützen aus. Die wesentlichen Elemente unseres Rituals, die sein Stattfinden garantieren, sind aber immer gezeigt: der Gott, der König und der beigeschriebene Ritualtitel *sꜥḥꜥ kꜣ sḥn.t*. Leider hat sich in der Szene des AR fast nichts von den Beischriften erhalten.

Das MR hat uns zwei Szenen des Rituals überliefert, die auf der „Chapelle blanche" in Karnak zu finden sind[5]. Diese erscheinen wegen des geringen zur Verfügung stehenden Platzes in sehr verkürzter Form. Doch ist uns hier die einzige Darstellung erhalten, die wohl den Beginn des Rituals zeigt. Der König vollführt ein auch sonst bekanntes Gründungsopfer[6], indem er drei rote Krüge und eine kopflose *smn*-Gans in eine vorbereitete Grube opfert. Das leitet die Aufrichtung des neben ihm auf einer Stütze ruhenden Mittelmastes ein. Dieser ist gegabelt und wird durch die Beischrift mit *kꜣ sḥn.t* bezeichnet. Die zweite Szene zeigt den aufgerichteten Mittelmast mit zwei Stützen, die der König dem Gott weiht. Der Ritualtitel *sꜥḥꜥ kꜣ sḥn.t* identifiziert das Geschehen. In beiden Darstellungen hat Min sein Zelt bei sich und wird folgerichtig als *nb sḥn.t*, „Herr des *sḥn.t* (Zeltes)", bezeichnet. In beiden Szenen ist *kꜣ* mit dem Stier determiniert. Also wird der Mittelmast als Stier benannt und der Ritualtitel muß „*Aufrichten des Stier(zeichens) kꜣ des sḥn.t-Zeltes für Amun-Re*" lauten. Die Gabelung dieses Mastes soll wohl auf ein Stiergehörn anspielen.

Das NR hat uns eine Fülle von Szenen des Rituals überliefert. Alle stammen allerdings aus Theben, d.h. aus den Tempeln von Karnak und Luxor. Von den 12 Darstellungen sind leider vier unpubliziert geblieben. Man kann so nur ihr Vorhandensein mit

5 LACAU–CHEVRIER, Sésostris Ier, 1956, scene 8' u. 10' sowie fig. 31, 112–118; s. Abb. 2.

6 Vgl. LACAU, L'érection du mât devant Amon-Min, in: *CdE* 28 (1953).

PM konstatieren. Im folgenden werde ich nur auf die Ritualszenen eingehen, welche uns neue Details zur Deutung von *sꜥḥꜥ kꜣ sḥn.t* liefern. Alle seien aber der Vollständigkeit halber erwähnt.

Auf der südlichen Außenwand der sog. „Chapelle d'albâtre" von Karnak befindet sich die älteste Darstellung des NR aus der Zeit Amenophis' I. bzw. Thutmosis' I. Sie ist unpubliziert, und, soweit meine Erinnerung und ein privates Photo es erlaubten, bietet keine neue Nuance. Am ehesten ist sie wohl mit der zweiten Szene des MR zu vergleichen, was auch naheliegt. Thutmosis III. hatte zwei Szenen beigetragen, die sich im Amuntempel von Karnak befanden. Beide sind unpubliziert und scheinen mir heute zerstört zu sein[7].

Drei Szenen aus der Zeit Amenophis' III. führen uns in den Tempel von Luxor. Die wahrscheinlich älteste Darstellung findet sich auf der Nordwand des unter Amenophis III. als Sanktuar benutzten Zwölfsäulensaales[8]. Auch hier besteht größte Ähnlichkeit mit der zweiten Szene des MR und es ergibt sich nichts Neues, wenn man davon absieht, daß der König von seinem Ka begleitet wird. Die beiden anderen Szenen liegen bisher nur in der Publikation von A. GAYET von 1894 vor[9]. Die erste, auf der Westwand des Raumes VIII[10], wurde aber von P. LACAU in einem Photo veröffentlicht[11], welches die Fehlerhaftigkeit der Umzeichnung von GAYET erweist, der z.B. Kletterer zeigt, die gar nicht vorhanden sind. Wieder scheint das MR die Vorlage gewesen zu sein. Aber es ergeben sich zwei neue Details, die leider nur hier erhalten sind. Erstens wird die Geste des Königs mit dem Szepter durch die Beischrift als *ḥw.t ꜥ* 4 erklärt (oder nur *ḥw.t* 4). Diese Geste ist auch von anderen Ritualen gut bekannt und beinhaltete das „*Viermalige Schlagen mit dem Arm*" zur Weihe des Rituals in die vier Himmelsrichtungen. Zweitens stellt die einmalige Erscheinung eines gegabelten Stabes, der von oben in die Gabel des Mittelmastes gesteckt ist, ein neues Rätsel. I. MUNRO[12] wollte hierin die Spitze des Zeltes *sḥn.t* sehen, bevor es durch die Kletterer verkleidet wurde, die dann oben herausschaut. Damit bleibt aber das Problem der starken Differenz in der Form zwischen dem „Klettergerüst" als „Skelett" des Zeltes und dem Zelt selbst, was sie selbst schon be-

7 PM II, 122, Raum XXXIII, im Bereich des Ach-Menu; PM II, 125 (451), Raum XLI B, sog. Nordmagazine. „King erecting *sḥn.t* before Amun" und „erecting *sḥn.t* (with Nubians)".

8 H. BRUNNER, Die südlichen Räume des Tempels von Luxor (*AV* 18), 1977; Tf. 75 sowie Tf. 9; s. Abb. 3.

9 Le Temple de Louxor (*MMAF* 15), 1894.

10 PM II, 322 (128); GAYET, op. cit. pl. LIII Fig. 100.

11 *CdE* 28, 1953, 18 Fig. 3; s. Abb. 4.

12 Zelt-Heiligtum (*MÄS* 41), 1983, 41.

merkte. Es gibt auch nicht den geringsten Anhaltspunkt, der das vermutete Verkleiden des Zeltes nur wahrscheinlich machte. Mir scheint dieser Fall nur spekulativ erklärbar, weshalb ich mich weiterer Mutmaßungen enthalte.

Die letzte Szene Amenophis' III. auf der Ostwand des Hypostyls des Luxortempels ist nur durch GAYET[13] publiziert. Sie würde wiederum Kletterer zeigen, jedoch ist auch sie mit großer Wahrscheinlichkeit unrichtig, so daß ich sie hier vernachlässige. Sie enthielte in der Umzeichnung von GAYET auch keine Neuerung.

Die große Hypostylenhalle des Tempels des Amun in Karnak zeigt unser Ritual zweimal mit Sethos I. Auf der nördlichen Westwand[14] weiht der König Amun-Re Kamutef das uns schon bekannte Ensemble des an der Spitze gegabelten Mittelmastes mit zwei Stützen, an denen jeweils zwei mit ebensovielen Federn geschmückte Männer emporklettern. Die Szene auf der südlichen Westwand[15] der Halle zeigt die Kartuschen Ramses' II., der diesen Teil der Halle überarbeiten ließ, wo zuvor Sethos I. stand. Sie ist fragmentarisch und bringt keine neue Information.

Nicht unerwähnt bleiben sollen zwei weitere Szenen des Rituals auf der Umfassungsmauer des Amuntempels von Karnak, die Ramses II. dekorieren ließ. Die erste, auf der Südseite[16], ist die besser erhaltene. Sie entspricht der ersten Szene der Hypostylenhalle. Die andere, auf der Nordseite[17], ist kaum erhalten und bringt nichts Neues.

Ramses II. hinterließ noch zwei weitere Darstellungen unseres Rituals im Tempel von Luxor. Eine blieb unpubliziert und befindet sich auf der westlichen Innenwand[18] des sog. Hofes Ramses' II. Die Belegstellen des Wb (IV, 54) haben zum Ritualtitel dieser Szene folgende Notiz: *Luxor Ramseshof, sꜥḥꜥ sḥn.t n it.f ꞽImn Rꜥ, also „Errichten des Sehenet-Zeltes für seinen Vater Amun-Re*". Wenn diese Notiz den Ritualtitel genau wiedergibt, so haben wir es mit der bisher einzigen Szene zu tun, wo der *kꜣ* – also das Stiersymbol – im Titel fehlt. Doch die folgende und letzte Darstellung des NR wird uns dies erhellen.

---

13 Temple de Louxor (*MMAF* 15), 1894, pl. X Fig. 59.

14 H.H. NELSON u. W. MURNANE, *The Great Hypostyle Hall at Karnak, vol. I part I, The wall reliefs*, (*OIP* 106), 1981, pl. 14; s. Abb. 5.

15 ibidem, pl. 20; s. Abb. 6.

16 HELCK, Ritualszenen (*ÄA* 18), 1968; Bild 29 u. Text 33; s. Abb. 7.

17 ibidem, Bild 94, Text 113.

18 PM II, 308 (28).

Sie befindet sich auf der Südseite des Ostflügels des Pylons von Luxor und war vormals durch die Moschee verdeckt[19]. Ihre besondere Bedeutung liegt in mehreren Details. Zunächst ist sie die einzige direkte Parallele zu der Szene aus dem AR (Pepi II.). Wieder haben wir acht Kletterer, die hier sogar vier Federn tragen. 16 *rḫ njsw.t* halten in diesem Fall die Seile – eines sogar der König – die mit dem Hauptmast und seinen vier Stützen verbunden sind. Den König begleitet die Königin, Sistrum und Menat in den Händen. Nun ließe sich auch die Anzahl der Männer an den Seilen bei Pepi II. auf 16 ergänzen. Hinter Amun-Re Kamutef steht das Zelt *sḥn.t* mit dem Stiersymbol davor. Dieses entspricht genau dem in der Schrift verwendeten Zeichen für Amt und Würde *iꜣw.t*. Und dieses *iꜣw.t* (des Atum) verleiht der Gott dem König in dieser Szene. Doch sehen wir erst die Beischriften. Im Ritualtitel über der Szene heißt es: [*s*]*ꜥḥꜥ* [*s*]*ḥn.t n kꜣ sḥn.t Mnw-Jmn* ..., „*Errichten des sḥn.t (Zeltes) für den Stier des sḥn.t Min-Amun*". Der sonst übliche Ritualtitel *sꜥḥꜥ kꜣ sḥn.t* ist hier modifiziert, wie es die andere Szene mit der Notiz des Wb schon zeigte. Aber in der Randzeile, in der Rede der Königin, lesen wir: *sꜥḥꜥ.n-f n-k kꜣ sḥn.t*, „*er (der König) errichtete dir den kꜣ des sḥn.t* ...", der übliche Ritualtitel. Wie wir schon aus dem MR wissen, ist der Ka/Stier die Bezeichnung des im Ritual errichteten Mittelmastes. Min ist hier der Stier des *sḥn.t*, das ich von nun an nicht mehr als Zelt, sondern als *Kultkapelle des Min* bezeichnen möchte. Auch seit dem MR wissen wir, daß Min der *nb sḥn.t*, der Herr der Kultkapelle ist. Daraus folgt: Wenn Min der Herr der Kultkapelle ist sowie der Stier der Kultkapelle und wenn das Stiersymbol *kꜣ* im Ritual errichtet wird, dann ist Min natürlich auch der Herr dieses Ka oder Stiersymbols, wie er ja selbst der Stier ist. Der „Mittelmast" Ka des Rituals ist das Symbol des Gottes, sein Zeichen, ja es steht für Min selbst. Die Kultkapelle *sḥn.t* und das Stiersymbol *kꜣ* der Kultkapelle müssen ein und dasselbe sein können, wenn der Ritualtitel *sꜥḥꜥ kꜣ sḥn.t* oder *sꜥḥꜥ sḥn.t* für dieselbe Szene lauten kann. Es scheint mir geradezu eine Demonstration des aspektiven Denkens in der Religion der Ägypter zu sein, wo eine Erscheinung oder ein Symbol in verschiedenen aber letztlich nur Eines hervorrufenden Aspekten gesehen werden kann.

Woher kommt nun der Ka der Kultkapelle, der in unserem Ritual für Min errichtet wird? Ich vermag hierin nur den unmittelbar vor der Kultkapelle dargestellten Mast mit Stiergehörn und Seil, der dem *iꜣw.t* entspricht, zu sehen. Das wirft sofort die Frage nach dem Zeichen *iꜣw.t* selbst auf. Der Ka wäre nur eine vereinfachte Darstellung dieses Zei-

---

19 Ch. KUENTZ, *La face sud du massif est du pylône de Ramses II à Louxor* (*CS* 29), 1971; pl. XIX; s. Abb. 8.

chens und die ganze Zeltproblematik fiele weg. Wenn man sich die ältesten Belege des Phonogramms *ỉ3w.t* ansieht[20], so haben wir es mit einem eigentlich anderen Zeichen zu tun. Wie kam nun der Lautwert *ỉ3w.t* zu dem Stiersymbol? Dies kann nur mit der Rolle des Min als Gott, der dem König die Fähigkeit zu herrschen mit dem *ỉ3w.t* überträgt, zu tun haben. Wie diese Assoziation zustande kam, wäre eine andere Untersuchung. Ein recht erstaunlicher, wenn auch später Beleg[21] sei noch angefügt. Unter den Schätzen des Zettelarchives des Wb fand ich unter *sḥn* ? die Kultkapelle mit Stiersymbol als Qualität des Atum! Die Lesung der Kultkapelle als *ỉ3w.t* ist zwingend, und das Fragezeichen berechtigt, denn ein *sḥn.t* des Atum gibt es nicht.

Ein drittes Detail der Szene des Luxorpylons bleibt noch nachzutragen. Unser Ritual steht hier auffällig genau zwischen einigen Episoden des großen Minfestes „*pr.t Mnw*" von Theben, das am vollständigsten im Tempel von Medinet Habu überliefert ist. Westlich geht die Episode des „*Transportes der Statue*" des Gottes im Beisein des Königs mit der „*Prozession der Standartenträger*" voran, nach H. GAUTHIER die dritte Episode des Festes[22]. Östlich folgt die sechste und letzte Episode des Festes „*das abschließende Opfer mit Weihrauch und Libation*" vor Min. Wenn man nun die bisher betrachteten Szenen des Rituals noch einmal auf ihre Umgebung untersucht, so finden wir ebendiese Episoden des Minfestes – nicht in so direktem Zusammenhang – in der Hypostylenhalle von Karnak und im Raum VIII des Luxortempels. Das kann bedeuten, daß *sꜥḥꜥ k3 sḥn.t* auch während des Minfestes „*Auszug des Min*" aufgeführt wurde, auch wenn die erhaltenen Festdarstellungen es nicht zeigen.

Nach den bisherigen Erkenntnissen ließe sich der Verlauf unseres Rituals wie folgt rekonstruieren:

1. Das Gründungsopfer des Königs für das Stiersymbol Ka (rote Krüge und eine geköpfte *smn*-Gans in die Grube).
2. Das eigentliche Aufrichten des Stiersymbols, dem vier Stützen angefügt werden. Auf diesen klettern acht mit Federn geschmückte Männer empor, während der König und wahrscheinlich 16 *rḫ njsw.t* mit dem Stiersymbol und den Stützen verbundene Seile halten. Der König führt zur Weihe ein viermaliges Schlagen mit dem Szepter in die vier Himmelsrichtungen aus. Es ergibt sich fast folgerichtig, daß

---

20 z. B. Wb I, 29, oder H. JUNKER, Giza I, 1929, 150–151, Abb. 146.

21 Wb Zettelarchiv s.v. *sḥn* (513), soll vom Kiosk des Nektanebos in Philae stammen; s. Abb. 9.

22 Fêtes (*RAPH* 2), 1931; vgl. auch Medinet Habu IV, pl. 201 u. 203.

auch die vier Stützen mit jeweils zwei Kletternden in die vier Himmelsrichtungen orientiert sind. Für die Bezeichnung der Kletterer als „Nubier", was in der Literatur immer wieder erscheint, fanden wir keinen Anhaltspunkt. Es kann sich nur, wie wir sehen werden, um eine Übertragung von den Szenen des Rituals aus der SpZt handeln.

Wir müssen einen großen Schritt durch die Geschichte tun, um den anderen erhaltenen Szenen näherzukommen. Weit vom Niltal, im Tempel von Hibis in der Oase Charga, finden wir sogar zwei Darstellungen des Rituals aus der ersten Perserzeit, die unter Darius I. geschaffen worden sind. Diese sollen aber in die Schlußbetrachtung einfließen und werden zunächst zurückgestellt.

Noch einmal führt uns eine leider unpublizierte Szene in den Amuntempel von Karnak. Das Granitsanktuar, das im Namen des Makedonen und ephemeren Nachfolgers Alexanders des Großen, Philipp Arrhidaios, errichtet wurde, trug diese auf der südlichen Außenwand[23]. Sie scheint aber heute verschwunden zu sein.

Die nun zu besprechenden Szenen des Rituals *sˁḥˁ kꜣ sḥn.t* der ptolemäischen und frühen römischen Epoche aus den Tempeln von Edfu und Dendera werden durch ihre Beischriften die mythologische Interpretation des Rituals zum ersten Mal möglich machen. Es muß aber der Vorbehalt eingeräumt werden, daß wir nicht ohne Weiteres die Sicht der Priester dieser Zeit auf die mehr als eintausend Jahre älteren Darstellungen übertragen können.

Bevor nun die Texte selbst in den Mittelpunkt treten, wollen wir die Darstellungen des Rituals auf uns noch unbekannte Besonderheiten untersuchen.

Der Tempel von Edfu hat uns fünf Szenen des Rituals erhalten, drei aus der Zeit Ptolemaios IV.[24], eine jeweils von Ptolemaios IX.[25] und, wahrscheinlich, Ptolemaios X. Alexander I.[26]

Eine Szene aus dem „Vestibule Central"[27] bringt uns eine neue Variante mit zehn Kletterern, von denen vier sogar nach unten zu klettern scheinen. Die eine Darstellung

---

23 PM II, 100 (291).

24 *Edfou* I, 375–376, pl. s. unten Anm. 27; *Edfou* II, 88–89, *Edfou* IX, pl. XLI; *Edfou* II, 56, *Edfou* IX, pl. XL b.

25 *Edfou* V, 165–166, *Edfou* X, pl. CXVIII.

26 *Edfou* VII, 304, *Edfou* X, pl. CLXXII (unpubliziert).

27 *Edfou* IX, pl. XXXI b; *Edfou* XII, pl. CCCXXIX.

des 2. Hypostylensaales[28] (auf einer Säule) scheint die im NR festgestellte Synonymität des Stiersymbols *kꜣ* mit der Kultkapelle *sḥn.t* zu bestätigen. Der beigeschriebene Ritualtitel lautet wie erwartet *sꜥḥꜥ kꜣ sḥn.t*, doch weiht der König in der Darstellung nur die Kultkapelle vor Min, was bisher nirgendwo der Fall war. So können wir diese sogar „heraldisch" lesen: *sꜥḥꜥ kꜣ*, das Stiersymbol errichten, *sḥn.t*, der Kultkapelle. Selbiges erscheint im Ritualtitel der Szene der östlichen Umfassungsmauer[29] des Tempels, wovon leider weder eine Zeichnung noch ein Photo publiziert ist. Dagegen treffen wir im Ritualtitel der anderen Szene des Hypostylensaales[30] nach *sꜥḥꜥ* die Masten mit den Kletterern allein, was *kꜣ sḥn.t* gelesen werden muß. Deutlicher kann die Einheit der verschiedenen Symbole, die für sich einen Aspekt einer immer gegenwärtigen Einheit bilden, nicht sein. Die Darstellung letzterer Szene entspricht der des „Vestibule Central". Der Ritualtitel der Szene auf der Westwand des ersten Hofes nach dem Pylon[31] hat ebenfalls die letztgenannte Form. Die Darstellung zeigt sechs Kletterer und, wie aus den Beischriften hervorgeht, der König schwingt gleich zwei Szepter (*iꜣ.t* und *ꜥbꜣ*). Hieraus Schlüsse für die Bezeichnung des Szepters im allgemeinen zu ziehen, wäre sicher zu spekulativ, zumal der König nur hier zwei Szepter hat.

Wenn wir nun noch eine Ritualszene aus Dendera[32] zu Rate ziehen, so hält der König anstelle des Szepters sogar eine *ḥḏ*-Keule in seiner Rechten. Wir sehen den Mittelmast mit sechs Stützen, auch einmalig bisher, an denen wieder acht „befiederte" Männer emporklettern. Und, wie zur erneuten Bestätigung des oben genannten Symbolismus, krönt den Mittelmast *kꜣ* die Kultkapelle als „Wappen" desselben. Aus ganz unerwarteter Quelle erhalten wir noch eine Stütze für diese Argumentation: aus dem Tempel von Esna. In einer kryptographischen Litanei auf Osiris[33] aus römischer Zeit sind einmal die Kultkapelle und einmal die Stützen mit den Kletternden zur akrophonischen Schreibung des *s* (*sḥn.t.*) im Namen des Osiris verwendet.

Aber wenden wir uns den Beischriften unseres Rituals zu, die in Edfu und Dendera *sꜥḥꜥ kꜣ sḥn.t* begleiten. Sie werden uns erlauben, Aussagen über den Sinn und den Inhalt des Rituals sowie seinen kultischen Zusammenhang zumindest für diese Epoche zu ma-

28 *Edfou* IX, pl. XLI, kein Photo; s. Abb. 10.
29 *Edfou* VII, 304. Ptolemaios X. ?
30 *Edfou* II, 56.
31 *Edfou* V, 165, pl. CXVIII.
32 Dendara IX/1, 81–82, Dendara IX/2, pl. DCCCXLVII; DCCCLVI.
33 Esna III, 1968, Nr. 208, S. 38–39 (Vers 54 u. 73).

chen. Die bildlichen Darstellungen konnten uns eigentlich nur Details beitragen, die sicher keinen Einfluß auf den Inhalt hatten.

Die Texte zeigen beständig den König, der Min die verschiedensten Völker aus den Grenzgebieten Ägyptens zuführt. Der Gott, als Herr dieser Völker bezeichnet, übergibt sie wiederum dem König als Untertanen. Den Rahmen der Textkomposition bildet das „do ut des“, wobei der König durch seine kultische Leistung Anspruch auf die Gegenleistung des Gottes erhebt. Min gebietet über alle Völker des Südens, die aus *Kns.t*, *Ḳmꜣ.t* oder Punt stammen und als *ꞽwntjw*, *Śtjw* oder *Nḥsj* bezeichnet werden können. Selbst die *Ṯmḥw* des Nordwestens werden vom König mitgeführt. Immer von neuem wird Min als Gott der Wüstengebirge, die das Niltal umgeben und wo sich die begehrten Gesteine und Mineralien finden, sowie der Wege in die Länder des Weihrauchs und der exotischen Pflanzen angesprochen (z.B. Edfou VII, 304). Min erhält die Beinamen „*Kundiger der Herrlichkeiten (sr bjꜣ) von Punt*“ und des „*Gotteslandes*“ (*tꜣ nṯr*) sowie „*guter Mḏꜣj von Punt*“. Der Gott wird als „*siegreicher Stier*“ (Edfu II, 56), als Bezwinger der Fremdländer bejubelt. Dann werden wir mit dem eigentlichen Kultgeschehen konfrontiert: „*die ꞽwntjw tanzen und singen für seinen Ka*“ (*ꞽwntjw ihb n kꜣ-f*, *Edfou* II, 56.10), „*Gesang und Tanz für den Großen an Schrecken*“ (*ihb n wr nrw*, *Edfou* V, 166.3). Die Großen der Fremdländer vollführen vor Min „*was über ihn erzählt wird*“ (*irw sḏdw ḥr-f*, ibidem, Z.6), oder „*die südlichen ꞽwntjw ... vollführen ihre 'Handlungen'*“ (*irj-sn irw-sn*, Dendara IX/1, 81.13–14) und der Gott „*sieht das, was aufgerichtet wurde, um ihn heiter zu stimmen*“ (*iw mꜣꜣ-f sꜥḥꜥ.t r sbꜣk-f*, ibidem, 82.10). Ich habe hier nur die wichtigsten Stellen ausgewählt.

Bevor eine Interpretation des Rituals und seines kultischen Hintergrundes versucht wird, müssen die noch ausstehenden beiden Szenen des Rituals aus dem Hibistempel[34] besprochen werden. Obwohl nur eine Szene gut erhalten ist, scheinen beide dasselbe Szenarium zum Inhalt gehabt zu haben. Auffällig ist zunächst die Größe der Darstellung der Kultkapelle, die den Gott überragt, in Szene 1. Leider ist diese sonst wenig erhalten. Hier kann man aber nochmals deutlich sehen, daß der Ka-Mast mit seinen Stützen schwerlich das Grundgerüst der Kapelle war. Min ist in beiden Szenen auf seinem *ḥtjw*-Podest gezeigt (bisher einmalig) und wird als „Koptide“ betitelt. Das Stiergehörn ist auf einer *wꜣḏ*-Säule angebracht. Zwei Priesterinnen stehen anbetend vor Min und dem aufgerichteten Stiersymbol *kꜣ* mit zwei Stützen. Ihnen folgt der König zwei Lattichblätter opfernd. Die Priesterinnen waren sicher in beiden Szenen zu sehen, obwohl die frag-

---

34 DE GARIS DAVIES, Hibis III, pl. 22 u.51; s. Abb. 11 u. 12.

mentarische nur noch eine erkennbar macht. Dazu ist der Name der einen, *mȝd.t*, in der zerstörten Szene noch zu lesen. Dieselbe Priesterin erscheint auch beim Minfest von Medinet Habu[35]. Die andere Priesterin, *šmʿ.t*, ist mehrfach im Kultdienst des Min belegt[36]. Beide hatten offenbar mit Musik, Gesang und Tanz zu tun, und hatten beim Minfest in Theben eine besondere Funktion. Denn ein Text in der sog. „Minkammer" von Edfu[37], wo auch Lattich dargebracht wird, erwähnt die *šmʿ.t*, die in Theben vor Min tanzt und singt (*ihb*) und somit die Ankunft des Min aus dem Süden feiert. Da Hibis stark durch die thebanische Göttertriade geprägt ist, verwundert dieser Zusammenhang kaum. Wichtiger ist aber, daß unser Ritual auch hier mit dem Minfest von Theben, *pr.t Mnw*, in Verbindung zu stehen scheint. Da das Ziel der Festprozession das *ḫtjw*-Podest des Min war, ist Min hier auf diesem dargestellt.

In welchen mythologischen Kontext lassen sich die oben genannten Anspielungen nun einordnen? Wir hatten gesehen, daß die Szenenbeischriften von Edfu und Dendera Mins Rolle als der Gott der Wüstengebirge und der Südvölker immer betonen. Seit ältester Zeit galt Min als der Schutzgott der Expeditionen ins Wadi Hammamat und in die Gebirge der Ostwüste, wo man wertvolle Steine und Mineralien gewann, und nach Punt, von wo auf dem Seeweg über das Rote Meer Weihrauch, exotische Pflanzen und Tiere geholt wurden[38]. So heißt es von Min in einer Hymne des MR, daß er der sei „*dessen Parfüm die Götter lieben, wenn er aus Punt kommt*" und „*reich an Parfüm, wenn er aus dem Lande der Mḏȝjw herabsteigt*", oder „*schön von Angesicht, wenn er aus dem Gotteslang kommt*"[39]. Die Texte der griech.-röm. Zeit berichten ausführlich von dieser südlichen Heimat des Gottes. Min ist der Herr der Südvölker, die er Ägypten als Unterworfene zuführt und die ihre Tribute herantragen. Min wird der „*fremde Jüngling von Koptos*"[40] genannt, ebenso „*guter Mḏȝj von Punt und tȝ nṯr, Kundiger der Herrlichkeiten (sr bjȝ) von Punt und tȝ nṯr*"[41]. Er durchzieht die Berge und Wüsten bis nach Punt, um

35 Medinet Habu IV, pl. 209. Vgl. auch H. GAUTHIER, *Le personnel du dieu Min* (*RAPH* 3), 1931.

36 GAUTHIER, op. cit. 113.

37 *Edfou* I, 396.13ff.

38 Vgl. S. HASSAN, *Hymnes religieux du Moyen Empire*, Kairo 1928, 166; und L. BRADBURY, Reflections on Traveling to "God's Land" and Punt in the Middle Kingdom, in: *JARCE* 25 (1988), 127–156.

39 s. HASSAN, op. cit., 166–167.

40 E. CHASSINAT, *Le mystère d'Osiris au mois de Khoiak II*, Kairo 1968, 676–677.

41 ibidem.

deren Schätze zugänglich zu machen. Schon im MR wird Min als Herr der Völker des Südens bezeichnet *nb ḫꜣs.wt ḥrj tp Iwntjw*[42].

Eine Inschrift des Arensnuphistempels in Philae[43] aus der Zeit des Kaisers Tiberius mit einer Hymne an diesen Gott setzt Min auch mit dem unmittelbaren Süden Ägyptens, Nubien, in Beziehung. Arensnuphis wird Min gleichgesetzt und erhält dessen typische Epitheta: „*der gute Mḏꜣj, Herr von Punt*". Er tritt in der Gestalt von *nṯr.wj*, also von Koptos, auf. Er ist „*der Nḥsj, Herr von Punt*" in der Gestalt des Dedwen in Theben, Amun, dem „*man an diesem Ort die sḥn.t-Kapelle errichtet*". Die Lesung von Theben und die richtige Form von *sḥn.t* wurden nach den Belegstellen des Wb (IV, 54) ergänzt[44]. Somit ein erneuter Hinweis auf das Ritual in Theben. Im folgenden wird auf den Mythos des Horusauges in Nubien angespielt. Dedwen ist hier der Sohn der Isis und des Osiris in Bigge. Da der Tempel Schu und Tefnut geweiht war, ist „*das Horusauge an seinem Scheitel*" das ferne Auge des Re, Hathor-Tefnut. Min als Mond und linkes Auge des Re liefert die Verbindung in diesem Augenmythenkreis. Arensnuphis, Dedwen und Amun erhalten als wichtige Götter der Region einen Minaspekt, da Min auch, als Herr der Südvölker, Aspekte dieser Götter bekommt.

In den Beischriften des Rituals fanden wir aber noch eindeutige Anspielungen auf das mythologische Geschehen, das sich um das Ritual rankt. Der König führt Min die Völker des Südens, Ostens und Westens als Unterworfene zu, die Tribute bringen. Er erhält die Epitheta des Gottes in dieser Rolle. Die *Iwntjw* tanzen und singen für den Ka des Gottes (Edfou II, 56). Der König vernimmt den Hymnus über den *wr nrw*, den „*Großen an Schrecken*" (Edfou V, 166). Min sieht „*das, was über ihn erzählt wird*" vor sich dargestellt (ibidem). Die *Iwntjw stj.w* spielen ein Mysterienspiel (*irj irw-sn*), um das Herz des Gottes zu erfreuen (Dendara IX/1, 81), und der *wr nrw* „*sieht das, was errichtet ist, um ihn heiter zu stimmen*" (Dendara IX/1, 82). Alles deutet darauf hin, daß im Ritual *sꜥḥꜥ kꜣ sḥn.t* ein Mysterienspiel dargestellt wurde, das den Mythos von der Ankunft des Min in Ägypten, nachdem er von Punt her kommend die Berge und Wüsten des Südostens durchzogen hatte, „vergegenwärtigte", indem der Hymnus rezitiert und mit Gesang und Tanz aufgeführt wurde. Min erscheint in Ägypten als *wr nrw* „*der Große an Schrecken*" und er führt die Völker der Regionen, die er durchzogen hatte, mit ihren Tributen als Unterworfene heran. Ihm zu Ehren und zu seiner Begrüßung wird das Stier-

---

42 Stele Mentuhotep II., HASSAN, op. cit., 138.

43 G. DARESSY, Légende d'Ar-Hems-Nefer à Philae, in: *ASAE* 17 (1917), 76–77; vgl. auch CHASSINAT, op. cit., 681–682.

44 Vgl. CHASSINAT, op. cit., 682, Anm. 6.

symbol *k3* seiner Kultkapelle *sḥn.t* aufgerichtet, die wohl die ältesten Kultgegenstände des Minkultes sind. Wir fanden Hinweise, daß dasselbe Mysterienspiel auch beim Minfest in Theben eine Rolle spielte, oder sogar mit unserem Ritual dort aufgeführt wurde. Der am besten erhaltene Festzyklus von Medinet Habu zeigt es aber nicht. Doch die Texte des Festes stellen eine deutliche Verbindung her. Hier werden verschiedene Hymnen vor Min durch den *ḥrj-ḥb ḥrj-tp* rezitiert, den wir in der Ritualszene des AR sahen, der Worte des Thot spricht[45]. Die *Nḥsj* von Punt singen vor dem Gott, der „*als Stier über die Bergländer gekommen ist, frohen Herzens über seine Erhebung zum König der Götter*“[46]. Und in einem anderen Hymnus des Festes heißt es: „*Ich bin Min, der auf den Bergländern steht, nachdem er alle Länder genommen hat*“[47]. Es kann auch kaum ein Zufall sein, daß die Teilnehmer des Minfestes ebensolche Federn auf dem Kopf tragen, die sie wohl als Südvölker kennzeichnen sollen, wie die Kletterer bei unserem Ritual[48]. Diese Parallelen zwischen *sʿḥʿ k3 sḥn.t* und dem Minfest waren auch GAUTHIER in seiner Bearbeitung des Festes aufgefallen[49]. Es bleibt der Fakt, daß die Szenen des Minfestes unser Ritual nicht enthalten. Wir bekamen Anhaltspunkte dafür vom Luxorpylon und aus Hibis. Die Szene des Luxorpylons liegt aber auch zeitlich sehr nahe zu den Minfestdarstellungen von Medinet Habu, oder geradezu parallel, wenn wir das weniger gut erhaltene Minfest vom Ramesseum betrachten[50]. Schwerlich hätte man das Ritual, wenn es fester Bestandteil des Festes gewesen wäre, ausgelassen. Dennoch wird die Bedeutung und der mythologische Hintergrund eines der Rituale viel deutlicher, denen wir in den Tempeln immer wieder begegnen. Mysterienspiele machten ja nicht nur in Ägypten einen wesentlichen Bestandteil des Kultes aus. Sie waren ein Wesenszug der Kultpraxis der alten Völker. Auffällige Ähnlichkeit weisen die Termini für das Darstellen von Mythen, wo wir gewohnt sind „Nachspielen“ zu sagen, *irj irw* (Dendera) im Ägyptischen und δρᾶν im Griechischen auf. Sie bedeuten im einfachsten Sinne „Handeln oder Tun“, bezeichnen aber ganz besonders die „Handlungen“ der Mysterienspiele. Man „vergegenwärtigte“ im Mythenspiel den Mythos eines Gottes oder Heros, indem man die als real gedachten Geschehnisse der mythischen Vergangenheit in die Gegenwart holte und sie durch *irj* oder δρᾶν wiedergeschehen ließ.

---

45 GAUTHIER, Fêtes (*RAPH* 2), 1931, 178–179, 189.

46 ibidem, 200.

47 ibidem, 197.

48 Medinet Habu IV, pl. 197.

49 Fêtes (*RAPH* 2), 1931, 202.

50 Ramesseum IX, Les fêtes du dieu Min (*CS* 36), 1979.

Trotz alledem bleibt die Frage nach dem eigentlichen Sinn des „Kletteraktes". Warum gerade acht (oder 16) Kletterer? Nach den meisten Quellen sind sie vor allem als Südvölker zu verstehen, die Min unterwarf und die durch den Federschmuck identifiziert werden. Sie klettern an dem Stiersymbol des Min empor. War es doch ein Wettkampf, der das Mysterienspiel begleitete? Wenn wir unter den an das Stiersymbol *kꜣ* gelehnten vier Stützen die vier Himmelsrichtungen verstehen sollen, so könnte man annehmen, daß hier die Völker aller Weltgegenden, die Min seinem Mythos entsprechend unterwarf, unter dem Stiersymbol des Min vereinigt sind. Die Stützen und das Stiersymbol *kꜣ* werden vom König und dem Hofstaat (den *rḫ njsw.t*) errichtet und offensichtlich durch die Seile aufrecht gehalten. Der König wiederholt im Mysterienspiel die im Mythos erzählten Taten des Min. Er erhält die Epitheta des Gottes und führt die Völker mit ihren Tributen als Unterworfene nach Ägypten. Er errichtet das Zeichen des Min, sein Stiersymbol, und damit auch dessen Kultkapelle *sḥn.t*, wie auch Min im Mythos sein Stiersymbol in Ägypten aufpflanzte. Somit garantiert der König die Fortführung des Minkultes in Ägypten. Er bringt dem Gott und damit dem Tempel die begehrten Produkte des Auslandes. Der Gott erfreut sich an ihnen und sieht seinen Mythos vor sich „vergegenwärtigt". Und wenn König und Hofstaat das Stiersymbol aufrecht halten, behalten sie auch die Kontrolle über die unterworfenen Völker. Der König schafft die Maat, die Weltordnung, die von den Göttern geschaffen wurde. Er wiederholt die in Mythen beschriebenen Taten der Götter, garantiert ihren Kult und die Versorgung des Tempels mit den „Luxuria", die der Gott so schätzt. Min erkennt den König als seinen Sohn und Nachfolger an und versieht ihn mit allen Attributen des Herrschers.

So gehört *sꜥḥꜥ kꜣ sḥn.t* ohne Zweifel zu den Ritualen, in denen der König vor den Göttern seine Befähigung zum Herrscher unter Beweis stellen muß. Die Bühne dafür war das Sed-Fest. Die erste erhaltene Szene unseres Rituals aus der Zeit Pepis II. war ja in einem Sed-Fest Kontext zu sehen. Ein von Georg MÖLLER veröffentlichter Sarg des Berliner Museums[51] (wohl spätes NR) aus Deir el-Bahari zeigt die Kultkapelle *sḥn.t* im Rahmen eines mythischen Sed-Festes des Osiris. Auf dem Architrav des Sed-Festportals Sesostris' III. von Medamud[52] finden wir das Stiersymbol Ka in einer Reihe von anderen Symbolen genau so wiedergegeben, wie auf der „Chapelle blanche" Sesostris' I., wo der König das Gründungsopfer vollzieht.

51 Das *Ḥb-sd* des Osiris nach Sargdarstellungen des neuen Reiches, in: *ZÄS* 39 (1901), 71–74.

52 BISSON DE LA ROQUE, Médamoud (*FIFAO* 8), 1930, pl. VIII; s. Abb. 13.

Ein Resumé des Rituals *sꜥḥꜥ kꜣ sḥn.t* kann nur ein vorläufiges sein. Es bleiben Zweifel und Fragen, die nur neues, noch unbekanntes Material ausräumen können. Das Ritual war meiner Ansicht nach ein Tempelfest für den Gott Min. Ein Volksfest wie das große Minfest von Theben war es wohl nicht, doch ließen sich genügend liturgische Gemeinsamkeiten feststellen. Sollte der Tempel die Feststätte gewesen sein, so kann man die Teilnahme eines großen Publikums nicht voraussetzen. Doch warum sollte der „Kletterakt“ nicht auch einen Wettstreit beinhalten, der sicher gern viel Beifall hatte? Ja vielleicht führte man tatsächlich auch unser Ritual zuweilen beim großen Minfest auf? Der Bezug zum Sed-Fest scheint am deutlichsten zu sein, denn Min gehörte zu den Göttern, die die Herrscherwürde an den König weitergeben.

Vielleicht hat die Argumentation zu sehr den Blickwinkel der griech.-röm. Zeit angenommen. Das kann wohl nicht verhindert werden, da die Quellen dieser Zeit als einzige erzählen, worüber man zuvor wissend schwieg. Letztendlich wird der Mythos von der Ankunft des Min in Ägypten in der Frühzeit entstanden sein. Und was immer die Ägypter über Generationen mit dem Ritual in Verbindung gebracht hatten, man errichtete dem Gott Min das Stiersymbol seiner Kultkapelle *sḥn.t* so lange bis niemand mehr wollte, daß Min „*auf den Bergen als Stier erscheint*“, um großen Schrecken zu verbreiten.

Synoptische Liste der Schreibungen des Ritualtitels

Mittleres Reich:

Karnak 1:
(Abb. 2)

Neues Reich

Karnak 6:
(Abb. 6)

Karnak 8:
(Abb. 7)

Luxor 1:
(Abb. 3)

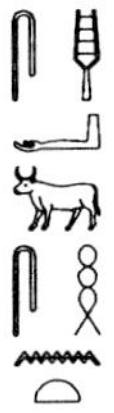

Luxor 2:
(Abb. 4)

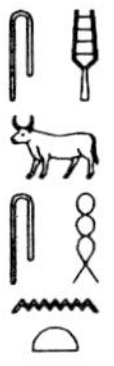

Luxor 3:
(nach GAYET)

Luxor 4:
(Abb. 8)

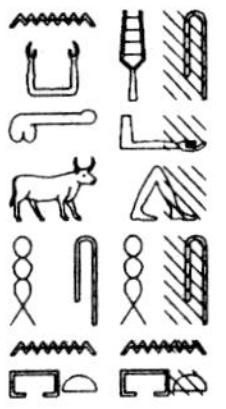

(Randzeile)

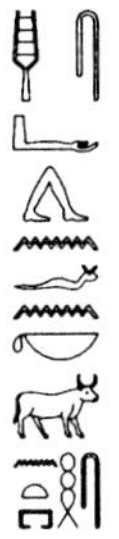

Luxor 5:[53]

Ptolemäisch

Edfu 1: (Edfou I, 375.9)

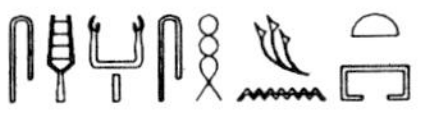

Edfu 2: (zu Abb. 10; Edfou II, 88.9)

Edfu 3: (Edfou II, 56.2)

Edfu 4: (Edfou V, 165.17)

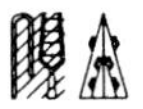

Edfu 5: (Edfou VII, 304.2)

Dendera: (Dendara IX/1, 81.11)

1. Perserzeit

Hibis: (zu Abb. 12)

---

53 nach Wb, Belegstellen IV, 54.

Abb. 1: nach JÉQUIER, Pepi II, II, pl. 12

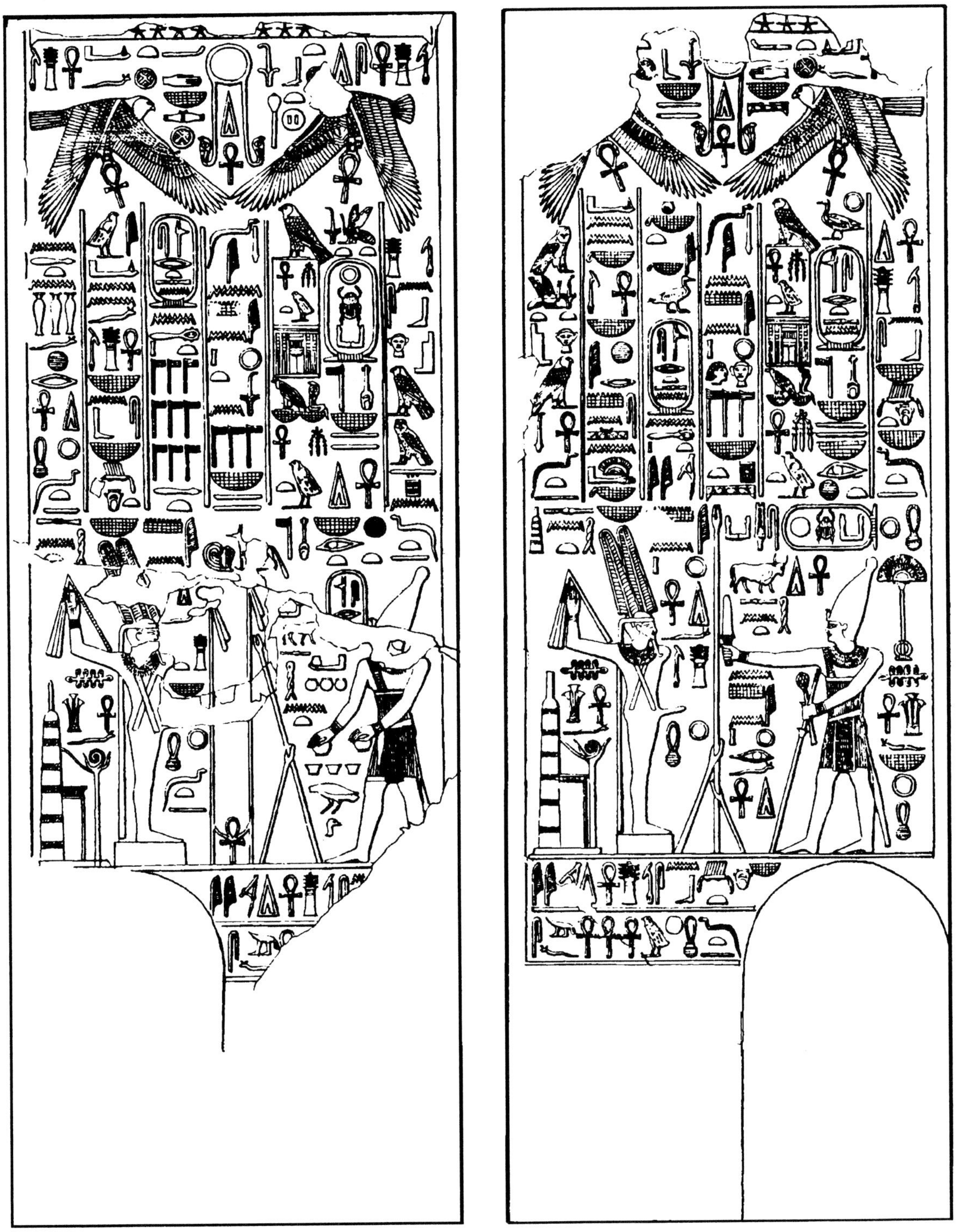

Abb. 2: nach LACAU-CHEVRIER, Sésostris Ier, pl. 31

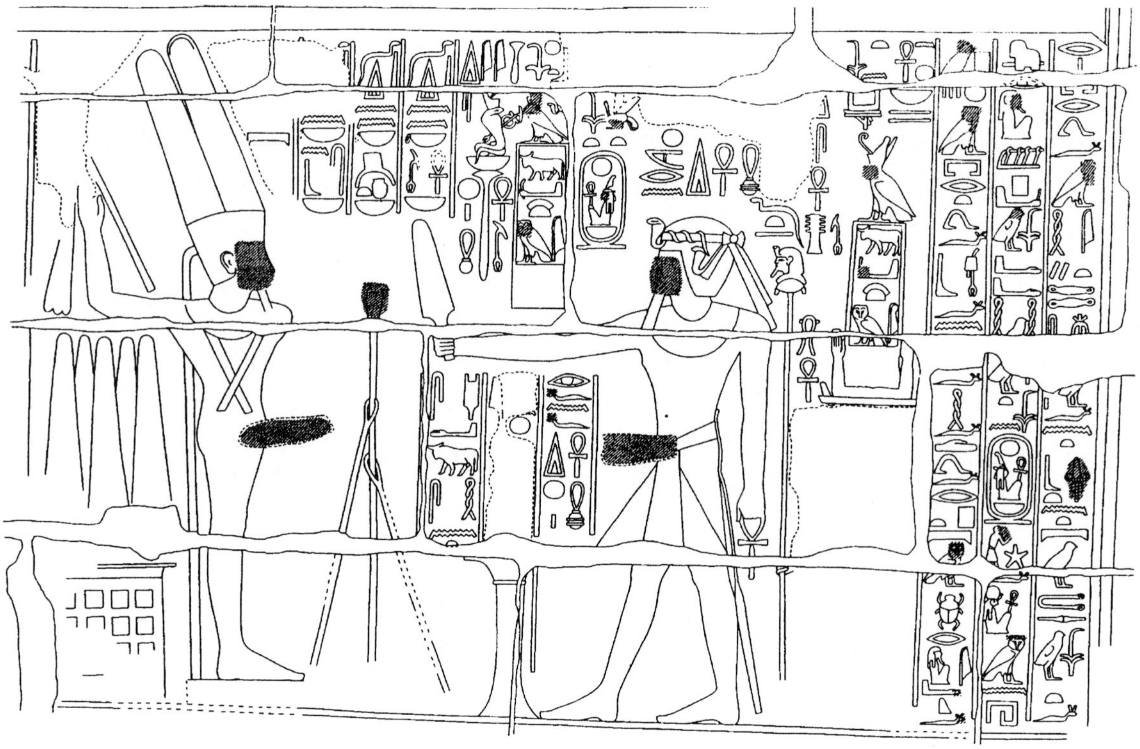

Abb. 3: nach BRUNNER, Luxor (*AV* 18), 1977, Tf. 75

Abb. 4: nach LACAU, *CdE* 28 (1953), 18 fig. 3

Abb. 5: nach NELSON, Hypostyle Hall (*OIP* 106), 1981, pl. 14

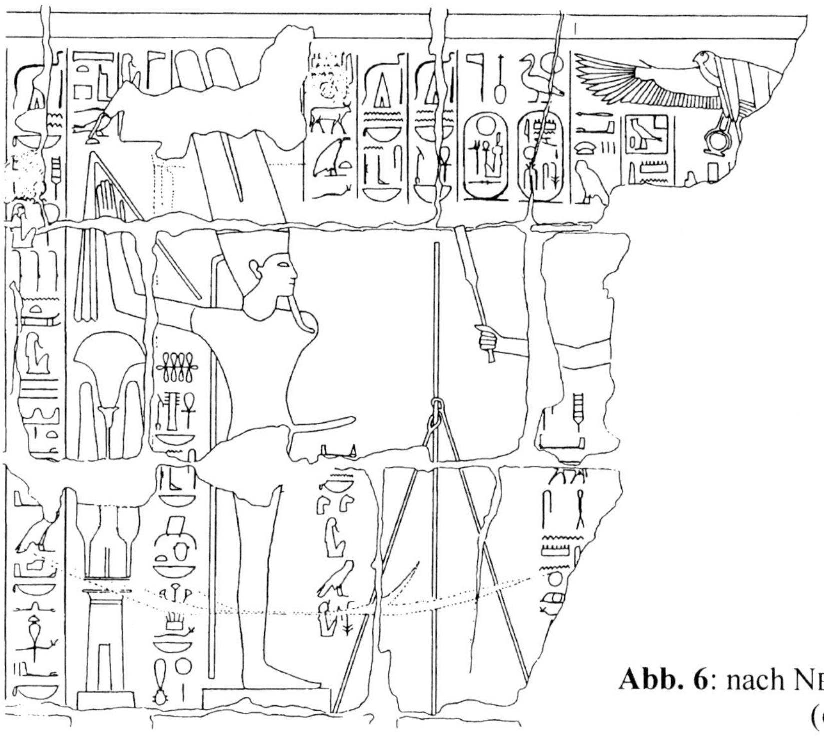

Abb. 6: nach NELSON, Hypostyle Hall (*OIP* 106), 1981, pl. 20

Abb. 7: nach HELCK, Ritualszenen, Bild 29 (oben) u. 94 (unten)

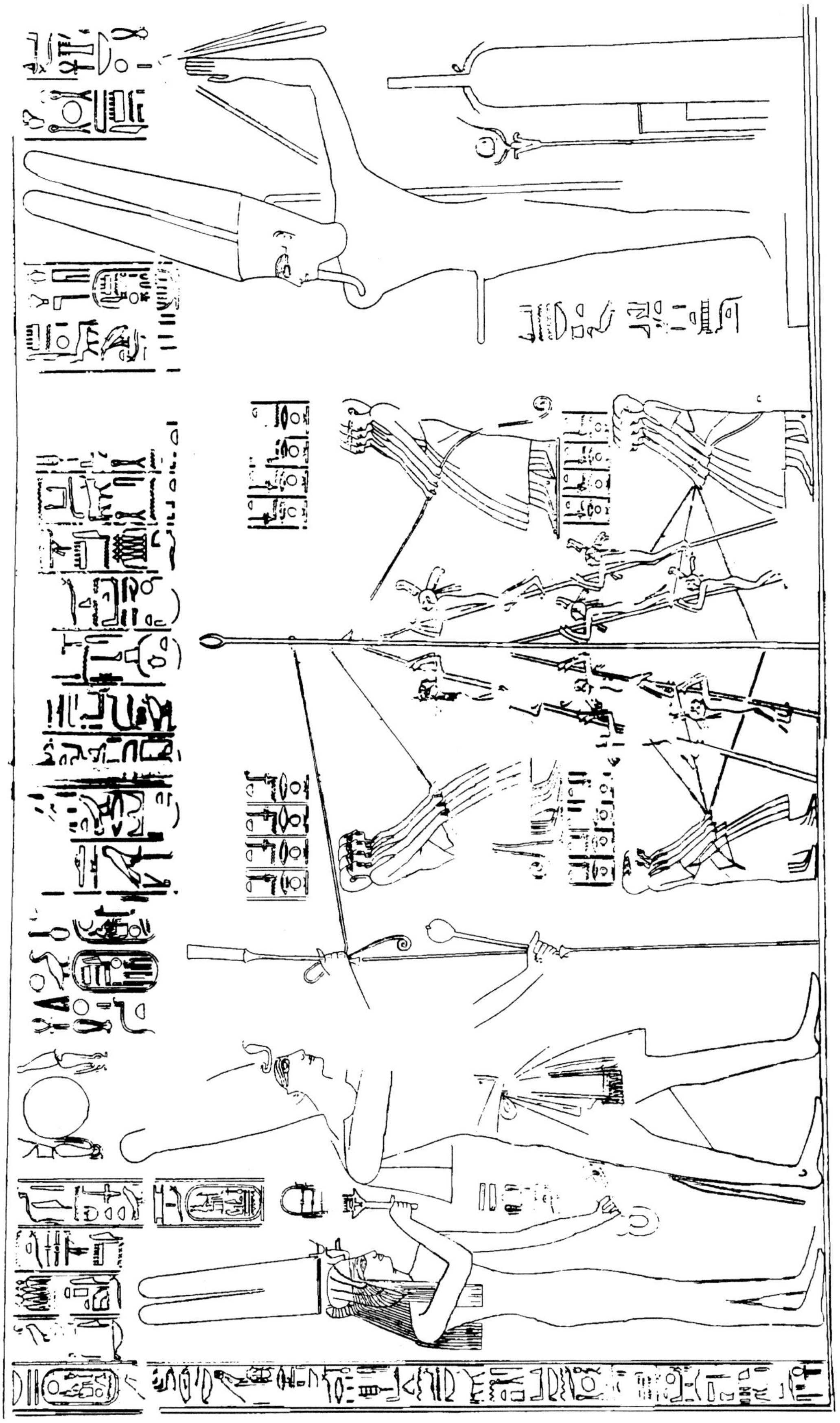

Abb. 8: nach KUENTZ, Pylone de Ramses II à Louxor, pl. XIX

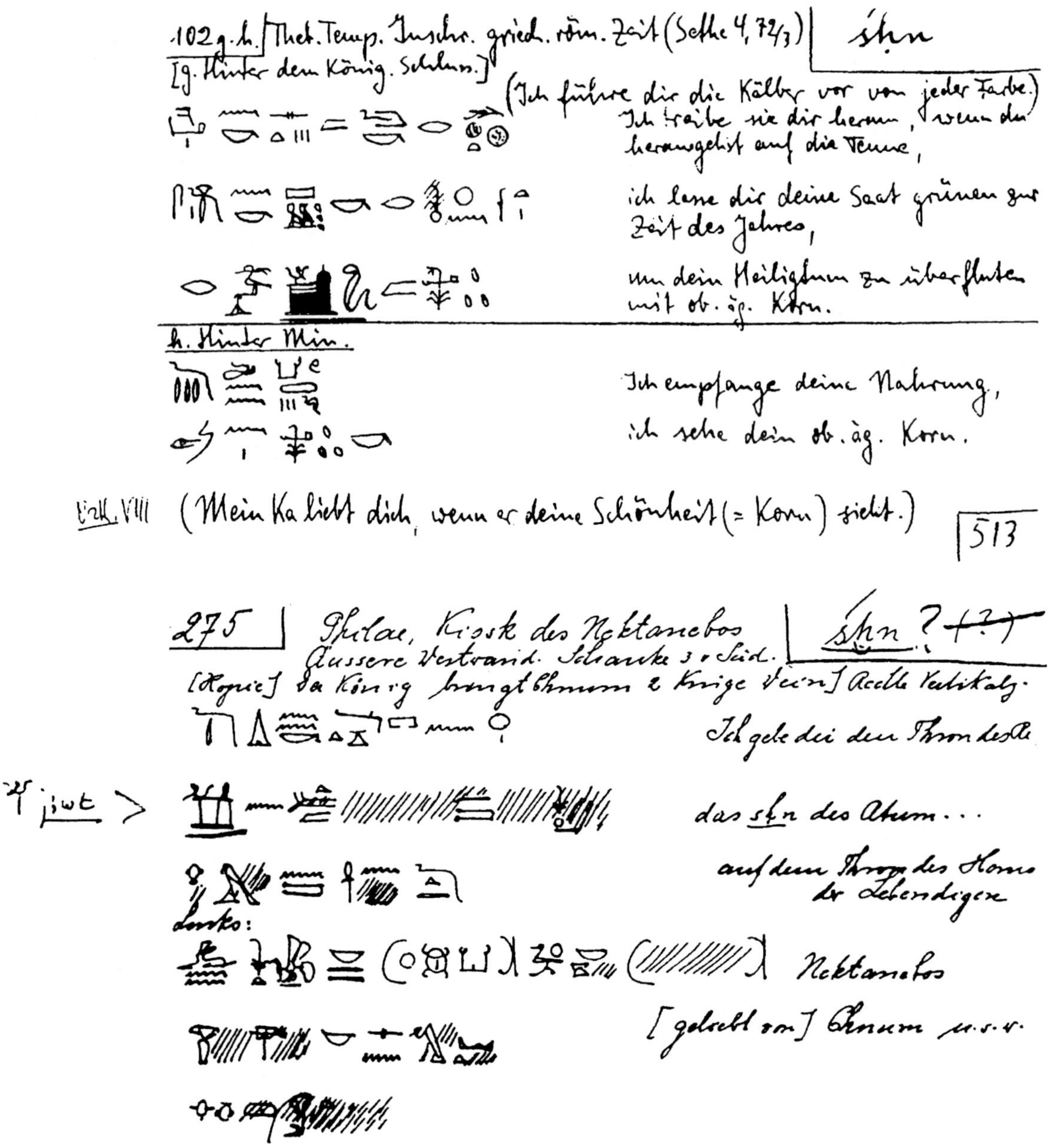
102 g. h. | Theb. Temp. Inschr. griech. röm. Zeit (Sethe 4, 72/3) | sḥn
[g. Hinter dem König. Schluss.]
(Ich führe dir die Kälber vor von jeder Farbe.)
Ich treibe sie dir herum, wenn du herausgehst auf die Tenne,
ich lasse dir deine Saat grünen zur Zeit des Jahres,
um dein Heiligtum zu überfluten mit ob. äg. Korn.
h. Hinter Min.
Ich empfange deine Nahrung,
ich sehe dein ob. äg. Korn.
Vgl. VIII (Mein Ka liebt dich, wenn er deine Schönheit (= Korn) sieht.)
513

275 | Philae, Kiosk des Nektanebos | sḥn ?
äussere Westwand. Schranke 3 v. Süd.
[Kopie] Der König bringt Chnum 2 Krüge Wein] Recht. Vertikalz.
Ich gebe dir den Thron des …
das sḥn des Atum …
auf dem Thron des Horus der Lebendigen
Links:
Nektanebos
[geliebt von] Chnum u.s.w.

Abb. 9: Wb Zettelarchiv, s.v. *sḥn* (513)

Abb. 10: nach Edfou IX, pl. XLI

Abb. 11+12:
nach DE GARIS DAVIES,
Temple of Hibis III, pl. 22 (rechts); pl. 51 (unten)

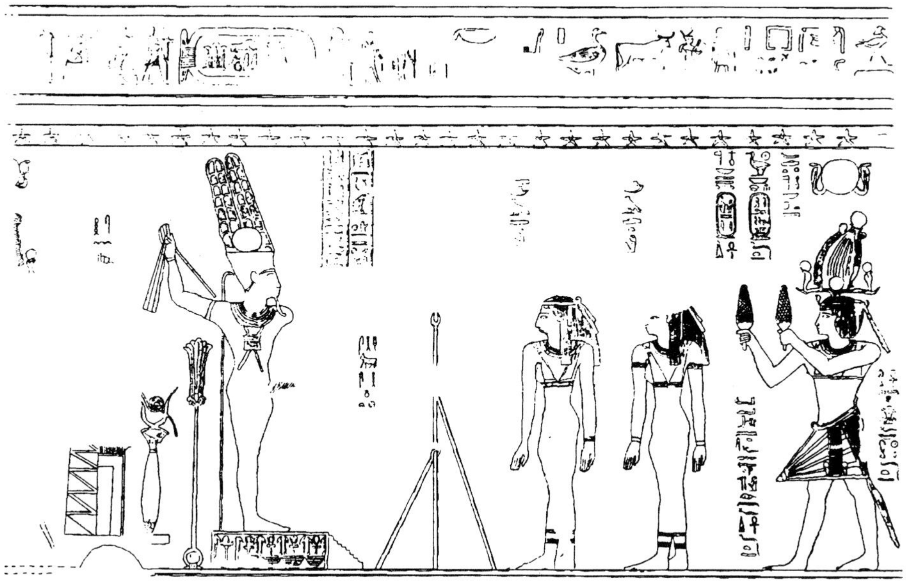

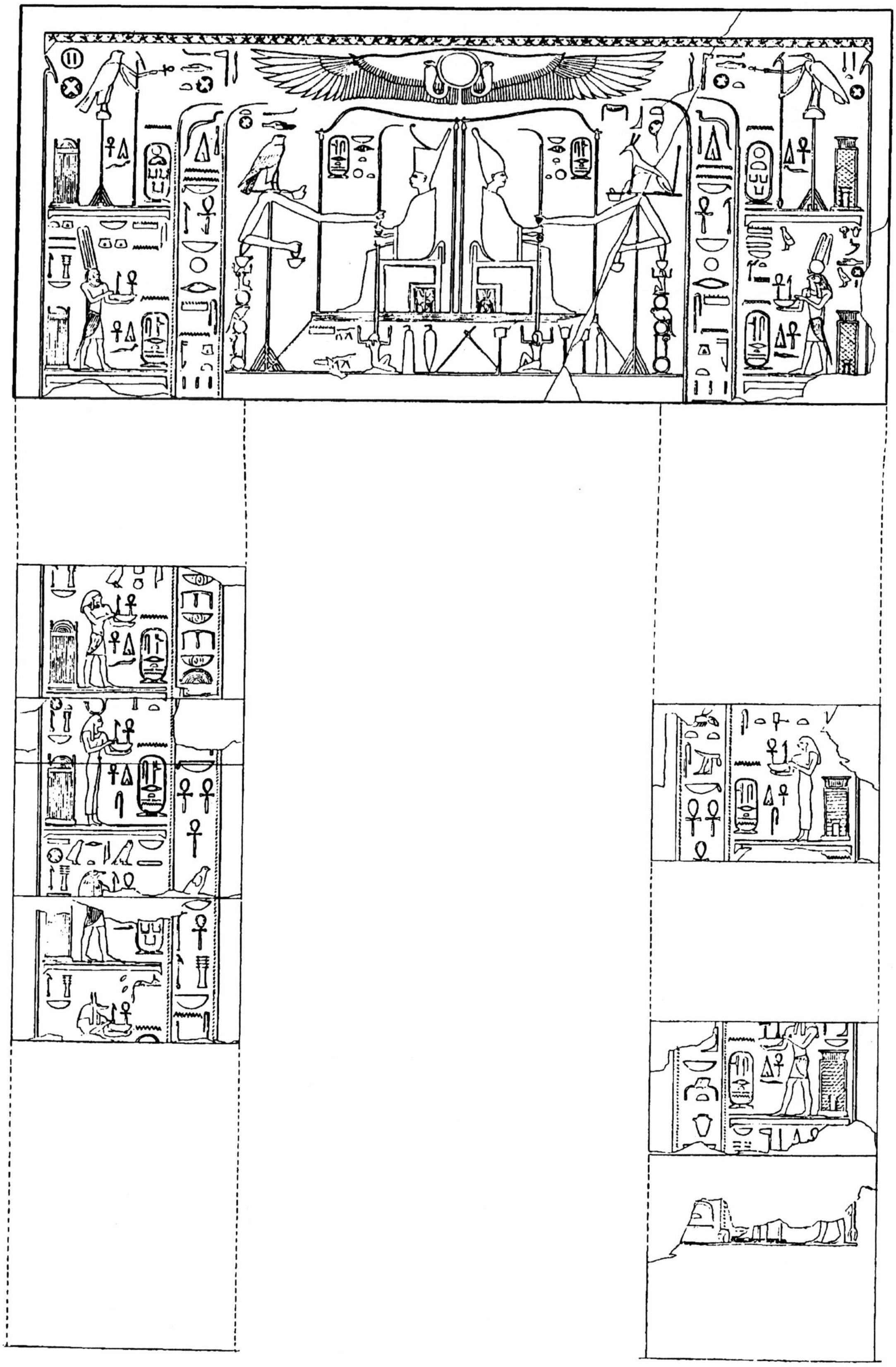

Abb. 13: nach Fouilles de Médamoud (*FIFAO* 8), 1930, pl. VIII

Tempelfeste und Etappen der Königsherrschaft in der 18. Dynastie

ROLF GUNDLACH

Die ägyptischen Tempel waren im gesamten Verlauf der pharaonischen Geschichte politische Institutionen, in denen dem Königtum kultisch die (göttliche) Legitimation und die magischen Machtmittel zuerkannt wurden. Die amtliche Rolle des Königs änderte sich zwar im Verlaufe der Jahrtausende, aber immer blieb die göttliche Grundlage des Amtes erhalten. War der König in der Frühzeit und im Alten Reich „Sonnengott auf Erden“,[1] so wurde nach dem Schock der 1. Zwischenzeit und dem Zwischenspiel des Beamtenkönigtums[2] die Göttlichkeit des Amtes wieder hergestellt: Ab Sesostris I. war der König „*nṯr*“,[3] also eigentlich mit heiligen Kräften „aufgeladen“. Diese Qualität wurde in der 12. Dynastie ausgebaut, indem der König die Rollen der wichtigsten Götter übernahm.[4] Nach dem Sturz der 13. Dynastie wurde der König in der Neugründung des ägyptischen Staates durch die 17. Dynastie „*ẖn.tj*“,[5] d.h. „Prozessionsstatue“ des Sonnengottes, eine Qualität, der am Beginn der 18. Dynastie der Aspekt „*tj.t*“ („Hieroglyphe“) des Sonnengottes hinzugefügt wurde.[6] Prinzipiell änderte sich der göttliche Charakter des Amtes auch dann nicht, als der König ab dem Ende der Ramessidenzeit nur noch Statthalter des Sonnengottes war.[7]

---

1 Hierzu s. R. GUNDLACH, *Der Pharao und sein Staat. Die Grundlegung der ägyptischen Königsideologie im 4. und 3. Jahrtausend*. Darmstadt 1998.

2 Zu dieser Sichtweise s. R. GUNDLACH, Die Neugründung des Königtums in der 11. Dynastie, in: *BAKI* 2 (im Druck).

3 Vgl. R. GUNDLACH, Ägyptische Weisheit in der politischen „Lebenslehre“ König Amenemhet I., in: *Jedes Ding hat seine Zeit...* (Festschrift D. Michel), hrsg. von DIESEL, A. u.a. (*BZAW* 241), 1996, 91–105, spez. 95.

4 Z. B. in der Loyalistischen Lehre Amenemhet III.

5 Zu diesem Terminus s. z. B. E. HORNUNG, Der Mensch als „Bild Gottes“ in Ägypten, in: O. LORETZ, *Die Gottesebenbildlichkeit des Menschen*, München 1967, 123–156, spez. 134–135.

6 S. dazu R. GUNDLACH, Der Pharao - eine Hieroglyphe Gottes, in: D. ZELLER (Hrsg.), *Menschwerdung Gottes – Vergöttlichung von Menschen* (*Novum Testamentum et Orbis Antiquus* 7), Freiburg (Schweiz) / Göttingen 1988, 13–35, spez. 30–31.

7 Vgl. dazu R. GUNDLACH, Das Königtum des Herihor, in: MINAS, Martina und Jürgen ZEIDLER (Hrsg.), *Aspekte spätägyptischer Kultur. Festschrift für Erich Winter zum 65. Geburtstag* (*AET* 7), 1994, 133–138.

1. Das Problem: Etappen der Königsherrschaft und ihr ritueller Vollzug

Die Übertragung des Königsamtes war wegen seines göttlichen Charakters nur kultisch möglich, also außerhalb der täglichen Pflege des Kultbildes (des Täglichen Rituals) in besonderen Festen. Damit unterlag die königliche Herrschaft dem Zwang, alle seine Etappen auch kultisch zu begehen. Unter diesem Gesichtspunkt lassen sich vier Hauptetappen der königlichen Herrschaft unterscheiden:

I. Göttliche Legitimation (die aber erst bei der Regierungsübernahme Gültigkeit erlangt);

II. Regierungsübernahme:
- A. Vorbereitung: Designation durch den Vorgänger[8] und/oder das göttliche Orakel
- B. Regierungsantritt: Thronbesteigung bis Krönung[9]

III. Erneuerungen des Königsamtes:
- A. tägliche Erneuerung (nach dem Vorbild des täglichen Sonnenaufganges: der König „erscheint wie Re“ am Morgen)
- B. jährliche Erneuerung (nach dem Vorbild des Jahresrhythmus der Sonnenbahn)
- C. im Generationenabstand durch das Sedfest bzw. das Jubiläumsfest
- D. beim Idoneitätsnachweis (s. unten)

IV. beim Begräbnis mit der Überführung in das Amt des Osiris.[10]

Die entsprechenden Etappenfeste (s. Abb. 1) werden grundsätzlich an „heiligen Orten“ begangen, d.h. in Tempel, Ritualpalast, Regierungspalast und Grab. Speziell die Designation durch den Vorgänger (I A 3), die Thronbesteigung (II B 5) und das Sedfest (III C 12) finden wesentlich außerhalb der Tempel statt. Am Beginn der grundsätzlich möglichen Etappenfesten steht die ***göttliche Wahl (I 1)***. Sie ist nur in Darstellungen[11] und schriftlichen Feststellungen[12] überliefert. Sie wurden selbstverständlich post eventum, also nach dem Regierungsantritt, formuliert. Anders steht es mit den Festen der ***göttlichen Zeugung*** und ***Geburt***. Natürlich sind bildliche und schriftliche Darstellungen[13]

---

8 Zur Rolle der Designation vgl. R. GUNDLACH, Die Legitimationen des ägyptischen Königs, in: *BAKI* 1 (*ÄUAT* 36,1), 1997, 11–20.

9 Zur Unterscheidung von Thronbesteigung und Krönung s. W. BARTA, Thronbesteigung und Krönung als unterschiedliche Zeugnisse königlicher Herrschaftsübernahme, in: *SAK* 8 (1980), 33–53.

10 Vgl. z.B. die Szene PM I.2², 534 (3) im Grabe Ramses' I. mit der Beischrift „(Rede des Harsiese) *smn.n=f z3=f nb-t3.wj ḥr-ns.t-jtj=f Wsjr* („er hat seinen Sohn, den Herrn der beiden Länder, auf dem Thron seines Vaters Osiris eingesetzt“) und die Dekoration von Schacht und Vorkammer des Grabes des Haremhab (s. hierzu E. HORNUNG, *Das Grab des Haremhab im Tal der Könige*, Bern 1971, 29–30).

11 Vornehmlich im Rahmen eines Götterrates (s. unten).

12 Dafür gibt es sehr viele Textzeugnisse, z.B. im Krönungsbericht des Haremhab (*Urk.* IV, 1316) und die Elephantine-Stele des Sethnacht. Zu letzterer s. R. DRENKHAHN, *Die Elephantine-Stele des Sethnacht und ihr historischer Hintergrund* (*ÄA* 36), 1980.

13 Hierzu s. grundsätzlich BRUNNER, Geburt des Gottkönigs.

auch hier erst nach dem Regierungsantritt konzipiert und angefertigt, aber diese Feste wurden wohl mindestens in einer Reihe von Fällen regelmäßig wiederholt: Abgesehen von den Riten in den *mr.t*-Heiligtümern im Alten Reich[14] ist u. a. das unten ausgeführte Beispiel Hatschepsut I. anzuführen und vor allen Dingen die Riten der Heiligen Hochzeit und der anschließend in den Mammisi gefeierten Geburt des Gottessohnes, die in der griechisch-römischen Zeit bezeugt sind.

Die Etappenfest der Regierungsübernahme (Abb. 1, Hauptetappe II), beginnen mit der Vorbereitung, der ***Designation*** durch den Vorgänger, die ziemlich sicher vor dem versammelten Hof stattfand. Ein früher Beleg ist die Bestimmung Sesostris' I. zum Nachfolger, die von Amenemhet I. zwar getroffen, aber anscheinend nicht öffentlich verkündet worden ist.[15] Auch die Designation Ramses' II. durch Sethos I. ist hier heranzuziehen.[16]

Auf den Tod des Vorgängers folgt der Ritus der ***Thronbesteigung (II B 5)***, die idealiter am folgenden Morgen gefeiert wird. In diesem Rahmen ist seit Hatschepsut I. die öffentlich zelebrierte Entscheidung des Sonnengottes belegt, die in Form eines Orakels vorgenommen wird (II A 4; nicht zu verwechseln mit der 1. Etappe, der göttlichen Wahl). Im Falle Hatschepsut I. dürfen wir wohl damit rechnen, daß das Orakelfest vor der Thronbesteigung stattfand, da sie als Regentin für den unmündigen Thutmosis III. die politische Macht sowieso in Händen hatte. Aber diese bei ihr belegte Reihenfolge ist wohl nicht die Regel gewesen: Zumindest für Thutmosis I. fand eine Einführung (*bz*) bei Amun-Re (wohl nach der Thronbesteigung) statt, von der er in seiner Tomas-Inschrift spricht.[17] Erst mit der Thronbesteigung wurden die Qualitäten der göttlichen Wahl und der göttlichen Zeugung und Geburt (also der I. Hauptetappe) wirksam. Das Fest der 6. Etappe, das ***Begräbnis des Vorgängers*** (für diesen die 14. Etappe seiner eigenen Herrschaft) war Voraussetzung für die ***Krönung (II B 7)*** des Nachfolgers,[18] womit die II. Hauptetappe der Königsherrschaft, die Regierungsübernahme, abgeschlossen war.

14 S. W. BARTA, s. v. Meret-Heiligtum, LÄ VII, Sp. 11–13 und DERS., Zur Lokalisierung und Bedeutung der *mrt*-Bauten, in: *ZÄS* 110 (1983), 98–104; allerdings geht es hier sicher nicht um die Zeugung des Thronfolgers, sondern um den König selbst, u. zw. in der gleichen Erneuerung wie beim Sedfest.

15 So möchte ich den Passus mit dem Terminus „*wḏ*" in der Lehre Amenemhet I. verstehen, die wohl nichts mit einer Koregentschaft zu tun hat; vgl. hierzu R. GUNDLACH, a.a.O. (Anm. 3), 97–98 und 104 (Abschnitt VIII a).

16 Zum Text s. K*RI* II, 327, Textzeile 49.

17 *Urk.* IV, 82.12.

18 Vgl. W. BARTA, a.a.O. (Anm. 9).

Die III. Hauptetappe umfaßt die gesamte Regierungszeit des Königs und besteht rituell aus einer Reihe von Festen, von denen viele im Idealfall regelmäßig wiederholt wurden: abgesehen vom ***Jahrestag der Krönung (II B 9)***[19] das ***Opetfest (II B 10)***[20], bei dem es um die jährliche Erneuerung der Königsherrschaft ging, das ***Talfest (II B 11)***[21] mit der regelmäßigen Identifizierung des Königs als Sonderform des Amun-Re[22] und das ***Sedfest (II C 12)*** (s. oben). Ob der Nachweis der ***Idoneität (III D 13)*** des Königs, der in Felstempeln der 18. und 19. Dynastie belegt ist (s. unten), mit einer rituellen Feier außerhalb der Einweihung des betreffenden Tempels begangen wurde, wissen wir nicht.

Die IV. Hauptetappe der Königsherrschaft wird mit dem ***Begräbnis (IV 14)***[23] des toten Herrschers eingeleitet, durch das er in den Status des Osiris versetzt wird und seine jenseitige Herrschaft beginnt. Diese wird ebenfalls von Festen begleitet, von denen das bekannteste das jenseitige Sedfest ist, für das Bauten schon aus der Thinitenzeit bekannt sind[24] und das letztlich durch den Jubiläumshof des Djoser-Bezirks nachgewiesen ist.

2. Das Beispiel: Die Regierungsübernahme durch Hatschepsut I.

Abgesehen von den Festen der III. Etappe der Königsherrschaft, die seit der Frühzeit (Sedfest)[25] bzw. dem Mittleren Reich (Talfest)[26] belegt sind, sind die Feste der Hauptetappen I und II zusammenhängend zuerst bei Hatschepsut I. beschrieben: von der Gotteswahl bis zur Krönung. Daß wahrscheinlich eine Reihe dieser Etappen fiktiv begangen wurde, ändert an der exemplarischen Bedeutung der Schilderungen nichts. Der Grund für diese Beleglage dürfte die Krisensituation des Königtums sein, die die Königin selber herbeigeführt hat und die rituell faßbar ist. Die mit ihr verbundene Problematik des Doppelkönigtums (mit Thutmosis III.) wird aber im folgenden nur gestreift, da in allen Belegen entweder nur Hatschepsut I. genannt wird oder der weibliche König sowieso im Vordergrund steht.

---

19 Vgl. hierzu W. BARTA, s. v. Königskrönung, LÄ III, Sp. 531–533.

20 Zuletzt W.J. MURNANE, s. v. Opetfest, LÄ IV, Sp. 574–579.

21 Vgl. z.B. E. GRAEFE, s. v. Talfest, LÄ VI, Sp. 187–189.

22 Vgl. R. STADELMANN, Totentempel und Millionenjahrhaus in Theben, in: *MDAIK* 35 (1979), 303–321, spez. 313 ff.

23 Vgl. Anm. 10.

24 Vgl. GUNDLACH, Der Pharao und sein Staat, 1998, 116–118.

25 Durch die Narmer-Keule; s. GUNDLACH, op. cit., 68–73; zu der „Königsgebärerin" s. W. KAISER, Zu den *ms.wt-nj-sw.t* der älteren Bilddarstellungen und die Bedeutung von *rpw.t*, in: *MDAIK* 39 (1983), 281–296.

26 Die Zeremonie des „Ruderns für Amun", die im Totentempel Mentuhotep II. dargestellt ist; s. D. ARNOLD, Der Tempel des Königs Mentuhotep von Deir el-Bahari, II (*AV* 11), 1974, Taf. 22/23.

Die hier interessierenden Ereignisse seien kurz genannt:

1482 Tod Thutmosis' I.; er hinterläßt seinen Nachfolger Thutmosis II. und seine Tochter ***Hatschepsut***;

1479 Tod Thutmosis' II.; er hinterläßt seinen Nachfolger Thutmosis III. (von seiner Gemahlin Isis) und seine Tochter Nefrura (von seiner Schwester-Gemahlin ***Hatschepsut***);

1479–1472: Regentschaft der ***Hatschepsut***, da Thutmosis III. noch minderjährig war;

1472 Herrschaftsübernahme durch ***Hatschepsut (I.)***, die als regulär gekrönte Pharaonin (offiziell) neben Thutmosis III. regiert und auch seine Jahreszählung fortsetzt;

1472–1457: Erbauung des Totentempels und Erweiterung des Amun-Tempels;

1457 Tod ***Hatschepsut I.***; Beginn der Alleinherrschaft Thutmosis' III.;

ab ca. 1437 (Jahr 42): Verfolgung des Andenkens ***Hatschepsut I.***

Mit der Doppelherrschaft Thutmosis III./Hatschepsut I. wurde die Maat zum ersten Mal in der 18. Dynastie empfindlich gestört,[27] wenn auch der Grund nicht in dem angeblichen Ehrgeiz der Königin gesucht werden sollte, sondern in der sicher ernsthaft erwogenen Absicht, das Weltreich aufzugeben, das in der Form, wie es von Thutmosis I. errichtet worden war, nicht der Tradition entsprach.[28] Dieser politische Gegensatz zwischen Vater und Tochter steht übrigens in eklatantem Widerspruch zu der Rolle, die Thutmosis I. als fiktiver designierender Vorgänger in dem Bericht Hatschepsut I. über ihre Regierungsübernahme spielt. Aber auch diese Problematik wird im folgenden ausgeklammert, da sie für die Abfolge der festlichen Durchführung der Regierungsübernahme irrelevant ist.

3 *Die Quellen zur Regierungsübernahme (s. Abb. 2)*

Der früheste Hinweis auf den Umsturz zugunsten von Hatschepsut stammt aus dem Jahre 7 Thutmosis' III., also 1472. Anläßlich der Obelisken-Expedition nach Assuan wird in den Steinbrüchen ein Graffito angebracht, demzufolge Re der Regentin („*jrj.t-pꜤ.t wr.t*") Hatschepsut das Maat-gerechte Königtum („*nj-sw.jt-mꜢꜤ.t*") gegeben habe; der Titel der Regentin wurde dann nachträglich in *nj-sw.t-bj.tj* abgeändert.[29] Dieser hier schriftlich fixierte Anspruch auf den Thron steht in Zusammenhang mit der Aufstellung der Obelisken in Karnak,[30] die ja u. a. die Krönungsszene Hatschepsuts I. enthalten.

27 Da es nur einen Horus geben konnte.

28 Vgl. hierzu W. HELCK, Politische Gegensätze in alten Ägypten (*HÄB* 23), 1986, 50.

29 Zum Text s. L. HABACHI, Two Graffiti at Sehel from the reign of Queen Hatshepsut, in: *JNES* 16 (1957), 88–104, spez. 94.

30 a.a.O.

Ebenso wie wir es hier mit einem Zeugnis der Realgeschichte zu tun haben, dürfte der Bericht über die Erteilung des Orakels durch Amun-Re ein tatsächliches Ereignis widerspiegeln, wenn auch ideologisch stilisiert. Der Bericht ist auf den Außenwänden der Chapelle Rouge verzeichnet und beschreibt außer dem Orakel auch die Krönung der Königin (bzw. des weiblichen Königs).[31] Zum Krönungsbericht in Karnak gibt es eine Parallele in Deir el-Bahri[32], hier allerdings als Fortsetzung des Geburtszyklus, in dem u.a. die göttliche Vorherbestimmung (Gotteswahl), die Zeugung durch Amun-Re und die Geburt der Königin geschildert wird.[33] Geburtszyklus und Krönungsbericht in Deir el-Bahri sind natürlich fiktive Schilderungen, die auch die Designation der Hatschepsut durch ihren Vater Thutmosis I. behauptet, die nie stattgefunden hat (Nachfolger Thutmosis' I. wurde ja sein Sohn Thutmosis II.)

Für die Thematik der Regierungsübernahme sind auch die Bilder und Texte zum Talfest heranzuziehen, soweit sie im Hathorheiligtum der Hatschepsut angebracht sind.[34] Die Dekoration dieses Tempels spiegelt zwar nur z.T. reale Kulthandlungen wieder, aber ihre Themenfolge umfaßt im Gegensatz zu den übrigen Berichten (abgesehen von der Orakelprozession) alle Hauptetappen der Regierungsübernahme (vgl. Abb. 2), wenn auch manche Etappen nur in bloßen Erwähnungen vertreten sind, wie z.B. die göttliche Geburt der Hatschepsut durch Hathor.

4 Der Orakelbericht der Chapelle Rouge (s. Abb. 3)

Auf den Außenwänden der Chapelle Rouge sind die Berichte systematisch und nicht chronologisch angebracht. Speziell die südliche und die nördliche Längswand sind hier heranzuziehen. Im untersten Register beider Seiten,[35] dem Register 1, geht es vor allen Dingen um die Prozessionen der Gaue und der einzelnen Tempel als Grundlage der Ausstattung des Karnaktempels. Bezeichnenderweise sind vier Tempel ausgewählt worden, soweit der fragmentarische Zustand der Kapelle Auskunft gibt[36]: neben dem Muttempel der Ritualpalast (zu diesem s. unten) und die Totentempel Thutmosis' I., des (für Hatschepsut) fiktiven Vorgängers der Königin, und Thutmosis' III., der ja pro forma weiterregierte.

---

31 Es handelt sich um den „texte historique" der Publikation von LACAU–CHEVRIER, Hatshepsout I, 1977, 92–153.

32 op. cit.

33 S. H. BRUNNER, op. cit.

34 S. PM II², 350–353.

35 Zu den Registern vgl. den Plan d'ensemble bei LACAU–CHEVRIER, op. cit., II, 1979, Taf. 1.

36 Bestenfalls zwei Drittel der Tempelprozession sind erhalten, u. zw. die Blöcke 179 (Muttempel), 242 (Ritualpalast), 290 (Totentempel Thutmosis I. und III.) sowie 296.

Im 2. Register (von unten) beider Seiten ist der Bericht über die Orakelprozession angebracht, in den Registern 3–5 Opetfest, Talfest mit den dazugehörigen Fahrten nach und von Luxor und Deir el-Bahri sowie im zentralen Register 4 Opferszenen.[37] Das Register 6 beider Seiten zeigt Opfer vor der Neunheit und dürfte m. E. die Vorbereitung der Krönung Hatschepsut I. darstellen[38], der dann das Register 7 vorbehalten ist. Wenn man von den Szenen zu Thutmosis III. in Register 8 absieht,[39] beschreibt Register 1 die Grundlage der Ausstattung des Tempels, Register 2 und 6/7 die Regierungsübernahme (Hauptetappen I und II) und die Zwischenregister 3 und 5 die kultische Regierungstätigkeit (also Hauptetappe III).

Der Bericht der Chapelle Rouge zur Regierungsübernahme mit Schilderung der Prozession und der Krönung der Königin enthält keinen Bezug auf Thutmosis I., wahrscheinlich, weil es ausschließlich um die Beziehung der Königin zu Amun ging. Die Auswahl der Ereignisse war also lokal bedingt. Demgegenüber bringt der Krönungsbericht in Deir el-Bahri die (fiktive) Vorgeschichte und trifft sich mit der Erzählung der Chapelle Rouge erst wieder ist den letzten Stufen der Regierungsübernahme, bei Einführung und Krönung.

Nach dem „texte historique" können wir 9 Stufen der Prozession unterscheiden (im folgenden A–I genannt), in deren Mittelpunkt der Ritualpalast steht, der mit dem *ḥw.t-sr*, dem sog. „Fürstenhaus", identisch ist. Der Name rührt bekanntermaßen von dem Gerichtsort in Heliopolis her, in dem der Triumph des Horus über Seth und damit des Thronberechtigten verkündet wurde. Es lag nach der Schilderung des texte historique auf der Nordseite des west-östlichen Verbindungsweges (der *wꜣ.t-wdḥ.w*, des „Opferweges") zwischen dem Fluß (*tp-jtr.w*) und dem Amuntempel.[40] Die Topographie dieses Ritualpalastes (Abb. 4) ist nur annähernd zu erschließen. Da der Favorit der Königin, Senenmut, den Titel „*ḫrp wsḫ.t m ḥw.t-sr*" trug, können wir einen Innenbau mit umgebender Halle (*wsḫ.t*) annehmen, möglicherweise also einen Bau, der von Säulenstellungen eingefaßt war. Hier drängt sich natürlich das Bild auf, daß später die Mammisi boten.

---

37 Die wohl das kultische Verbindungsstück zwischen Berichten und Kultvollzug im Barkensanktuar sind.

38 Wie sie parallel auch in den Ritualszenen Ramses' II. in Karnak geschildert wird: s. hierzu HELCK, Ritualszenen, 1968, Text, 72.

39 Die nur auf der südlichen Außenwand erhalten sind.

40 S. hierzu schon M. GITTON, Le palais de Karnak, in: *BIFAO* 74 (1974), 63–73.

Das in der *wsḫ.t* liegende Gebäude ist nach dem texte historique der *ꜥḥ-ḥw.t-sr* („Palast des Fürstenhauses"), dessen Vorsteher Senenmut ebenfalls war: Er war *ḫrp-ꜥḥ* („Palastleiter")[41], der nach einer Parallelstelle[42] mit der Funktion des *ḥrj-tp m ḥw.t-n.t* („Oberhaupt im Haus der Roten Krone") zu verknüpfen ist. Die Trennung von „Halle" und „Palast", wie sie also auch in den Titeln des Senenmut zum Ausdruck kommt, hatte sicher kultische Gründe. Das Innere des Palastes enthielt drei Räumlichkeiten, die auch im texte historique genannt werden, das *ḏsr.w*, also das „Abgetrennte" bzw. „Allerheiligste", das *nfr.w*, das „Vollkommene", und die *ḥw.t-ḥkꜣ.w*, das „Zauberhaus", in dem sicher die Werethekau residierte. Hier muß auch das „Haus der Roten Krone" lokalisiert werden. Am westlichen Ausgang des Ritualpalastes lag die *rw.tj-jmn.tj*, das „westliche Doppeltor" und am südlichen Ausgang, also in Richtung des Zugangsweges zum Tempel, die *rw.tj-wr.tj*, das „Große Doppeltor" und ihm gegenüber das *ḥḏ-šps*, die „Erhabene Kapelle".

In der Nähe des Amun-Tempels und des Ritualpalastes muß noch der Maat-Tempel liegen, der auf dem Plan (Abb. 4) versuchsweise in Richtung Month-Tempel lokalisiert wird, da in dessen Bereich später ein Tempel der Maat belegt ist.

Der Bericht über die Prozession des Amun, soweit er erhalten ist, setzt mit der Ankunft der Prozession am „Großen Doppeltor" des Ritualpalastes ein (s. Abb. 4; Stufe A der Schilderung, vgl. Abb. 2). Vorauszusetzen ist sein Auszug aus dem Tempel. Amun zieht weiter, biegt nach Norden um und hält am „Westlichen Doppeltor" des Ritualpalastes (Stufe B). Jetzt begibt sich Hatschepsut aus dem „Allerheiligsten" (*ḏsr.w*) des Ritualpalastes heraus und wirft sich vor Amun nieder (Stufe C). Amun „setzt" sie vor sich und zieht mit ihr zum Tempel der Maat (*ḥw.t-ꜥꜣj.t-Mꜣꜥ.t*, Stufe D) und von dort in den Amun-Tempel, wo sie die Krönungsinsignien *ꜥpr.w* (Ornat ?) und *ḫkr.w* (Kronen) erhält (Stufe E). In der Säulenhalle (*wꜣḏ.t*) Thutmosis' I. wird nochmals ein Orakel Amuns gegeben (Stufe F). Anschließend geht der Zug zum *zḥ-nṯr* („Gotteszelt") Thutmosis I., vielleicht das (nicht erhaltene) Barkensanktuar des Amun-Tempels, in dem die Titulatur der Königin verkündet wird (Stufe G). An dieser Stelle muß wohl der Krönungszyklus des 7. Registers (s. Abb. 3) eingefügt werden,[43] also die Einführung der gekrönten Königin in die Kultbildkammer (Szene 1, s. Abb. 2) und die „Befestigung der Krone" (Szenen 2 bis 8).

---

41 *Urk.* IV, 411, vgl. HELCK, Verwaltung, 477.

42 Berlin 2296.

43 Ob vorher noch die Opfer an die Neunheit ? (6. Register)

Anschließend geht es gemäß dem texte historique wieder in Prozession zum „Großen Doppeltor“ und macht an der „Erhabenen Kapelle“ Halt (Stufe H). Das Ritual wird abgeschlossen mit dem Eintritt der Königin in den Ritualpalast (Stufe I).

5 Der Geburtszyklus und der Krönungsbericht von Deir el-Bahri

Der Platz, den das Orakel in der Konstruktion der Ideologie Hatschepsut I. einnahm, ist auf dem Hintergrund der Berichte im Totentempel in Deir el-Bahri zu verstehen. Geht es in Karnak um ein Ereignis, das ausschließlich von dem Verhältnis zwischen Königin und Amun bestimmt ist und sehr wahrscheinlich ein reales Ereignis widerspiegelt, sind die Berichte über die Erschaffung der Hatschepsut und ihre Erhebung zum Pharao weitestgehend fiktiv.

Beide Berichte sind in der Nordhälfte der Mittelkolonnade von Deir el-Bahri angebracht.[44] Der Geburtszyklus wird singulär[45] durch den Bericht über einen Götterrat eingeleitet, in dem Amun der Neunheit seinen Entschluß mitteilt, Hatschepsut zum König zu erheben[46]. Es ist typisch für eine irreguläre Thronbesteigung, daß die fehlende Designation seitens des Vorgänger eine „göttliche Ersatzvornahme“ zur Folge hat.[47] Diese göttliche Designation wird entweder in einem Götterrat ausgesprochen, wie bei Hatschepsut I., Ramses I.,[48] Sethnacht,[49] oder durch ein Orakel, wie ebenfalls bei Hatschepsut I. (s. oben zum Orakelbericht) oder wie bei Haremhab[50] u. a. Bei ihnen allen fehlt die Designation durch den Vorgänger.[51] Daß diese für Hatschepsut I. im auf den Geburtszyklus folgenden Krönungsbericht trotzdem behauptet wird, ist nur scheinbar unlogisch. Beide Berichte sind jeder für sich konzipiert und haben in Deir el-Bahri jeweils „hieroglyphischen“ Charakter, d. h. sie werden jeder als ganzes während der Prozession zum Talfest aktualisiert, wenn der Zug vorbeikommt.[52]

---

44 PM II², 347–349 (16)–(21).

45 Vgl. Brunner, op. cit., 20–21.

46 Abb. 2, Stufe 1 des Geburtszyklus.

47 Vgl. Gundlach, Legitimation, in: *BAKI* 1 (*ÄUAT* 36,1), 1997, 11–20, spez. 18.

48 Wohl im Bericht Sethos' I. in Abydos: s. S. Schott, Der Denkstein Sethos I. für die Kapelle Ramses I. in Abydos (*NAWG* 1964), 19.

49 Vielleicht ist der Bericht der Elephantine-Stele des Sethnacht so zu deuten (s. den Text bei R. Drenkhahn, a.a.O., 63, Zeile 3)

50 In seinem Krönungsbericht, *Urk.* IV, 2116–2117.

51 Vgl. Gundlach, op. cit., 14–15.

52 Sie haben nur „kultunterstützende“ Funktion (vgl. R. Gundlach, s. v. Tempelrelief, LÄ VI, Sp. 407–411, spez. 408–409 (5)); die in ihnen geschilderten Vorgänge sind in Deir el-Bahri niemals zelebriert worden.

Auf die Schilderung des Götterrates folgt die Heilige Hochzeit zwischen Amun-Re und der Königin Ahmose,[53] zu der der Gott in Gestalt Thutmosis' I. kam. Dieses Motiv ist natürlich darauf zurückzuführen, daß der jeweils regierende König immer das „Ebenbild" des Sonnengottes war, Amun-Re also nur in Gestalt des Königs die Hochzeit vollziehen konnte, und hatte nichts mit einer angeblichen Täuschung der Wachen zu tun, wie sie BRUNNER für den Luxor-Zyklus annimmt.[54] Die Zeugung und Geburt Hatschepsut I., wie sie im Geburtszyklus berichtet wird (Stufen 3–5),[55] hat m. E. keinen biologischen Charakter, sondern bedeutet nur die geistige Konzipierung des künftigen Thronfolgers, also der Hatschepsut.[56]

Der Geburtszyklus berichtet also über die oben abgegrenzte Hauptetappe I der Regierungsübernahme. Die Riten haben nach dem Bericht im sog. „Fürstenhaus" stattgefunden, zumindest soweit es die Zeugung betrifft. Zur Geburt wird die Königin in den Kreißsaal geführt, von dem wir nicht wissen, ob er sich ebenfalls im Fürstenhaus befand; anzunehmen wäre das, wenn man das Zeugnis des Hathortempels heranzieht (s. unten). Dort allerdings wird von der jährlichen Wiederholung der göttlichen Geburt der Hatschepsut berichtet und nicht von der initialen Zeugung, die der Geburtszyklus meint.

Der in Deir el-Bahri auf den Geburtszyklus folgende Krönungsbericht bezieht sich fiktiv auf die heranwachsende Hatschepsut und umfaßt im wesentlichen eine rituelle Reinigung (Stufe A des Krönungsberichtes) zur Vorbereitung auf den Besuch bei den Göttern (Stufen B–D), worauf Hatschepsut Kronen und Titulatur erhält. Erst dann wird ihre Designation durch Thutmosis I. in der *ḏ3d.w*, der Thronhalle des Regierungspalastes, vorgenommen. Dieser befindet sich im Ort *Ḫft-ḥr-nb=s* („Gegenüber ihrem Herrn", d. h., gegenüber dem Karnaktempel des Amun-Re) auf der Westseite von Theben, wahrscheinlich im Flachland östlich des Asasif (s. Abb. 5).[57] Die Thronhalle ist der gegebene Ort für derartige Proklamationen, so daß die fiktive Designation natürlich hierhin verlegt wird.[58]

53 Wohl Tochter des Königs Ahmose, die als „Erbprinzessin" mit dem königlichen „Neuling" Thutmosis verheiratet wurde, da Amenophis I. keine männlichen Nachkommen hatte.

54 BRUNNER, op. cit., 51.

55 Vgl. grundsätzlich auch J. ASSMANN, Die Zeugung des Sohnes, in: J. ASSMANN u.a. (Hrsg.), Funktionen und Leistungen des Mythos (*OBO* 48), 1982, 13–61, spez. 16–17 u.a.

56 Vgl. GUNDLACH, Der Pharao und sein Staat, 1998, 14–17.

57 Vgl. auch OTTO, Topographie, 1952, 48–49.

58 Vgl. auch die nicht öffentlich verkündete Designation Sesostris' I. durch seinen Vater, von der in der „Lehre Amenemhet I." gesprochen wird (s. Anm. 15).

Systematisch gesehen, entsprechen die Abschnitte der Vorstellung bei den Göttern (Stufen B–D) den Stufen A–C des Orakelberichtes (s. oben), auch wenn dort die Götter nicht vorkommen. Abschnitt E des Krönungsberichtes entspricht dem Abschnitt E des Orakelberichtes, soweit es die Übergabe der Kronen angeht, und dem Abschnitt G hinsichtlich der Verleihung der Titulatur.

Wie oben schon gesagt, berichtet der Orakeltext nichts von den Geschehnissen in der Kultbildkammer. Dagegen lassen sich die Krönungsszenen des Registers 7 der Chapelle Rouge mit den jetzt folgenden Stufen des Krönungsberichtes parallelisieren. Hier folgen aufeinander die Reinigung des neuen (weiblichen) Königs (Stufen H und I), dessen Einführung bei Amun-Re (Stufe K entsprechend der Szene 1 auf der Chapelle Rouge) und die Krönung (Stufen L und N entsprechend den Sz. 2–8). Die letzte Stufe des Krönungsberichtes (O), in der Hatschepsut, mit der Roten Krone bekleidet, sich vor dem Palast befindet, kann man mit der letzten Stufe des Orakelberichtes parallelisieren (dort Stufe I).

Die Unterschiede, die zwischen den Berichten aus Deir el-Bahri und aus Karnak bestehen, zeigen deutlich, daß sie zwar einer übergreifenden Konzeption der ideologischen Grundlage der Herrschaft Hatschepsut I. entsprechen, aber gemäß den unterschiedlichen Anforderungen der Orte ihrer Anbringung auch unterschiedliche, scheinbar widersprechende, Aspekte betonen.

6 Die Themenfolge des Hathortempels

Wie oben schon gesagt, fassen die Szenen und Texte des Hathortempels praktisch alle kultischen Etappen der Regierung Hatschepsut I. zusammen und gehen gegenüber den anderen Berichten über diese noch hinaus (s. Abb. 2).[59]

Hauptetappe I ist in der Szene 39 durch Erwähnung der Geburt der Hatschepsut vertreten (Stufe 1 dieses Berichtes) sowie in den Szenen 36/37 I mit der Aufzucht der Königin durch Amun-Re (entsprechend der Säugung im Geburtszyklus). Im Hathortempel können wir einen Amun-Zyklus und einen Hathor-Zyklus unterscheiden. Zum ersteren gehört die Szene mit Werethekau als Uräus (Szene 36/37 III, entsprechend Stufe E des Orakelberichtes) und die Szenen der Inthronisation: die eigentliche Inthronisation (die in Szene 36/37 III quasi vorausgesetzt wird) und das *smn-ḫꜥj.w* („Befestigen der Krönungsgestalt“ bzw. „der Kronen“, ebenfalls Szene 36/37 III). Die Spende der allgemei-

59 Hierzu vgl. die Analyse der Dekoration des Hathortempels, wie sie für den Band HÄB 14 vorbereitet wird.

nen Herrschaftsvoraussetzungen (Leben, Heil und Gesundheit) durch die Götterneunheit (Stufe 5 des Amun-Zyklus) dürfte dem Register 6 der Chapelle Rouge entsprechen.

Soweit geht es im Hathortempel um die gleich Thematik wie in den anderen Berichten, die oben besprochen worden sind. Hier folgt dann allerdings der Hathor-Zyklus, der, abgesehen von dem rituellen Ballspiel, dem Nachweis des regulären Kultvollzuges und der errungenen Weltherrschaft dient, also der Bekundung der Idoneität als König (Stufen 7 und 8 der Themenfolge im Hathortempel). Anschließend wird Hatschepsut gemäß der Dekoration der Rückwand der Kultbildkammer zur „neuen Hathor" erhoben, ein Ritus, der von Amun-Re und Hathor gemeinsam vollzogen wird und der systematisch der Aufnahme des regierenden Königs in die Göttergemeinschaft entspricht, wie wir sie im Ellesija-Tempel Thutmosis' III. dargestellt finden[60] und wie wir sie auch bei Hatschepsut voraussetzen müssen.[61]

Die hier besprochenen Szenen sind allesamt nur „kultunterstützend" und geben keinen Kult wieder, der im Hathortempel zelebriert worden ist. Endszene ist die Erhebung zur Hathor, die auch das Ziel des Kultes im Hathortempel ist (zu diesem s. unten): Hier treffen also „Dogmatische Achse" und „Kultachse"[62] zusammen.

7 *Der Prozession der Hathor nach Deir el-Bahri (s. Abb. 6)*

Die Kultachse des Hathor-Tempels, also die Darstellungen und Texte, die Kulthandlungen wiedergeben, die real im Tempel vollzogen wurden, ist im wesentlichen nur durch zwei Doppelszenen repräsentiert: Die Szenen der Kultbildkammer zeigen die Hathorkuh,[63] die den weiblichen König schützt und säugt, d. h. sie zeigen das Kultbild, vor dem Hatschepsut I. und Thutmosis III. opfern und damit das Kultbild beleben,[64] d.h., die wiedergegebenen Handlungen aktualisieren.

Voraussetzung dieser Kulthandlung ist eine Schiffahrtsprozession über den Nil, den die Schiffahrtsszene 30[65] darstellt, einen Vorgang also, der sich außerhalb des Tempels

60 Vgl. R. GUNDLACH, Der Felstempel Thutmosis' III. bei Ellesija, in: Tempeltagungen (*HÄB* 37), 1994, 69–87, spez. 81

61 Angesichts der Darstellungen in den „Huldigungstempeln" des Qasr Ibrim, a.a.O.

62 Zu diesen Termini vgl. R. GUNDLACH, Struktur und Analyse ägyptischer Tempel (*HÄB* 13) (in Vorbereitung).

63 PM II², 353 (53).

64 PM II², 353 (52).

65 PM II², 350–351 (30).

abgespielt hat Im Zentrum der Schiffsprozession[66] fahren die Schiffe der Hathor, deren Kabinen leer sind. Der Grund für diese eigenartige Situation dürfte m. E. daran liegen, daß die Göttin nicht im Kultbild nach Deir el-Bahri fahren kann: Sie muß ja dort in ihrem stationären Kultbild Platz nehmen, kann also nur unsichtbar mitfahren. In den begleitenden Königsschiffen ist der König durch Fächer auf dem Thron vertreten. Da das Kultbild jedoch den (weiblichen) König zweimal zeigt, ist die Frage, ob es sich in den Königsschiffen um den Kult empfangenden oder Kult vollziehenden König handelt.

Anlaß und Zweck der Prozession der Hathor ist in Beischriften zur Schiffahrtsszene genannt: „Hathor, sie hat die Geburt wiederholt"[67] und „Man (d. h. doch wohl „der König") veranlaßte, daß die Majestät der Großen Göttin sich begab, um zu ruhen (= sich niederzulassen) in ihrem Tempel on *Ḏsr-ḏsr.w-Jmn.w* (dem Totentempel der Hatschepsut)".[68] Die Geburt, die hier genannt ist, ist natürlich die Geburt der Hatschepsut, die also jährlich (s. unten) rituell wiederholt wird. Die Prozession endet nach dem zweiten zitierten Text vor dem Kultbild, daß durch Opfer belebt wird, so daß Hathor in ihm Platz nehmen und die Handlungen des Säugens und Schützens vollziehen kann. Es sind die Handlungen, die die Gottesmutter nach der Geburt des Horusknaben in Chemmis durchführt.[69] Die Prozession ist also der rituell wiederholte Zug nach Chemmis und verbindet die Vorgänge der Geburt und der Chemmis-Handlungen. Eine spätere Parallele bietet der Tempelkomplex von Abu Simbel, in dem die Zeugung des Königs (durch den Sonnenstrahl), seine Geburt (im kleinen Südtempel, der Geburtskammer), der anschließende Zug zum Kleinen Tempel (der nicht dargestellt ist) und zu dessen Kultbildkammer stattfindet. Hier vollzieht die Hathorkuh ebenfalls die Chemmis-Handlungen (die Hathor wird von der Gemahlin Ramses II., Nefertari, „gespielt").[70] Im Hathortempel von Deir el-Bahri wird als Ziel des Kultes, wie oben schon dargelegt, die Erhebung der Hatschepsut zur neuen Hathor angegeben.[71] Dabei dürfte der Gedanke zum mindesten mitgespielt haben, daß Hatschepsut nicht der Horusknabe sein kann, sondern nur das „(weibliche) Hathorkind".

---

66 s. NAVILLE, Deir el Bahari IV, 88–91.

67 *Urk.* IV 305.6.

68 *Urk.* IV, 308, 6–7.

69 Vgl. hierzu H. ALTENMÜLLER, s. v. Chemmis, LÄ I, Sp. 921–922.

70 Hierzu s. R. GUNDLACH, Das Dekorationsprogramm der Tempel von Abu Simbel und ihre kultische und königsideologische Funktion, in: *ÄÄTT* 1, 1995, 47–71, spez. 59–60.

71 Szene 54; s. NAVILLE, op. cit., 106.

Der rituelle Rahmen, in dem die Prozession der Hathor stattfand, ist ebenfalls in der Schiffahrtsszene genannt: „Das Nahen dieses Gottes Amun bei seiner jährlichen Fahrt".[72] Damit ist natürlich das Talfest gemeint und der Chemmis-Zug der Hathor dessen Zweigritual.

8 Der Zusammenhang der Rituale

Reale Kulthandlungen werden, wie bereits gesagt, nur durch den Orakelbericht und die Angaben zum Chemmis-Zug wiedergespiegelt, der erste zur Verewigung der Orakelentscheidung des Amun-Re zugunsten der Regierungsübernahme durch Hatschepsut und zum Nachweis ihrer regelgerechten Krönung, die zweiten, um die göttliche Abstammung und die Entwicklung der Hatschepsut zum Horusknaben bzw. zur neuen Hathor regelmäßig zu aktualisieren. Fast alle übrigen Berichte geben keine in Karnak bzw. in Deir el-Bahri real vollzogenen Kulthandlungen wieder, sondern dienen dem (fiktiven) Nachweis der Maat-gerechten Voraussetzungen zur Regierungsübernahme und dessen entsprechenden Vollzug einschließlich der fiktiven Designation durch den Vater Hatschepsut I., Thutmosis I.

Wir haben es also hier mit zwei getrennten Festen zu tun, dem einmaligen Orakelfest mit Krönung der Hatschepsut und der jährlichen Wiederholung der göttlichen Geburt der Hatschepsut (im Ritualpalast (?) mit vorhergehender Heiligen Hochzeit ?) mit anschließendem Chemmis-Zug der Göttin im Rahmen des Talfestes.

Die Erhebung Hatschepsut I. zur neuen Hathor schließt sich in der Themenfolge des Hathortempels an den Nachweis der Maat-gerechten Amtsführung an, der also regulären Kultvollzug und die bereits errungene Weltherrschaft behauptet. Diese kultische Manifestation der Idoneität des (hier: weiblichen) Königs ist m. E. hier zum ersten Mal belegt.[73]

---

72 *Urk.* IV, 308.2–3; vgl. LACAU–CHEVRIER, op. cit., Taf. 7.

73 S. ausführliche Erörterung dieses Themas in HÄB 14 (in Vorbereitung); vorläufig vgl. R. GUNDLACH, a.a.O. (Anm. 60), spez. 76 und 80–81.

9. *Die Etappenfeste Hatschepsut I. und ihr Beispielcharakter für die 18. Dynastie*

Wie oben schon erwähnt, ist die Regierungsübernahme durch Hatschepsut I. irregulär erfolgt. Diesem Umstand haben wir die ausführlichen bildlichen und textuellen Beschreibungen dieses Vorganges zu verdanken. Demgegenüber werden Einzelheiten der Thronbesteigungen anderer Könige der 18. Dynastie, soweit sie „legal" erfolgt sind, selten mitgeteilt. Von Thutmosis I. kennen wir Thronbesteigungsanzeigen,[74] sein Hinweis auf die Einführung bei Amun-Re,[75] obwohl er sicher vom Vorgänger designiert worden war, aber er gehörte nicht zur königlichen Familie. Bei Amenophis II. dürfte für die Ausführungen in seiner großen Sphinxstele[76] schon der Gedanke der „Karriere" eine Rolle gespielt haben, die dann ab Haremhab[77] als Vorbereitung auf das Königsamt faßbar ist, hier allerdings im Gegensatz zu Amenophis II. deutlich zur Rechtfertigung einer unnormalen Thronfolge. Die Sphinxstele Thutmosis IV. mit der im Traum mitgeteilten Gotteswahl (Etappe I 1)[78] diente m. E. der Rechtfertigung der später errichteten Kultanlage in Gizeh und nicht als „Designationsersatz". Der Geburtszyklus in Luxor, in dem die göttliche Erschaffung Amenophis' III. beschrieben wird, ist im Zusammenhang mit der Erneuerung der Königsherrschaft während der Prozession zum temple fermé zu sehen (während der Opetfestes ?) und hat keinen legitimatorischen Charakter,[79] auch wenn eine typologische Nähe zu den Zyklen in Deir el Bahri besteht.

Die verschiedenen Informationsfragmente der 18. Dynastie für die Etappen und ihre Feste ordnen sich in das unter Hatschepsut I. ausführlich belegte Schema der Königsherrschaft ein (von denen in diesen Zeilen nur die mit der Regierungsübernahme verbundenen Etappen berücksichtigt wurden). Allen diesen bildlichen und textuellen Auskünften gemeinsam ist jedoch, daß es sich oft nur um fiktive Feste handelt, die nie in der 1. Wirklichkeit vollzogen wurden, deren politische „Realität" und Wirksamkeit jedoch mit Sicherheit anzunehmen sind.

---

74 Hierzu zuletzt A. KLUG, Ein neues Fragment der Thronbesteigungsanzeige Thutmosis' I., in: Fs Gundlach (*ÄUAT* 35), 1996, 124–128.

75 S. oben Text zu Anm. 17.

76 *Urk.* IV, 1281–1282.

77 S. sein Krönungsdekret, spez. *Urk.* IV, 2114–2116.

78 *Urk.* IV, 1542–1543.

79 Zu diesen Fragen vgl. ausführlich BRUNNER, op. cit. (Anm. 13), 194–203.

Haupt-Etappen		Etappen	Festinhalt	Tempel	Palast	Grab
I		1	Göttliche Wahl	Göttertempel ?	Ritualpalast	
		2	Göttliche Zeugung und Geburt			
II	A	3	Designation	Göttertempel	Palast	
		4	Gotteswahl (Orakel)			
	B	5	Thronbesteigung	Göttertempel	Palast	
		6	Begräbnis des Vorgängers	Totentempel des Vorgängers		Grab des Vorgängers
		7	Königung	Göttertempel		
III	A	8	Tägliche Erneuerung		Palast	
	B	9	Opetfest	Göttertempel		
		10	Talfest	Göttertempel		
		11		Totentempel		
	C	12	Sedfest	Göttertempel	Palast	
	D	13	Idoneitätsnachweis	Tempel des diesseitigen Königs		
IV		14	Begräbnis	Totentempel		Grab

Abb. 1: Etappen der Königsherrschaft

Etappen Hatschepsut	Geburtszyklus	Kultvollzug Talfest/Chemmis	Themenfolge Hathor-Tempel	Orakelbericht Chapelle Rouge
Heilige Hochzeit im Ritualpalast	1. Vorspiel 2. Heilige Hochzeit			
Geburtsritual	3. Geburt	a) (Geburt)	1. Geburt (Sz. 39)	
Talfest mit		b) Chemmis-Zug		
Chemmis-Zug	4. Säugung	c) Vereinigung mit Kultbild	2. Aufzucht durch Amun (Sz. 36/37 I)	
	5. Beschneidung			
	Krönungsbericht Deir el-Bahri			
	A. Reinigung			
Orakel-prozession	B./D. Vorstellung bei den Göttern			A. Ankunft Amuns beim Großen Doppeltor
				B. Amun am Westl. Doppeltor
				C. Hatschepsut
	E. Kronen und Namen		(Amun-Zyklus)	D. Maat-Tempel
			4. Werethekau als Uräus (Sz. 36/37 III)	E. Hatschepsut empfängt *ḥkr.w*, *ꜥpr.w*
Designation	G. Thronsitzung im *ḏꜣd.w*			F. Orakel in der *wꜣḏ.t*
				G. Titualtur, Amun-Rede im *zḥ-nṯr* Thutmosis' I.
(Thronbest.)			3. Inthronisation	
	H./I. Reinigung	Krönungsbericht Chapelle Rouge		
	K. Einführung	Sz. 1: *ꜥq-prj* ins *pr-wr*		
Krönung	L./N. Krönung	Sz. 2/8 Krönung	3. Inthronisation, Sz. 36/37 III)	
			4. *smn-ḫꜥj.w* (Sz. 36/37 III)	
			5. Spende allge. Herrsch. vor. durch Neunheit	
				H. Prozession zum Großen Doppeltor: *ḥd-šps*
	O. Hatschepsut mit RK vor dem Palast			I. Hatschepsut tritt in den Palast ein
		Kultvollzug Hathor-Tempel	(Hathor-Zyklus) 6. Ballspiel (Sz. 38)	
			7. Kultvollzug	
			8. Weltherrschaft (u. a.)	
		d) Erhebung der Hatschepsut zur Hathor		

Abb. 2: Die Quellen zur Regierungsübernahme Hatschepsuts I. und ihr Hauptinhalt

Register	Westseite	Südseite	Ostseite	Nordseite
9	Opfer			
8	Einführung Krönung	(Thutmosis III.)	Opfer	
7	Krönung	Obelisken/Krönung (1–7)	Krönung	Krönung (7–2)
6		Neunheit	Opfer	Neunheit
5	u. a.	Fahrt von Deir el-Bahri / von Luxor nach Karnak	Opferläufe u. a.	nach Karnak (5–1) / Rückkehr von Deir el-Bahri
4	Opfer-	Opferszenen	Opfer	Opferszenen
3	läufe	Opetfest (14–1)	Opferläufe	Talfest
2		Orakelbericht	Einführung und *njnj*	Orakelbericht
1	Tempel-prozession	Gau-prozession O.Ä. 12/8 / Tempel-prozession	Gauprozession O.Ä. 4/1	Gau-prozession U.A. 3/14 / *pḥ.w*-Prozession

Abb. 3: Chapelle Rouge: Themen der Außenseiten

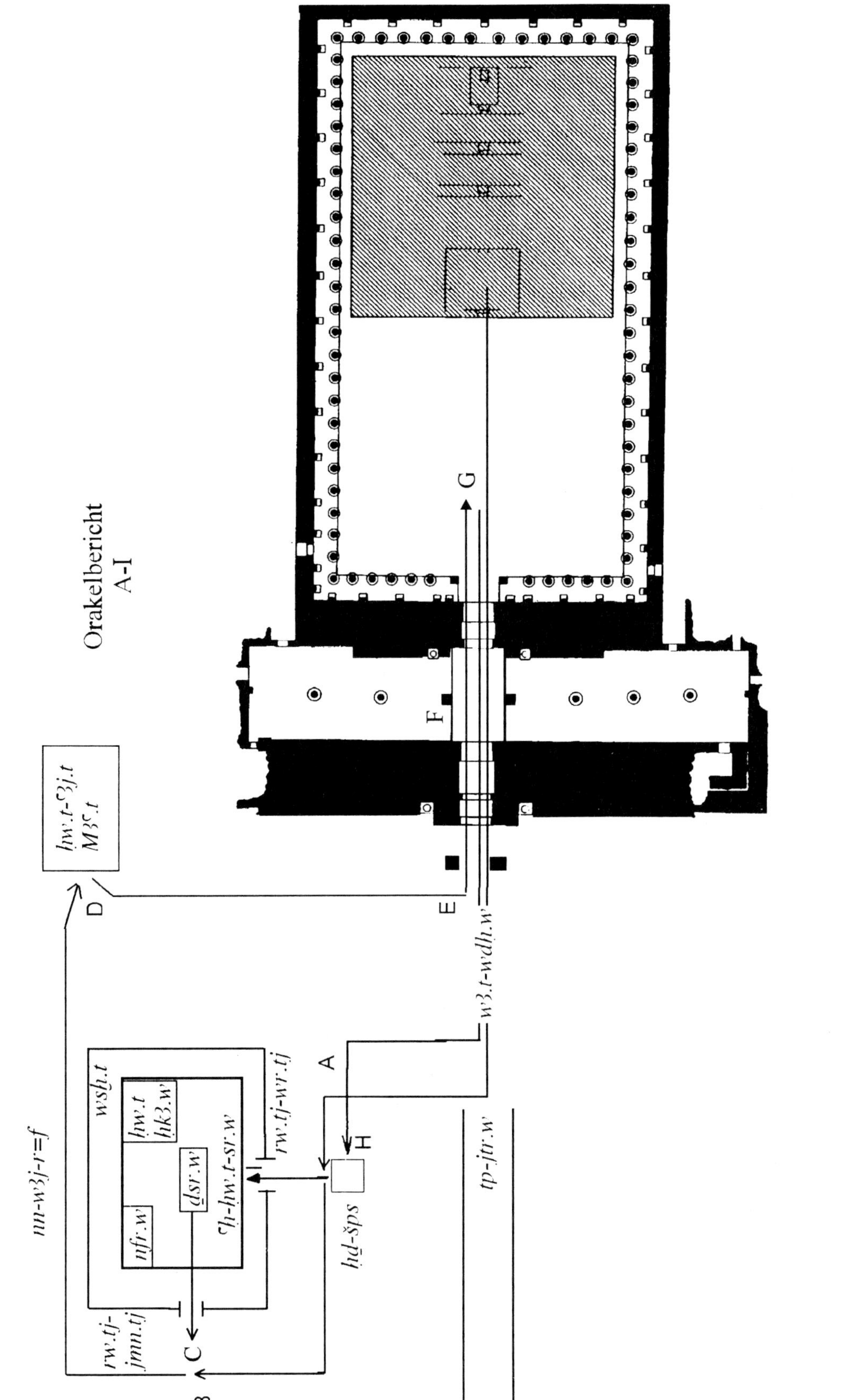

Abb. 4: Topographie des Karnak-Tempels und des Ritualpalastes zu Beginn der Regierungszeit Hatschepsut I.

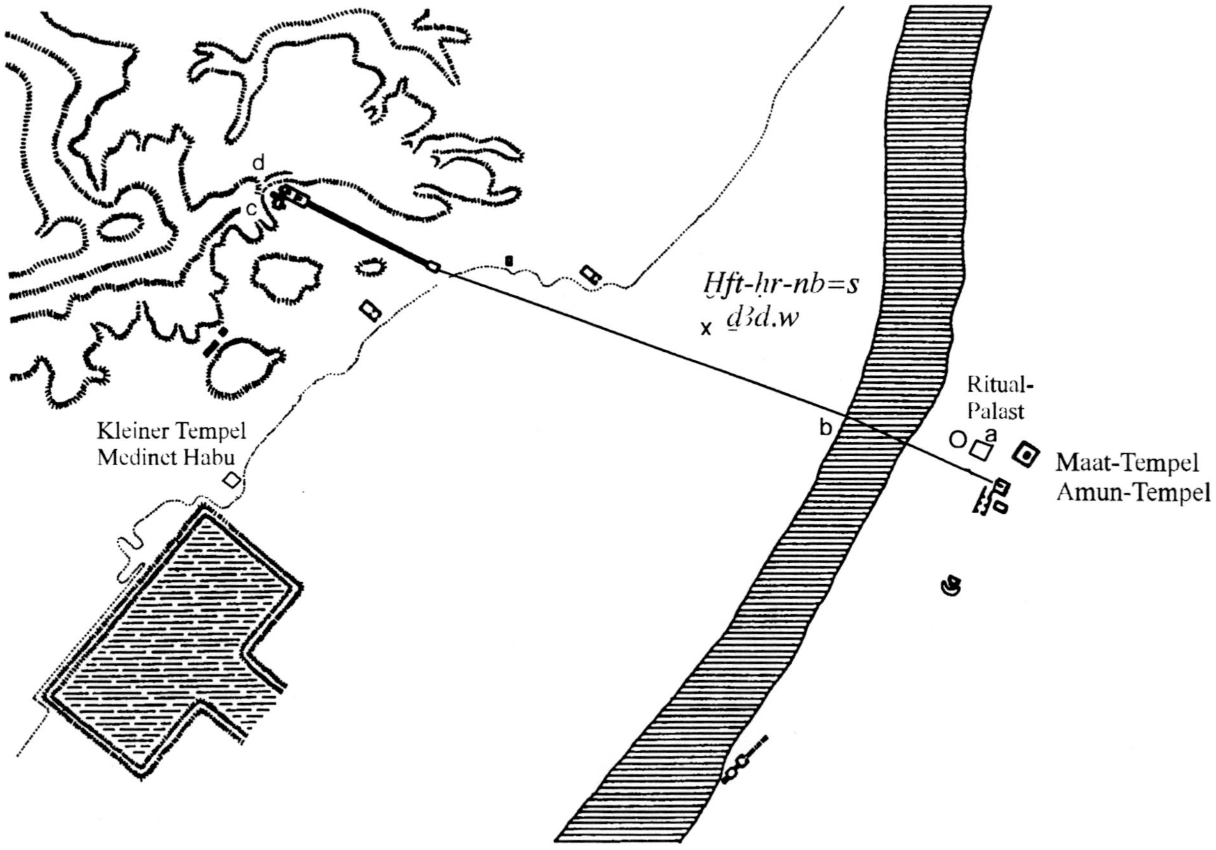

Kultvollzug Talfest/Chemmis: a Geburt
b Chemmis-Zug
c Vereinigung mit dem Kultbild
d Erhebung zur Hathor

Abb. 5: Vermutliche Topographie Thebens zu Beginn der Regierungszeit Hatschepsut I.

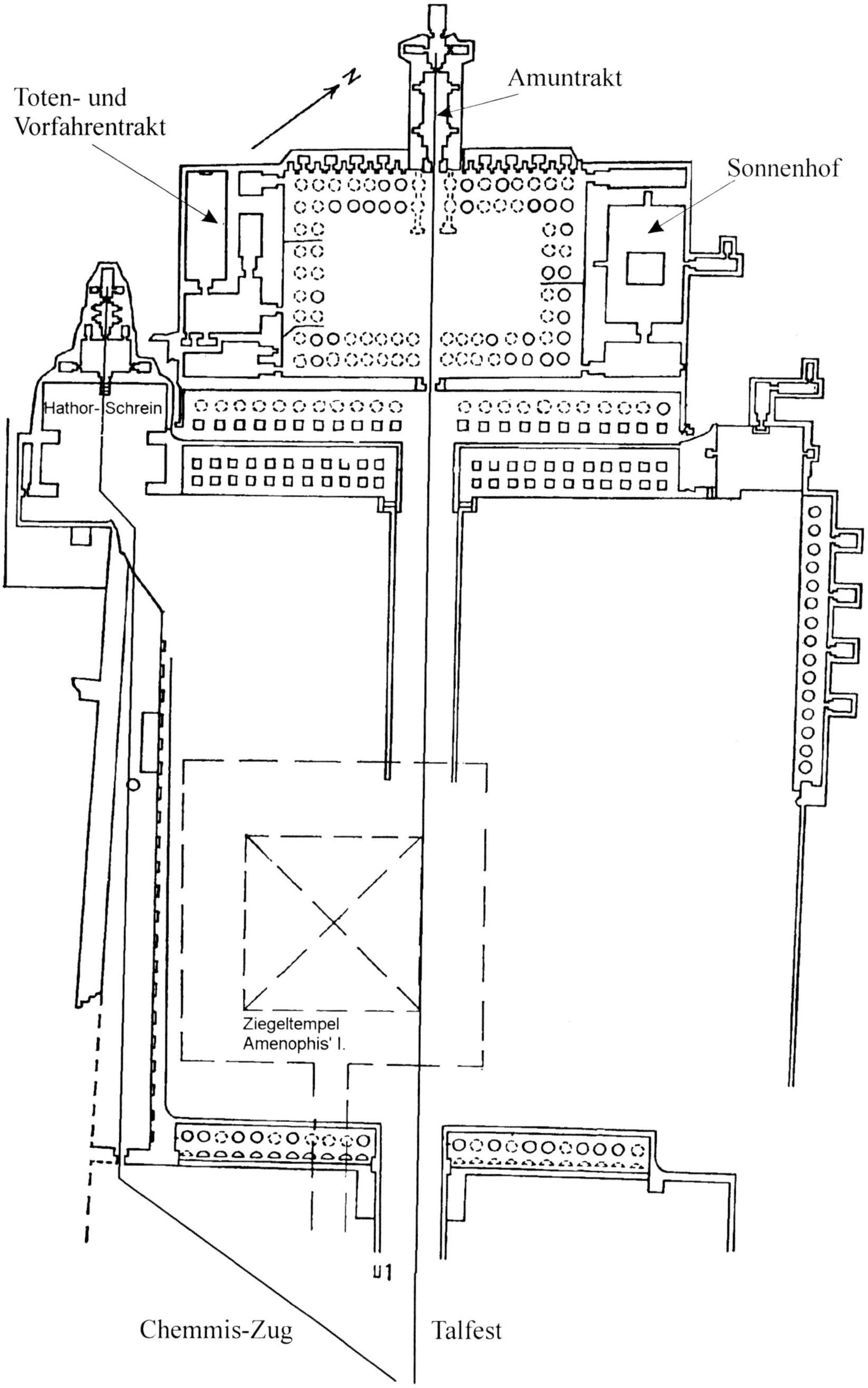

Abb. 6: Prozessionsweg der Hathor in Deir el-Bahri

Festkalender im Kawa-Tempel

(Versuch einer Rekonstruktion)

ELEONORA KORMYSCHEVA

Feste und Festkalender bildeten einen wesentlichen Aspekt eines Tempels als religiöser und wirtschaftlicher Organismus. Listen der täglichen, monatlichen und jährlichen Feste und entsprechender Gaben wurden auf den Wänden der Tempel Ägyptens vom Alten Reich bis in späteste Zeit eingraviert[1]. Tempeljahr und Tempeltag sind Verrechnungswerte, die die Abrechnung und Wirtschaftsführung erleichterten[2].

Die Festlichkeiten im Tempel unterschieden sich vom täglichen Tempelritual dadurch, daß die Statue des Gottes ihre gewöhnliche Stelle im Tempel verließ und sich außerhalb des Tempels in einer Barke, die die Priester auf ihren Schultern trugen, weiter bewegte[3]. In die Festlichkeiten wurden somit viele Menschen einbezogen, die diesen Zeremonien beiwohnten. Wie die Untersuchungen von A. SPALINGER gezeigt haben, wurde im Laufe der Zeit die Zahl der Feste, die nach dem Mondkalender begangen wurden, immer geringer[4]; dementsprechend wurden die Feste mehr an den zivilen Kalender angepaßt. Deshalb finden wir auch in Kusch den zivilen Festkalender.

Wenngleich in ägyptischen Tempeln Inschriften, die von den dort gefeierten Festen zu Ehren des einen oder anderen Gottes berichten, erhalten geblieben sind, so fehlen vergleichbare Inschriften in den bis in unsere Zeit erhaltenen kuschitischen Tempeln. Der damals bestandene Festkalender könnte nach königlichen Annalen und den in den Tempeln von Kusch erhaltenen Darstellungen rekonstruiert werden. In diesem Beitrag ist der Versuch unternommen, die Tempelfeste in Kawa – einem der wichtigsten Tempel von Kusch, der im Gebiet des 3. Katarakts gelegen ist – zu rekonstruieren.

Die im Amuntempel von Kawa (Tempel T) (äg.: Gempaton) erhaltenen Inschriften der kuschitischen Könige von Taharqa bis Yerikeamanote erlauben zumindest eine partielle Rekonstruktion des Festkalendes. Die Königsannalen enthalten die Beschreibung

1 K.A. KITCHEN, s.v. Festkalender, *LÄ* II, 191–192; M. CLAGETT, *Ancient Egyptian science. Vol.II. Calendars, clocks and astronomy*, Philadelphia 1995, 28–37, 167–169.

2 SCHOTT, Festdaten, 1950, 5.

3 SAUNERON, Esna V, 1962, 1.

4 A. SPALINGER, *Three Studies on Egyptian Feast and their Chronological Implications*, Baltimore 1992, viii; DERS., The Lunar System in Festival Calendars: From the New Kingdom onwards, in: *BSEG* 19 (1995), 40.

der Krönung und einiger Feste. Vergleichbare Festdaten waren wahrscheinlich mit denen eines jeden Königs verbunden. Die folgende Untersuchung basiert auf den Inschriften aus Kawa selbst sowie den Königsstelen aus anderen Tempeln von Kusch.

Die Besonderheit des Festkalenders in Kawa war – wie ich zu zeigen versuche – die Verbindung mit den traditionellen Amunfesten. Doch eine Reihe spezifischer kuschitischer Züge der Riten zeugen davon, daß das an lokale Bräuche angepaßte ägyptische Modell benutzt wurde.

Das Bildprogramm des Tempels T von Kawa konzentrierte sich hauptsächlich auf das Thema Gott–König, genauer die Königskrönung. Die Feste, die mit der Krönung bzw. der Anerkennung des Königs durch die Götter verbunden waren, sowie die Bautätigkeit und Ausstattung der Tempel des Königs nahmen die wichtigste Stellung ein.

Das Krönungfest in Kawa gehörte zum wesentlichen Teil des Krönungsrituals des kuschitischen Königs, wie wir aus Zeugnissen, angefangen von Taharqa bis Nastasen (7.– 4. Jh. v. Chr.), erfahren. Für die Analyse der uns interessierenden Quellen wäre es zweckmäßig, mit den Inschriften und Reliefs von Taharqa aus Kawa (Tempel T) zu beginnen.

Hier ist der Inthronisationsritus von Taharqa mit Episoden seiner Wahl dargestellt. Bekanntlich wurde Taharqa in Memphis gekrönt. Dorthin hatte er sich – aus Napata kommend – auf Wunsch von Schabataka begeben[5], als er noch nicht König war[6]. Ob er in Memphis als Pharao des vereinigten Ägyptisch-Kuschitischen Königtums oder nur als Pharao Ägyptens gekrönt wurde, läßt sich kaum feststellen. Doch beschloß er, so oder so, seine Königswahl als jährliches Tempelfest zu wiederholen. Man kann vermuten, daß dieser Ritus in Kawa von Taharqa festgesetzt wurde, der entsprechende Reliefs nach ägyptischen Mustern anfertigen ließ. Erhalten sind die Szenen:

1. Treiben der vier Kälber
2. Umarmung des Königs von Horus und Thoth
3. Anerkennung durch Amun
4. Einführung des Königs in das *pr wr*
5. Aufsetzung der Krone von Horus und Thoth
6. Ausrufung durch Seelen von Pe und Dep
7. Die Krönung des Taharqa durch Amun in Anwesenheit von Iunmutef[7]

---

5 MACADAM, Kawa I, Inschr. V 1.13–16; s. auch J. LECLANT u. J. YOYOTTE, Nouveaux documents relatifs à l'an VI de Taharqa, in: *Kêmi* 10 (1949), 31–32.

6 Kawa I, Inschr. IV, 1.7–9.

7 Kawa II, pl. XXII a, b, c; E. KORMYSHEVA, Das Inthronisationsritual des Königs von Meroe, in: Tempeltagungen (*HÄB* 37), 1994, 188–189, 209.

Die Anfangsepisode der Koronation von Taharqa stellte der Ritus *ḥwt bḥsw* dar[8], der vor dem widderköpfigen Amun ausgeführt wurde. Eine Darstellung im Tempel A zeigt den ithyphallischen Amun, vor dem der König das Ritual „Die Kälber treiben" ausführt[9]. Dieses ägyptische Ritual ist für Taharqa auch in Karnak belegt[10]. Laut C. TRAUNECKER war das Treiben der vier Kälber der am Anfang der Krönung ausgeführte Ritus – mit dem die Anerkennung der Verwandtschaft des Königs mit den Göttern verbunden war[11] –, der unmittelbar nach der Legitimierung des Königs stattfand. Die Szene in Kawa befand sich neben den Szenen der Anerkennung des Königs durch Amun, der Einführung des Königs (*bs nswt*) und der Krönung angebracht.

Aus der Stele des Taharqa[12] – die in das sechste Jahr seiner Regierung datiert ist – erfahren wir, daß mit den in Kawa vollzogenen Riten der Besuch der Königsmutter verbunden ist. Wie in der Stele mitgeteilt wird, fand dieser Besuch nach der offiziellen Krönung in Memphis statt. Der Besuch der Königsmutter in Gempaton wird auch auf den Stelen von Anlamani und Yerikeamanote erwähnt. Der Inhalt dieses Passus ist derselbe, wie in der Taharqastele aus Jahr 6 (Inschr. IV): Die Mutter erfreut sich wie Isis, als sie ihren Sohn sieht[13]. Die Episode mit dem Besuch der Königsmutter ist, wie ich vermute, mit den in diesem Zusammenhang vollzogenen Mysterien verbunden: Isis–Horus, beziehungsweise Königsmutter–König oder das Mysterium der königlichen Geburt[14]. So lebte der Mythos im Tempelritual wieder auf. Wahrscheinlich entsprach dies der letzten ägyptischen Episode der Pharaoneninthronisation, und zwar der Säugung des Pharao durch die Göttin als Schlußepisode der Krönung (s. die Kapelle von Philipp Arrhidaios)[15]. Trotzdem hatte diese Episode ein spezifisch kuschitisches Merkmal[16], da

8 Kawa II, 95, pl. XXIIa; zu *ḥwt bḥsw* s. D. KURTH, s.v. Treiben der 4 Kälber, *LÄ* VI, 749–754; A. EGBERTS, *In quest of meaning. A study of the ancient Egyptian rites of consecrating the* meret-*chests and driving the calves* I. (*Egyptologische Uitgaven* 8). Leiden 1995. Es sei bemerkt, daß eine entstellte Version der Formel des Ritus *ḥwt bḥsw* nur in den Pyramidenkapellen der meroitischen Könige vorhanden ist (EGBERTS, op. cit., 348; 449).

9 Kawa II, pl.Vb.

10 J. LECLANT, La colonnade éthiopienne à l'est de la grande enceinte d'Amon à Karnak, in: *BIFAO* 53 (1953), 137–138, Fig. 9.

11 C. TRAUNECKER, F. LE SAOUT, O. MASSON, *La chapelle d'Achôris à Karnak* (*Recherche sur les grandes civilisations* 5), II, Paris 1981, 123–124.

12 Kawa I, Inschr. V,l. 16–22.

13 Kawa I, Inschr. VIII, pl. 16, l.23–24; Inschr. IX, pl. 25, l.82–83.

14 Über solche Mysterien s. ausführlich z.B. BRUNNER, Geburt des Gottkönigs (*ÄA* 10), 1964.

15 A. GARDINER, The Baptism of Pharaoh, in: *JEA* 36 (1950), pl. II; J. LECLANT, Sur un contrepoids de Menat au nom de Taharqa: allaitement et «apparition» royale, in: Mél. Mar., 260–261, Fig. 3; L. TÖRÖK, *The birth of an ancient African Kingdom. Kush and her Myth of the State in the first millenium BC*, Lille 1995, 70.

sie mit der offiziellen Einführung der Königsmutter in ihr Amt verbunden war. Vor Harsiotef ist diese Episode in den mit der Krönung verbundenen Königsannalen jedoch nicht anzutreffen[17].

Da für die Krönung von Taharqa in Kawa ein spezielles Datum fehlt und die wichtigsten Krönungsfeste aus bestimmten Gründen nicht in Napata, sondern in Ägypten stattfanden, kann man vermuten, daß die dargestellten Riten, die dem Koronationsfest entsprachen, am ersten Tag des Neujahrsfestes stattfanden. Am selben Tage sollte das Krönungsfest wiederholt werden[18]. Das Kalenderdatum kann somit als 1. Thot oder 9. Thot der festgestellt werden. Das erste Datum entsprach dem Fest *wpjt rnpt*[19], das letzte Datum dem in Esna begangenen „*Amunfest, dem Re-Fest, das dem von den Ahnen als 'Fest der Eröffnung des Jahres'*“[20].

Mit der gesamten Idee eines sakralen Königtums, dessen Bestandteil die Krönung war, waren Festlichkeiten verbunden, bei denen es auch um die materielle Versorgung des Tempels ging.

Die in das Jahr 6 von Taharqa datierte Stele[21] berichtet davon, daß sich Taharqa nach seiner Königswerdung an den Tempel erinnerte, den er früher – im ersten Jahr seiner Regierung – besucht hatte und der jetzt zugeschüttet war. Weiter folgt sein Beschluß, den Tempel umzubauen[22]. Diese Rede von Taharqa trägt natürlich sakralen Charakter und ist mit der Notwendigkeit für den König verbunden, seine Bautätigkeit und die Wiederherstellung der zerstörten Tempel als eines der Prinzipien von Maat zu verwirklichen. Das findet seine Bestätigung in folgenden Zeilen, die den Sinn der vorigen Phrasen verständlich machen. Taharqa bestätigt sein Recht auf den Thron vor einer Gruppe von Leuten, die in der Stele unbestimmt „sie“ genannt sind. Diese Personen, von deren Willen die Wahl abhing, bestätigten die Wahl Taharqas mit den Worten:

---

16 In den Harsiotef- und Nastasen-Stelen wird der Besuch des Königs bei Bastet, die dem Pharao ihre linke Brust reichte, erwähnt, was dem Ende der Krönungsfeierlichkeiten entspricht.

17 KORMYSHEVA, Inthronisationsritual, in: Tempeltagungen (*HÄB* 37), 1994, 199–200.

18 J.-C. GOYON, Confirmation du pouvoir royal au Nouvel An. [Brooklyn Museum Papyrus 47.218.50] (*BdE* 52), 1972.

19 A. GRIMM, *Die altägyptischen Festkalender in den Tempeln der griechisch-römischen Epoche* (*ÄUAT* 15), 1994, 367–368, 27, L3.

20 SAUNERON, Esna V, 1962, 11 (55,1) s. auch PARKER, Calendars, 1950, 49, § 243; A. SPALINGER, Three Studies, 1992, 51–59; DERS., Calendars: Real and Ideal, in: Essays in Egyptology in honor of Hans Goedicke ed. by B.M. BRYAN and D. LORTON, San Antonio (Texas), 1994, 306–307.

21 Kawa I, Inschr. IV, pl. 7, 8.

22 Ibid., 1.12–13.

Sie sagten Seiner Majestät: 'Richtig ist alles von dir Gesagte, weil du sein Sohn bist, der sein Denkmal wiederherstellt'[23].

Also ging der realen Tätigkeit Taharqas – der Wiederherstellung des Tempels, wovon weiter gesprochen wird – ein entsprechendes Ritual voran. Diese Festlichkeiten erfolgten allem Anschein nach gleich nach der Krönung oder fanden sogar im Rahmen dieses Rituals nach der offiziellen Anerkennung des regierenden Königs statt. Da, wie ich meine, der Koronationsritus von Taharqa in Kawa mit der Neujahrsfeier am 1. oder 9. Thot zusammenfiel, müßten die beschriebenen Ereignisse während dieser Festlichkeiten stattgefunden haben. Es ist aber kaum anzunehmen, daß der mit der Wiederherstellung des zerstörten Tempels verbundene Ritus als alljährlich wiederholte Handlung im Laufe der Koronationsfeste betrachtet werden kann. Das Datum (Jahr 6) kann in diesem Fall als Hinweis auf die Ausführung der Absicht von Taharqa dienen, den Tempel gerade zu diesem konkreten Datum seiner Koronationsfestlichkeiten wiederherzustellen.

Auch andere Opfergaben, von deren Weihung durch den König im Tempel von Kawa die Inschrift des Taharqa berichtet[24], lassen sich nachweisen. Obwohl in seiner Stele die Datierung fehlt, lassen sich Reste der für die Bezeichnung eines jeden Jahres dienenden *rnpt*-Szepter bei der Beschreibung der Gaben nachweisen; danach folgt die charakteristische Phrase über die Festlegung der Gaben (*ir.f m mnw.f*)[25]. Diese materiellen Gaben hatten das Ziel, vom Gott für den König notwendigen Gegengaben Leben, Dauer, Gesundheit, Herzensfreude und Millionen Heb-sed zu bekommen. Das Ziel dieser Gaben kommt auch in den typisch ägyptischen Phrasen vor, die mit der Krönung des Königs verbunden sind: die Beschenkung des Königs mit Leben, Wohlergehen und Gesundheit und auch das Mythologem vom „Erscheinen des Königs auf dem Horusthron unter den Lebenden wie Re ewiglich". Es ist zu vermuten, daß rituelle Formeln und Handlungen, die mit der Versorgung des Tempels seitens des Königs verbunden waren, am Tage der Neujahrsfeier vollzogen wurden.

Die Schlußzeilen der Stele des 10. Jahres[26] betonen die Bedeutung des von Taharqa Getanen, und zwar aller seiner Bemühungen, den Tempel wiederherzustellen, der im 10. Jahr seiner Herrschaft eröffnet wurde. Die Steleninschrift verbindet die Wahl Taharqas durch Amun mit seiner Tätigkeit bei der Wiederherstellung des Tempels. Die Stele

23 Ibid., 1.20.

24 Kawa I, Inschr. III, pl. 5, 6.

25 Kawa I, Inschr. III, 1.1, 5, 7, 9, 10, 11, 15, note 1, 9.

26 Kawa I, Inschr. VII, 1.11–15.

ist datiert auf Jahr 10, I. *3ḫt*, Tag 1, dem Tag des Neujahrsfestes, an das traditionell die weiter aufgezählten Zeremonien der Tempeleröffnung anknüpften[27].

Das Ritual wurde nach ägyptischem Modell ausgeführt und bestand aus drei Episoden: 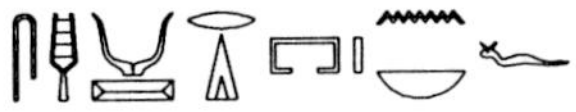 (Aufrichtung, Ausstreuung von Natron und Übergabe des Tempels seinem Herrn). Das Ritual implizierte das Gehen um den Tempel, die Beschüttung des Tempelmodells mit Weihrauch. Bekanntlich erfolgten solche Zeremonien, nachdem der Tempelbau (z. B. in Edfu) abgeschlossen worden war[28]. Die Übergabe des Tempels an seinen Herrn bestand in der Überreichung des Tempelmodells an den Gott, was auf der östlichen Wand des Hypostylensaals des Tempels T von Kawa abgebildet ist[29].

Es ist zu vermuten, daß Taharqa den Traditionen seiner Ahnen folgte und das Kalenderdatum der Neujahrsfeier festlegte[30], während der alljährlich seine Koronation gefeiert, sowie seine Gaben übergeben wurden, die für die materielle Versorgung des Tempels von Kawa bestimmt waren. Im 10. Jahr seiner Regierung, also wahrscheinlich während des Neujahrsfestes, fand die offizielle Eröffnung des Tempels T in Kawa statt.

Berichte über den Besuch von Kawa sind einige Generationen später auf der Anlamanistele aus Kawa erhalten. Die Ankunft von Anlamani in Gempaton wird mit dem 2. Monat der *prt*-Jahreszeit, dem 29. Tag datiert:

> *„Er kam in Gempaton [im 2. Monat der pr]t-Jahreszeit am 29. Tage an. Er ernannte den 3. Propheten im Tempel dieses Gottes. Es geschah so etwas in den vorigen Zeiten niemals. Er beschenkte ihn mit [Eigentum und sprach: 'Was] dieses [Am]t [betrifft], das ich dir übergeben habe, so gehört es deiner Familie ewiglich'. Und er befahl Amun von Ge[mpaton] zu erscheinen [zum] Ersten (oder: Hauptfest) Amunfest (3ḥb tp(y) n ʾImn), das der Tag des Königsfestes war. Er gab ihm Festgaben: Brot, Bier, Stiere, Geflügel, Wein […], Leute (ỉmy pr rmṯ) in diesem Gau, und tags und nachts während 7 Tage wurde das Fest dieses Gottes gefeiert"*[31].

---

27 Kawa I, 42, note 1.

28 Kawa I, Inschr. VII, 1. 2. , 42–43, note 4.

29 Kawa II, pl. XVIa.

30 Angaben über die Neujahrsfestlichkeiten sind aus der Piyestele bekannt. Der Text lautet: „Nachdem ich die Zeremonien des Neujahrsfestes vollzogen habe, die <meinem> Vater Amun gewidmet sind, wird er seine herrliche Erscheinung im Neujahrsfest vollbringen". N.-C. GRIMAL, La stèle triomphale de Pi(ᶜnkh)y au Musée du Caire, JE 48862 et 47086–47089 (*MIFAO* 105), 1981, 1.25, note 111. Das Neujahrsfest galt als eines der wichtigsten Feste der kuschitischen Könige. Entsprechende Inschriften wurden in Meroe gefunden (L. TÖRÖK, *Meroe. Six Studies on the Cultural Identity of an Ancient African State*, Budapest 1995, 80–81). Unter Aspelta wurde im Amuntempel in Napata ein besonderer Saal B 1200 (A „New Years's Hall") für Neujahrsfeste ausgestattet (Th. KENDALL, Excavations at Gebel Barkal 1996. Report of the Museum of Fine Arts, Boston, Sudanmission. *Kush* 17, Reprint).

31 Kawa I, Inschr. VIII, 1. 9–12.

Somit haben wir hier ein Kalenderdatum des in Kawa gefeierten Amunfestes, das vom König bestimmt wurde und dem Ende des Mehir und Anfang des Phamenoth (etwa dem 29. Juni bis 5. Juli) entspricht. In diesem Abschnitt[32] geht es im Text der Stele nach der Anrufung von Amun und nachdem sein Segen für den Sieg über die Feinde erbeten wurde („*Gib ihm Millionen von Heb-sed zu feiern, schenke ihm die Niederwerfung aller Feinde tot und lebend*") um den Feldzug gegen Belhe. Dies ist im angeführten Kontext folgendermaßen zu verstehen: als Niederwerfung der Feinde, als Demonstration der Macht des Herrschers, die im erörterten Kontext den Sieg über das Chaos bedeutete und mit der Bestätigung der Königsrechte auf den Thron verbunden war.

Weiter ist der Besuch der Königsmutter beschrieben, sowie – in Anknüpfung an das Amunfest – die Einweihung der vier Schwestern durch die mit den vier Erscheinungsformen des Amun verbundenen Sistrumspielerinnen[33]. Am Ende dieses Passus nennt der Text das Ziel des Vollbrachten: Verleihung der von Amun ausgehenden Macht an Anlamani. Also verwirklichte der König während der Feierlichkeiten eines Kalenderfestes zu Ehren Amuns seine wichtigsten religiös-wirtschaftlichen Funktionen, die mit der „Lebenstätigkeit" des Tempels verbunden waren.

Dieses Datum des erwähnten Festes entspricht dem Fest „*Erheben des Himmels*". Dieses Fest wurde in Medinet Habu vom 29. Mehir bis zum 1. Phamenoth begangen; im Esnakalender ist dieses Fest als 1. Phamenoth bezeichnet[34]. Das Fest geht auf das noch in Memphis festgelegte Fest von Ptah zurück, das am 1. Phamenoth (oder vom 29. Mehir bis 1. Phamenoth) begangen wurde. Doch bereits in Medinet Habu wurde es als zu Ehren Amuns stattfindendes Fest *Erheben des Himmels* gefeiert[35]. Phrasen der Anlamanistele erlauben zu vermuten, daß er seine Krönung an das Amunfest anknüpfte und deshalb nach Gempaton gekommen war.

Das in Kawa gefeierte Fest nach der Ankunft des Königs im 2. Monat der *prt*-Jahreszeit wurde in der Inschrift 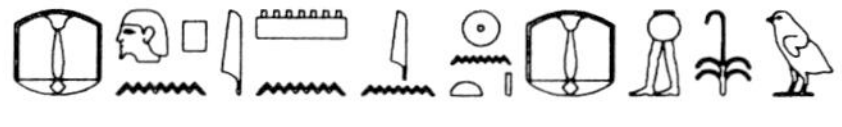 *Erstes Amunfest* (oder: Haupt-Amunfest)[36] genannt. Phrasen des Textes, die der Ernennung des 3. Propheten und seiner Rolle in den nächsten Feierlichkeiten folgen, lassen keinen Zweifel daran,

32 Ibid., l. 13–14.

33 Ibid., l. 16–27.

34 H. ALTENMÜLLER, s.v. Feste, *LÄ* II, 177; SAUNERON, Esna V, 1962, 75.

35 SCHOTT, Festdaten, 1950, 96–98, N 101, 105, 110; zu diesem Fest s. auch D. KURTH, *Den Himmel stützen. Die « Tw3 pt »-Szenen in den ägyptischen Tempeln der griechisch - römischen Epoche* (*Rites Égyptiens* 2), Bruxelles 1975, 144–145; J. BERLANDINI, Ptah-démiurge et l'exaltation du ciel, in: *RdE* 46 (1995), 29–31; GRIMM, Festkalender (*ÄUAT* 15), 1994, 397.

36 Kawa I, Inschr. VIII, l.11.

daß die Krönung mit dem Kalenderfest von Amun zusammenfiel. Daraus läßt sich schließen, daß Anlamani sein neues Fest, das als seine Krönung begangen wurde, an das ihm bekannte Fest des ägyptischen Amun anknüpfte. Der Text lautet:

> *„Er ernannte den 3. Propheten und er befahl dir, am Ersten Amunfest zu erscheinen, was niemals in den früheren Zeiten von den Königen von Ober- und Unterägypten getan wurde. Statt dessen gab ihm sein Vater Amun-Re, Herr der Throne Beider Länder, Löwe über das Südland, befindlich in Gempaton, alles Leben von ihm, alle Gesundheit von ihm, [alle Dauer, Wohlergehen und Glück] von ihm und die Erscheinung auf dem Thron der Lebenden wie Re ewiglich"*[37].

Die Krönung entsprach der Zeit, zu der der König in Kawa ankam, nachdem er in Napata gekrönt worden war. Somit haben wir noch einen Beleg dafür, daß die kuschitischen Könige ihr Koronationsdatum an das Kalenderfest des Amun anpaßten. In diesem Fall ist die Krönung, wie das Datum zeigt, mit dem Fest *Erheben des Himmels* zusammengefallen.

Auf analoge Gedanken kommt man bei der Analyse der großen Inschrift Yerikeamanotes. Laut dieser Inschrift kam Yerikeamanote in Gempaton im 1. Monat der *3ḫt*-Jahreszeit, am 26. Tag abends an und befahl, das Fest zu beginnen. Wie die Inschrift bezeugt, dauerte die Feier drei Tage[38]. Während des Festes übergab der König Amun die besetzten Gebiete und Beute, von Amun erhielt er das Königtum und einen Bogen als sein Symbol.

Am Anfang der *3ḫt*-Jahreszeit wurde das Opetfest von Amun gefeiert. Dieses Fest wird vor der 18. Dynastie nicht erwähnt, wurde dann unter Hatschepsut aber zum Jahresfest[39]. Als wichtigster Teil des Opetfestes galt die Herstellung von magischen Verbindungen des Königs mit Amun[40]. Man glaubte, daß während dieses Festes Amun mit der Königsmutter Geschlechtsverkehr hatte und somit zum Vater des Königs wurde[41]. Diese Episoden bildeten den wichtigsten Teil der Inthronisation des Königs in Kusch[42]. Bekanntlich fand die Krönung von Horemheb auch in Opet statt, wovon eine weitläu-

---

37 Kawa I. Inschr. VIII, 1.14–16.

38 Kawa I, Inschr. IX, 1.49–51.

39 W.J. MURNANE, s.v. Opetfest, *LÄ* IV, 574–579; über das Opetfest s. W. WOLF, *Das schöne Fest von Opet. Die Festzugsdarstellung im grossen Säulengange des Tempels von Luksor*, Leipzig 1931.

40 B.J. KEMP, *Ancient Egypt: Anatomy of a civilization*, London/New York 1989, 206; L. BELL, Luxor temple and the cult of the royal ka, in: *JNES* 44 (1985), 251–294.

41 KEMP, op. cit., 208.

42 S. eine Reihe von Darstellungen auf den Ringen von Amanischakheto: K.-H. PRIESE, Das Gold von Meroe, Mainz 1992, 44–45.

fige Inschrift berichtet[43]. Das Datum des Festes und der Charakter der Zeremonie lassen darauf schließen, daß die Yerikeamanotekrönung an das Opetfest angeknüpft war.

Hier muß betont werden, daß das Datum seiner Krönung in Napata der 19. Tag im 3. Monat der *šmw*-Jahreszeit des 1. Jahres war[44], und nach Gempaton kam er erst im 2. Jahr des 1. Monats der *ꜣḫt*-Jahreszeit am 26. Tage. Die Feierlichkeiten in Gempaton endeten im 2. Monat der *ꜣḫt*-Jahreszeit am letzten Tag[45]. Auf solche Weise wurden während des ersten und zweiten Monats der *ꜣḫt*-Jahreszeit in Gempaton Feierlichkeiten im Zusammenhang mit der Krönung von Yerikeamanote durchgeführt. Die nach der Ankunft des Königs im Tempel wiederholte Phrase *Er befahl, daß dieser Gott erscheine*[46] bedeutete den Beginn des Amunfestes oder den Beginn der Zeremonie während des Festes. Weiter heißt es im Text:

„*Und Seine Majestät blieb in diesem Gau und befahl, daß dieser Gott zu jedem seiner Feste im 2. Monat der ꜣḫt-Jahreszeit erschien*“[47].

Diese Phrase zeugt von einem festgelegten, jährlich wiederholten Amunfest. Weiter werden die für Amun bestimmten Gaben aufgezählt. Darin ist die Realisierung der Maat-Prinzipien, und zwar die Niederwerfung der Feinde und ihre Übergabe an Amun zu sehen, die auch ein Teil des Inthronisationsrituals waren.

Nach der Rückkehr des Yerikeamanote aus Pnubs wurde ebenso in Gempaton gefeiert, wie während des Opetfestes in Ägypten: Nachtzeremonien wurden mit Fackeln durchgeführt. Ihnen ging aber eine besondere Zeremonie voran, die mit der Notwendigkeit verbunden war, die Wege und den Tempel in Kawa freizumachen, die wegen der Besonderheiten der Naturbedingungen in diesem Gau oft mit Sand verschüttet waren. An der Spitze der Zeremonie der Räumungsarbeiten des Gottesweges stand der König selbst. Es war ein Festzug, bei dem der König „*in seiner eigenen Hand den Sand trug, vor seiner Armee im Laufe vieler Tage ..., und er machte den Weg für diesen Gott frei.*“[48].

---

43 *Urk.* IV, 2117.17; A. GARDINER, The Coronation of King Ḥaremḥab«, in: *JEA* 39 (1953), 13–31.

44 Kawa I, IX, 1. 35–36.

45 Ibid., 1. 74.

46 s. z. B. 63–64, 74, 79.

47 Ibid., 1.64, s. auch note 114, 62.

48 Ibid., 1. 69–74; Die Zeremonie der Freimachung des Weges wird in Medinet Habu erwähnt. Der Text lautet: „*Ich machte den Weg für den Herrn der Götter Amun-Re an seinem Fest von Millionen Jahren frei...*“ (CLAGETT, Science, 1995, 266, line 38, Fig. III.88).

Danach fand die Nachtzeremonie statt. Der Text lautet:

„Er befahl diesem vornehmen Gott, abends zu erscheinen. Alle Krieger und Leute hielten in den Händen Fackeln, und es erschien dieser Gott. Dieser Gott ging um die Stadt in einer Prozession. Dieser vornehme Gott freute sich außerordentlich inmitten [seiner] Armee"[49].

Die Zeremonie mit der Götterprozession und ihrer Rückkehr zum Tempel fand in Anwesenheit der Krieger statt, ein Charakterzug, der spezifisch kuschitisch war. Die Festlichkeiten nach der Rückkehr aus Pnubs lassen darauf schließen, daß die Reisen zwischen Gempaton und Pnubs im Rahmen des Opetfestes durchgeführt wurden, um verschiedene Amun-Tempel zu besuchen. Die nächtlichen Feierlichkeiten während der Opetfeste waren es, die unter Piye stattfanden:

„Nachher begab ich mich im Frieden, um Amun während seines schönen Festes Opet zu sehen. Ich brachte seine Statue in den südlichen Harem, in seinem schönen Fest der Opetnacht"[50].

Wie W. WOLF bemerkte, gibt nur eine Stelle Aufschluß über die Tageszeit, in der der Zug nach Luxor stattfand: die Piyeinschrift, aus der wir erfahren, daß der Festzug in der Nacht stattfand. Im Text von Ramses III. z.B. wird nicht die Nacht (*grḥ*), sondern der Vorabend (*ḫ3wj*) des Festes erwähnt[51].

Die Yerikeamanote-Inschrift erlaubt, die Teilnehmer an dieser Festzeremonie festzustellen. An der Nachtzeremonie nahmen Krieger (*mšʿ*), Männer und Frauen (*ṯ3y, ḥm.wt*) teil. In der Zeremonie der Räumungsarbeiten werden die königlichen Kinder und die Ältesten (*msw nsw, i3wj.w*) erwähnt[52]. Am 1. Tag des 3. Monats der *3ḫt*-Jahreszeit fand eine Morgenzeremonie der Lobpreisung des Gottes unter Teilnahme der Männer und Frauen statt, was in diesem Fall *„alle Anwesenden"* (oder: alle Leute) bedeuten konnte[53]. So wurden am Schluß der Zeremonie alle Versammelten in die durchgeführten Festlichkeiten einbezogen und waren daran beteiligt. Man kann vermuten, daß der

---

49 Kawa I, Inschr. IX, l. 74–76.

50 GRIMAL, Stèle triomphale (*MIFAO* 105), 1981, l. 25.

51 WOLF, Das schöne Fest von Opet, 1931, 71; MURNANE, *LÄ* IV, 576; GRIMAL, op. cit., 44, note 112.

52 Kawa I, Inschr. IX, l. 49, 55, 71, 77. Am Opetfest in Luxor nahmen auch Krieger teil (WOLF, op. cit., 14–16). *Reliefs and Inscriptions at Luxor Temple Vol. I. The festival procession of Opet in the Collonade Hall, with translation of texts, commentary, and glossary* (*OIP* 112), 1994, pl. 93–96. Es ist sehr gut möglich, daß auch andere Beamte, die an der Krönung von Yerikeamanote teilnahmen und die in anderen Auszügen dieser Stele erwähnt werden (ausführlicher s. E. KORMYSCHEVA, The officials at the court of meroitic kings and their role in king's election, in: *Sesto Congresso internazionale di Egittologia. Atti*, Torino 1993, vol. II, 255–256), sich unter den Teilnehmern der Prozessionen mit der Amun-Statue um die Stadt befunden haben könnten.

53 Kawa I, Inschr. IX, l. 78–81.

Anfang des Festes in Kawa mit der Ankunft von Yerikeamanote aus Napata zusammenfiel. Das Fest konnte in Pnubs fortgesetzt werden und mit einem Siebentagefest nach der Rückkehr nach Gempaton am 23. Tag des 2. Monats der *ꜣḫt*-Jahreszeit abgeschlossen werden. Die in Ägypten bekannten Opetfeste dauerten bis zu 27 Tage lang[54].

Die letzte uns bekannte datierte Koronationsreise nach Gempaton wird in der Nastasenstele erwähnt. Sie fand im 1. Monat der *ꜣḫt*-Jahreszeit, am 20. Tag statt[55]. Folglich erlauben die uns zur Verfügung stehenden Angaben zu vermuten, daß die meisten Krönungsfeste in Kawa in der *ꜣḫt*-Jahreszeit durchgeführt wurden. In dieser Jahreszeit wurde das Opetfest gefeiert; zudem war es eine für die Nilreise günstige Saison.

Die Krönungsreisen nach Gempaton wurden auch von anderen kuschitischen Königen unternommen, und zwar von Aspelta und Harsiotef. Obschon in der Aspelta-Wahlstele nichts von seiner Reise nach Gempaton gesagt wird, enthält die von ihm errichtete Wand im Tempel T einige Episoden seiner Königswahl durch Amun. Auf dieser Wand kann man unter anderem die Übergabe des heiligen Schwerts, dessen Scheide mit einem Widderkopf geschmückt ist, sehen.

Von der Reise des Harsiotef nach Gempaton wird in seiner Stele mitgeteilt, doch enthält dieser Bericht kein Datum. Die Phrase *ḫr m sꜣ*[56] „danach" erlaubt aber zu vermuten, daß er sich nach Gempaton gleich nach der Koronation in Napata begab. Das entspricht wahrscheinlich demselben Datum, das am Anfang der Stele steht: 2. Monat der *prt*-Jahreszeit, am 13. Tag[57]. Dies fällt genau mit dem Datum der Anlamanireise zusammen.

Die unternommene Analyse läßt darauf schließen, daß in den Festkalender von Kawa traditionelle Amunfeste eingeschlossen wurden. Darunter ist kaum das schöne Fest vom Wüstental zu verfolgen[58]. Dieses Fest war aber eines der wichtigsten Amunfeste in Ägypten. Folgerichtig wäre zu vermuten, daß in dem Amun geweihten Tempel in Kawa dieses Fest gefeiert werden sollte, doch wird es in den königlichen Texten aus Kawa nicht erwähnt. Wahrscheinlich fand dieses Fest, dessen Wesen Festbräuche einer Toten-

---

54 Zu Datum und Dauer des Festes von Opet s. WOLF, Das schöne Fest von Opet, 1931, 71–72; s. GRIMAL, Stèle triomphale (*MIFAO* 105), 1981, 44, MURNANE, *LÄ* II, 574 579; SPALINGER, Three Studies, 1992, 13–14.

55 H. SCHÄFER, *Die aethiopische Königsinschrift des Berliner Museums. Regierungsbericht des Königs Nastesen des Gegners des Kambyses*, Leipzig 1901, I. 22–23.

56 N.-C. GRIMAL, *Quatre stèles Napatéennes au Musée du Caire, JE 48863–48866. Textes et Indices* (*MIFAO* 106), 1981, H 1.19–20.

57 N.-C. GRIMAL, op. cit., H 1.1.

58 G. FOUCART, Études thébaines. La belle fête de la vallée, in: *BIFAO* 24 (1924); SCHOTT, Das schöne Fest.

stadt bildeten, bei dem der Gott die Totentempel in Theben-West besuchte, keine Widerspiegelung in den Annalen der Könige von Kusch. Es ist darauf hinzuweisen, daß die Koronationsreise nach Kawa nach der Krönung in Napata unternommen wurde und mit dem Tod des Vorgängers zusammenhing[59].

Die von kuschitischen Königen begangenen Koronationsreisen und Festlichkeiten in Kawa waren an das Opetfest und *Erheben des Himmels* angeknüpft. So fand z.B. die Yerikeamanotekrönung in Napata in der *šmw*-Jahreszeit statt, wenn gewöhnlich das Talfest gefeiert wurde[60], doch unternahm er seine Koronationsreise nach Kawa am Opetfest.

Also könnte man vermuten, daß entweder das schöne Fest vom Wüstental in Kawa als Kalenderfest blieb und mit der Königskrönung zum Unterschied von anderen wichtigen Amunfesten in keiner Verbindung stand, oder es verschwand als Kalenderfest.

Zusammenfassend sei betont, daß die wichtigsten Jahresfeste im Kawa-Tempel aus den im Kalender fixierten Amunfesten bestanden. Die Daten der Feste wurden vom König festgelegt, sie waren mit seiner Ankunft in Kawa verbunden und fielen etwa mit den Daten der Amunfeste zusammen.

1. Das Kalenderfest zum Neujahr erfolgte wie in Ägypten. An diesem Tage wurde die Königskrönung gefeiert, es fand die offizielle Eröffnung des Tempels statt, und an dieses Datum waren jährliche Tempelgaben geknüpft.
2. Die Kalenderfeste in Kawa fielen mit dem Opetfest (*ȝḫt*-Jahreszeit; Yerikeamanote, Nastasen) und mit dem Amunfest *Erheben des Himmels* in Karnak (*prt*-Jahreszeit, 2. Monat; Anlamani, Harsiotef, Aspelta) zusammen. Ob andere Amunfeste gefeiert wurden, bleibt unklar.
3. Das vom König festgesetzte Datum des Festes hing unmittelbar von seiner Krönung in Napata ab. Dies seinerseits war mit dem Todesdatum seines Vorgängers und der für seine Bestattung notwendigen Zeit verbunden.
4. Die Analyse der Inschriften aus Kawa zeigt, daß rein administrative Verwaltungsfunktionen des kuschitischen Königs bei der materiellen Versorgung des Tempels

59 W. BARTA, Thronbesteigung und Krönungsfeier als unterschiedliche Zeugnisse königlicher Herrschaftsübernahme, in: *SAK* 8 (1980), 37–38; M.-T. DERCHAIN-URTEL, s.v. Thronbesteigung, *LÄ* VI, 529–532.

60 E. OTTO, s.v. Amun, *LÄ* I, 242.

mit Tempelriten und entsprechenden Festen – und zwar meist mit Amunfesten – zusammenfielen.

5. Man kann von der Wiederbelebung des Mythos von Isis und Horus sprechen, der im Tempelkoronationsritus wiederhergestellt wurde, und zwar in der Episode des Besuchs der Mutter. Wahrscheinlich wurden Riten ausgeführt, die mit der göttlichen Herkunft des Königs, seiner Empfängnis und Geburt von Amun und einer irdischen Frau zusammenhingen, was dem Opetfest eigen war.
6. Bei den Tempelfesten in Kawa kann man verschiedene Teilnehmer sehen: *ỉꜣwj.w* (die Ältesten), Männer und Frauen (*ṯꜣy, ḥm.wt*), königliche Kinder (*msw nsw*). Sie nahmen am Fest in seinen verschiedenen Etappen teil. Anfangs war das ein enger Kreis der dem König am nächsten stehenden Beamten und Krieger, aber am Ende der Zeremonie wurden alle Leute einbezogen. Der Bestand der Teilnehmer sowie die Aufnahme des Ritus der Räumungsarbeiten vor der Prozession mit der göttlichen Statue ins Opetfest spiegelte die Spezifik der kuschitischen Gesellschaft wider.
7. Im Ganzen zeigt die unternommene Analyse, daß der Festkalender in Kawa an den ägyptischen Amunfestkalender angepaßt wurde; die Festriten aber wurden, wie in anderen kuschitischen Tempeln, mit einem anderen, lokalen Inhalt gefüllt.

L'escorte de la lune sur la porte d'Évergète à Karnak

FRANÇOISE LABRIQUE

à mes amis
Dagmar Budde
Christian Leitz
Daniela Mendel

I. Les documents.

Le linteau de la porte d'Évergète, au sud du temple de Khonsou à Karnak, est décoré, sur les faces sud et nord, de quatre scènes surmontées d'une frise continue. Chacune des deux frises contient une double théorie de personnages convergeant vers le centre, où figure un disque lunaire[1].

Les deux séries symétriques de la face sud correspondent à un schéma familier aux égyptologues depuis l'étude centenaire de BRUGSCH[2]:

Tableau 1: Linteau de la Porte d'Évergète, face sud.

côté ouest (*Évergète*, pl. 17)	côté est (*Évergète*, pl. 18)
A. 16. **Montou**: je sors de l'œil-glorieux le jour de la Seconde Arrivée. 17. **Atoum**: je sors de l'œil-glorieux le jour de Siaou. 18. **Chou**: je sors de l'œil-glorieux le jour de la Lune. 19. **Tefnout**: je sors de l'œil-glorieux le jour d'Écouter ses paroles. 20. **Geb**: je sors de l'œil-glorieux le jour des Pièces de choix. 21. **Nout**: je sors de l'œil-glorieux le jour des Ornements. 22. **Osiris**: je sors de l'œil-glorieux le jour d'Atteindre Sothis. 23. **Isis**: je sors de l'œil-glorieux du Quartier. 24. **Thot**: je sors de l'œil-glorieux le jour de l'Obscurité. 25. **Nephthys**: je sors de l'œil-glorieux le jour du *stt*.	A. 1. **Montou**: j'entre dans l'œil gauche le jour de la Néoménie. 2. **Atoum**: j'entre dans l'œil gauche le Premier jour Croissant. 3. **Chou**: j'entre dans l'œil gauche le jour de l'Arrivée. 4. **Tefnout**: j'entre dans l'œil gauche le jour de la Sortie du prêtre sem. 5. **Geb**: j'entre dans l'œil gauche le jour des Offrandes sur l'autel. 6. **Nout**: j'entre dans l'œil gauche le Sixième jour. 7. **Osiris**: j'entre dans l'œil gauche le jour du Quartier. 8. **Isis**: j'entre dans l'œil gauche le jour du Début. 9. **Thot**: j'entre dans l'œil gauche le jour de l'Occultation. 10. **Nephthys**: j'entre dans l'œil gauche le jour du *sif*.
B. 26. **Horus**: je sors de l'œil-glorieux le jour de *prt*. 27. **Hathor**: je sors de l'œil-glorieux le jour de *wšb* (= 27e jour).	B. 11. **Horus**: j'entre dans l'œil gauche le jour du Rayonnement. 12. **Hathor**: j'entre dans l'œil gauche le jour des Deux Chemins (?).

1 P. CLÈRE, *La porte d'Évergète à Karnak* (*MIFAO* 84), 1961, pl. 17–18 (face sud) et 34–35 (face nord). L'ouvrage sera cité *Évergète*.

2 BRUGSCH, Thes. I.

3 „Baou de la néoménie".

côté ouest (Évergète, pl. 17)	côté est (Évergète, pl. 18)
28. **Sobek**: je sors de l'œil-glorieux du jubilé de Nout.	13. **Sobek**: j'entre dans l'œil gauche le jour de Voir les Rayons.
29. **Tjenenet**: je sors de l'œil-glorieux de Aha-Iry(?).	14. **Tjenenet**: j'entre dans l'œil gauche le jour de Siaou.
30. **Iounet**: je sors de l'œil-glorieux de la Sortie de Min-*snḥm*.	15. **Iounet**: j'entre dans l'œil gauche le jour de la pleine lune.
Les Baou occidentaux accueillent Rê au coucher quand il se rend à Ankhet en tant qu'Atoum.	**Les Baou orientaux** acclament Son ka quand il se rend à Bakhou chaque jour:
(1.) Nous ouvrons les bras pour adorer ton ka.	(1.) Nous adorons ton ka quand il [se meut] avec son père Iâh.
(2.) Nous replions les bras pour rendre hommage à ta personne.	(2.) Nous honorons ta forme, Iâh.
(3.) Nous relevons les mains pour adresser une prière à ton image.	(3.) Nous rendons hommage à ton disque, toi qui renouvelles ta forme ancienne.
Les Baou-Pesedjentyou[3] satisfont Iâh et adorent son ka quand sa mère l'enfante.	**Les Khestetiou** jubilent en l'honneur de Iâh et louent sa personne quand il culmine[4].
(1.) Puisses-tu paraître à nos yeux sans qu'on cesse de te voir.	(1.) Nous jubilons de te voir, ô Grand Disque.
(2.) Puisses-tu luire pour nous sans que ton disque décroisse.	(2.) Nous jubilons de te contempler au moment de ton lever.
(3.) Puisses-tu nous apparaître le visage radieux.	(3.) Nous jubilons de te regarder, ô Disque d'or.
Le roi, père du dieu, Ptolémée, les deux dieux Philadelphes:	**Le roi, père du dieu, Ptolémée**:
La lumière paraît à nos yeux, remplaçant le disque pour nous.	Rê se couche quand Iâh se lève.
La fille d'Amon, Arsinoé:	**La mère du dieu, Bérénice**:
Iâh brille en se substituant pour nous à Rê.	L'œil gauche est illuminé quand il remplace pour nous l'œil droit.

Les quinze dieux de la grande ennéade défilent dans le ciel; chacun d'eux est associé à un composant du disque lunaire, c'est-à-dire à un jour du mois[5]. La procession de la partie est du monument, à droite du disque, représente la première moitié du mois et se réfère, avec ses dieux „entrant", à la lune croissante; elle est aussi la plus fréquemment représentée dans les temples tardifs. Celle de la partie ouest, à gauche, relative à la seconde moitié du mois et, avec ses dieux „sortant", à la lune décroissante, est attestée plus rarement: les hiérogrammates optent souvent pour la discrétion quand il s'agit d'évoquer le déclin du soleil ou de la lune[6].

4 *Cf.* S. AUFRÈRE, *L'univers minéral dans la pensée égyptienne* (*BdE* 105/1), 1991, p. 275 [b].

5 Sur les jours lunaires, *cf.* PARKER, *Calendars*, 1950, 9-*sqq*.

6 Voir *exempli gratia* Ph. DERCHAIN, Réflexions sur la décoration des pylônes, dans: *BSFE* 46 (1966), 17–24; 'Perpetuum mobile', dans: *OLP* 6–7 (1975–76), 153–161; P. BARGUET, Le cycle lunaire d'après deux textes d'Edfou, dans: *RdE* 29 (1978), 17 et n. 35; la procession simple représentée au deuxième registre du plafond du sanctuaire de Deir el-Haggar évoque exclusivement la lune croissante, selon O. KAPER, The Astronomical Ceiling of Deir el-Haggar in the Dakhleh Oasis, dans: *JEA* 81 (1995), 176 et 183; dans sa thèse (à paraître dans *OLA*), Frédéric COLIN en a découvert l'attestation la plus ancienne, en montrant qu'il en allait de même au deuxième registre du mur est subsistant du temple bas d'Umm Ubeida

La version de la porte d'Évergète ajoute à l'ennéade un groupe hétérogène de huit adorateurs: au côté est, trois *Baou* orientaux, trois génies-Khestetyou, suivis du roi régnant Ptolémée III et de la reine Bérénice, les époux Évergètes; au côté ouest, trois *Baou* occidentaux, trois *Baou* de la néoménie, et enfin le roi défunt Ptolémée II et la reine Arsinoé, les époux Philadelphes[7]. Précisons pour terminer que les jours du mois présentés par les membres de l'ennéade se succèdent en partant du centre vers les extrémités de la frise, progression qui détermine l'ordre de la lecture des inscriptions, comme le résume le schéma suivant:

côté ouest	frise de la face sud	côté est
30 ← 16	(disque lunaire)	1 → 15

Vue à distance, la frise de la face nord ressemble à celle de la face sud. Les deux séries qui s'y développent symétriquement sont associées respectivement au „taureau ardent" (est)[8] et au „bœuf" (ouest)[9], et concernent ainsi, comme leurs homologues, la lune croissante au côté est et décroissante au côté ouest. À regarder de plus près, on constate que tous les personnages y ont la même allure, cette uniformité contrastant avec la variété de l'ennéade, dont les membres sont généralement différenciés et d'emblée identifiables par leurs attributs.

Les deux processions du nord comportent chacune vingt-quatre génies en huit groupes ternaires, qui tous adorent, jubilent, dansent, font de la musique en l'honneur de la lune:

à Siwa (époque de Nectanébo II): on peut en juger provisoirement en comparant la photographie publiée par Kl. P. KUHLMANN, *Das Ammoneion* (*AV* 75), 1988, pl. 30 au dessin réalisé au siècle dernier de la paroi ouest correspondante aujourd'hui disparue, *cf.* H. v. MINUTOLI, *Atlas zu der Reise des Freiherr von Minutoli, zum Tempel des Jupiter Ammon in der Libyschen Wüste und nach Ober-Ägypten*, pl. VIII et IX), 1824 [Wiesbaden 1982]; Fr. COLIN a fait l'an dernier un court séjour à Siwa en ma compagnie, pour procéder à des vérifications épigraphiques, et nous publierons bientôt dans le *BIFAO* une courte étude sur la question.

7 *Évergète* pl. 18 B (face sud, partie est); pl. 17 B (face sud, partie ouest).

8 *Évergète* pl. 34 A (face nord, partie est), légende des génies 1 – 2 – 3 en comptant depuis le disque lunaire central; „taureau ardent" désigne la lune croissante: BARGUET, *RdE* 29 (1977), 16 n. 23; Cl. TRAUNECKER et Fr. LAROCHE, La chapelle adossée au temple de Khonsou, dans: *Karnak* VI, 1980, 186.

9 *Évergète* pl. 35 A (face nord, partie ouest), légende des génies 4 – 5 – 6 en comptant à partir du centre. „Bœuf" désigne la lune décroissante: *cf.* TRAUNECKER, *Karnak* VI, 1980, 186.

Tableau 2: Linteau de la Porte d'Évergète, face nord.

côté est (pl. 34)	côté ouest (pl. 35)
Les Gespetiou qui consacrent les quartiers de lune s'inclinent devant le ka du taureau-brûlant (= lune croissante). (1.): [Celui qui replie le bras?] pour Son ka. (2.): Celui qui entonne un chant pour Sa forme. (3.): Celui qui s'incline devant Sa renommée.	**Les Denityou** (= Ceux-des-Quartiers-de-lune) dans la nuit[10], adressent une louange à l'image du Circuleur. (1.): Celui qui se prosterne devant Son corps. (2.): Celui qui se met sur le ventre devant Son image. (3.): Celui qui chante une mélopée[11] pour Sa sacro-sainteté.
[**Les Outetyou** qui sont à côté des rayons du disque][12] se prosternent devant [...] (1.): Celui qui [ou]vre [les] bras en l'honneur de Sa force. (2.): [...] (3.): [...]	**Les Sebtyou** (= Haleurs) qui poussent la barque divine à la gaffe baisent le sol devant l'image-puissante du bœuf (= lune décroissante). (1.): Celui qui rend hommage[13] à la crainte qu'Il inspire. (2.): Celui qui honore Son image-durable (?). (3.): Celui qui baise le sol devant Son image-puissante.
Les Mestyou qui hâtent le pas, [honorent] Celui-qui-renouvelle-(son)-éclat. (1.): [...] (2.): Celui qui s'incline heureux de Le voir. (3.): Celui qui vient pour Son uræus-la-Lovée.	**Les Chedtyou**, qui sont de part et d'autre de l'Occident, se couchent à plat ventre devant Celui-aux-naissances-mysté-rieuses. (1.): Celui qui rend hommage à Sa forme-d'enfant-lune. (2.): Celui qui déclame la louange de Sa dignité. (3.): Celui qui est en liesse devant Son ba.
Les Nestyou qui délibèrent[14], saluent Celui qui se meut avec son père. (1.): Celui qui souhaite la bienvenue à Son disque. (2.): Celui qui danse[15] pour Celui qui règle ses apparitions. (3.): Celui qui adore Sa nature.	**Les Gespetyou** qui halent la barque divine entonnent un chant en l'honneur du Taureau de l'Ennéade. (1.): Celui qui s'incline respectueusement devant Sa lumière. (2.): Celui qui témoigne sa déférence envers Son image. (3.): Celui qui acclame allègrement Son héritier.
Les Chebtyou qui rapportent les affaires (au tribunal)[16] se couchent à plat ventre pour Celui-aux-transformations-mystérieuses.	**Les Maâtyou** qui attrapent Son câble de proue s'inclinent heureux devant le Prééminent-parmi-ceux-qui-sont-enfantés-à-Taour[17] (= l'Orient).

---

10 *Wb* V 520, 2: nuit où la lune est visible.

11 D'après AL 77.4741, ou bien „qui fait une ovation"; comparer avec *Dendara* IV, 219.17, où le personnage tient un tambourin (pl. CCCIV).

12 Il y a un grand trou rectangulaire à cet endroit. La restitution se fonde sur les parallèles énumérés dans le glossaire, à la fin de cet article, *s.v. Wttyw*.

13 Avec le verbe *ir* s.e., ou bien il faut attribuer une valeur verbale à *s3-t3*.

14 Équivalents des épistates, *cf.* Ph. DERCHAIN, La justice à la porte d'Évergète (dans: *ÄATT*), 1995, 10–11.

15 Sur *gsgs*, danse extatique, *cf.* J.C. DARNELL, Hathor Returns to Medamûd, dans: *SAK* 22 (1995), 66 n. 95.

16 „Les Chebtyou qui nomment les choses". *Cf. Edfou* VI, 183.11–12, où ces auxiliaires apparaissent dans un contexte de fondation; E.A.E. JELINKOVÁ, The Shebtiw in the temple at Edfu, dans: *ZÄS* 87 (1962), 44. Dans le cas présent, entre les génies qui écoutent les requêtes et ceux qui délibèrent, l'action est vraisemblablement à situer au tribunal. *Dm iḫt* : *dm*, „énoncer, prononcer": après discussion avec Ph. DERCHAIN et H.-J. THISSEN, je propose de comprendre la situation comme suit: une fois les requêtes entendues, les fonctionnaires „définissent" l'affaire à juger, „sie treffen den Punkt", „ils font le point" de chaque affaire, se prononcent sur sa nature et la présentent au tribunal, avant de délibérer.

17 *msw ḥr T3-wr*: *cf. Edfou* III, 207.5, ce que BARGUET, *RdE* 29 (1977), 14, traduit *ḫꜥ msw ḥr T3-wr rꜥ nb* par „une forme divine se lève à l'Orient, toujours"; pour C. HUSSON, *L'offrande du miroir dans les*

(1.): Celui qui vénère Sa proximité. (2.): Celui qui rend hommage à Sa momie. (3.): Celui qui invoque Sa face.	(1.): Celui qui jubile pour célébrer l'effroi révérentiel qu'Il inspire. (2.): Celui qui danse en l'honneur de Son prestige. (3.): Celui qui prie à cause de Sa puissance.
Les Baou-Demedj qui écoutent les prières, font une ovation à la Face flamboyante. (1.): Celui qui fait une ovation à Sa personne. (2.): Celui qui célèbre Sa direction[18]. (3.): Celui qui jubile devant Son image de faucon.	**Les Ouartyou** qui annoncent[19] la barque divine proclament l'éloge du ka de Celui-dont-la-forme-ne-cesse-de-croître. (1.): Celui qui fait de la musique pour Son image-ichech. (2.): Celui qui fait une ovation à Sa porte(?). (3.): Celui qui exulte en raison de Sa luminosité.
Les Baou-Hetjet (= Baou Adorateurs) qui rendent bonnes les offrandes[20] poussent des cris d'allégresse en l'honneur d'Iâh. (1.): Celui qui commémore Son image d'enfant - lune. (2.): Celui qui s'incline heureux devant Son image - métamorphe. (3.): Celui qui fait la révérence devant Sa flamme.	**Les Baou-Resef** qui répandent des charmes magiques[21] sont en liesse devant le Ba-aux-naissances-vivantes. (1.): Celui qui célèbre Sa statue. (2.): Celui qui flatte Celui-qui-est-Sa-réplique. (3.): Celui qui acclame Son portrait.
Les Baou d'Hermopolis qui font voir (l'œil lunaire) lors de la fête du croissant (= 2e jour du mois)[22] honorent Celui-qui-revient quand il se montre à l'horizon. (1.): Celui qui loue Rê pour Son uræus. (2.): Celui qui est en adoration devant Son Circuleur[23]. (3.): Celui qui récite pour Ses Deux Maîtresses.	**Les Baou-Senout** (Baou de la Fête du 6e Jour)[24] qui regardent Celui-qui-est-dans-l'œil-gauche[25] le Quinzième jour adorent Iâh. (1.): Celui qui replie le bras devant Sa statue. (2.): Celui qui jubile en l'honneur de Son Acclamatrice (= uræus) (?)[26]. (3.): Celui qui fait une adoration en l'honneur de Sa statue.

La lecture des inscriptions fait apparaître une autre différence générale entre les deux frises: les personnages de la face sud parlent à la 1ère personne et s'adressent directe-

temples égyptiens de l'époque gréco-romaine, Lyon 1977, 64 n. 6 et 100 n. 3. Taour désignerait aussi, à l'occasion, l'Occident.

18 *Cf. Évergète*, pl. 8, 13: Khonsou-Chou „est le Conducteur, à savoir le Capitaine-de-la-terre".

19 La girafe, *sr*, peut signifier „annoncer" (le matin, le lever de l'astre...: *Wb* IV 190.7–8).

20 *Cf. Edfou* III, 207.17 et BARGUET, *RdE* 29 (1977), 16 n. 29: „ils parachèvent l'œuvre"; *Urk.* VI, 97.7: „Je rends bonnes les offrandes dans la barque Msktt avec les Baou-Pertyou".

21 Sur la graphie ludique de *ḥkꜣ*, voir R.K. RITNER, *The Mechanics of Ancient Egyptian Magical Practice* (*SAOC* 54), 1993, 47 et n. 228.

22 *Cf.* AUFRÈRE, *L'univers minéral* (*BdE* 105/1), 1991, 274: texte de *Dendara* I, pl. XLIV (linteau de la façade de la première chambre du temple ouest d'Osiris): lors de cette même fête, les Khestetyou accompagnent la lune du regard au sein de la voûte céleste.

23 Le Circuleur de Iâh est son disque lunaire, voir *Wb* V, 436.11.

24 Fête de la lune croissante: BARGUET, *RdE* 29 (1977), 16 n. 24.

25 Le motif du „dieu dans la lune" s'applique également à Osiris: AUFRÈRE, *L'univers minéral* (*BdE* 105/1), 1991, 209 n. 9; voir aussi *pBM 10208* II, 11–14 (F.M.H. HAIKAL, *Two Hieratic Funerary Papyri of Nesmin* (*BAe* 14), 1970, 62–63 et II, 53); Amon est „ba qui est dans son œil gauche, Iâh dans la nuit...": *Hibis* III, pl. 31, 36–37 et D. LORTON, The Invocation Hymn at the Temple of Hibis, dans: *SAK* 21 (1994), 175, j et n. 22.

26 D'après *ḥnywt*, AL 78.2499; ou „Uræus-relatif-à-sa-tête", construit à partir de *ḥn*, „tête": „Acclamatrice" est suggéré par référence à l'expression *ḥy ḥnw*, „être en liesse : voir *Évergète*, pl. 44, 11. (Le serpent *Ḥnw* du *Wb* II, 492.10, se base sur notre texte, mais dans sa version moins lisible des *Urk.* VIII: le serpent *ḥ*[.]*n* de *Dendara* VIII, 38.11 est masculin et n'intervient pas dans un contexte similaire.)

ment au dieu lune, à la deuxième personne; certains, les Baou et le couple royal, utilisent la première personne du pluriel. Sur la face nord en revanche, même si l'on peut légitimement hésiter sur l'interprétation des formes verbales dans les légendes individuelles relatives aux génies — il peut s'agir de formes participiales, option proposée sous réserves pour la traduction, et dans ce cas on reconnaît dans chaque inscription une épithète du personnage, ou bien d'infinitifs, ou encore de *sdm.f*, la représentation du génie servant alors de suffixe de la première personne —, quoi qu'il en soit, on ne trouve dans ces textes aucune mention de la deuxième personne: ces génies ne s'adressent donc pas à la divinité pour laquelle ils agissent en jubilant.

Les membres de ces processions du nord semblent agir principalement dans deux domaines. Du côté ouest, ils guettent la venue de la barque, l'acclament, et l'escortent en contribuant à la navigation. Du côté est, ils prennent soin des offrandes et servent aussi d'auxiliaires à la justice, si l'on interprète correctement les expressions „écouter les prières, énoncer des choses ou des affaires, délibérer".

L'évocation de ce dernier contexte n'a pas lieu d'étonner. Que la Porte d'Évergète ait servi d'endroit où l'on rendait la justice a déjà été largement reconnu[27].

L'examen de la succession des actions attribuées à chaque équipe nous conduit en tout cas à nous interroger sur le sens de la lecture de la frise. Du côté ouest, il serait assez vraisemblable que les Ouartyou annoncent l'arrivée de la barque avant l'intervention des Maâtyou, qui attrapent le cable de proue, et on trouvera sans doute plus pratique que les Gespetyou qui halent et les Sebtyou qui poussent la barque à la gaffe n'agissent qu'ensuite. De même, du côté est, écouter les prières pourrait logiquement précéder la présentation de l'affaire au tribunal et la délibération. Dès lors, il nous faut suivre la progression des équipes de l'extrémité de la frise vers le disque lunaire au centre.

Au côté est, le premier groupe à considérer serait donc celui des Baou d'Hermopolis, qui signalent que la lune est à nouveau visible après la néoménie, lors de la fête du croissant, et la procession prendrait fin avec l'évocation des Gespetyou qui rendent hommage au taureau-brûlant. La frise de l'ouest commencerait quant à elle avec les Baou-Senout qui contemplent la pleine lune, tandis que les Sebtyou, qui traitent du déclin de l'astre, constitueraient l'avant-dernier groupe si l'on compte en remontant vers le

---

27 Voir notamment Cl. TRAUNECKER, *Coptos. Hommes et dieux sur le parvis de Geb* (*OLA* 43), 1992, 141 § 134; 373-379; J. QUAEGEBEUR, La Justice à la porte des temples et le toponyme Premit, dans: Chr. CANNUYER et J.-M. KRUCHTEN, *Individu, Société et Spiritualité dans l'Égypte pharaonique et copte (Mél. Aristide Théodoridès)*, Ath/Bruxelles/Mons 1993, 201–220.

centre. Cette orientation de la lecture nous restitue en fait un ordre chronologique cohérent de part et d'autre: les fêtes du croissant (est) et de la pleine lune (ouest) précèdent logiquement les périodes de croissance et de décroissance qu'elles inaugurent respectivement.

Ainsi se profile une troisième différence majeure entre les deux faces. En effet, la lecture de la frise est centrifuge pour l'ennéade du sud, mais centripète pour l'escorte lunaire du nord, comme le résume le schéma suivant:

lune décroissante (ouest)			(disque)			(est) lune croissante
15e jour	→	bœuf		taureau ardent	←	Fête du croissant
			frise de la face nord			
			frise de la face sud			
lune décroissante (ouest)			(disque)			(est) lune croissante
30e jour	←	16e jour		1er jour	→	15e jour

Les entités énumérées dans la frise du nord nous sont bien moins familières que l'ennéade lunaire. Leurs noms sont inconnus du *Wörterbuch.* Lorsqu'en 1982 François-René HERBIN se posait la question de l'identité des baou divins qui „*entrent en procession dans le ciel devant la lune*“, résumant l'état de la recherche, il constatait qu'on n'avait encore aucun élément iconographique, ni aucun détail sur leur nature, sauf dans la documentation du temple de Kom Ombo, sur laquelle Adolphe GUTBUB nous a apporté quelques renseignements[28]: les baou célestes d'Ombos s'unissent à la lune pendant la nuit, mais ils sont également dits provenir de différentes villes d'Égypte, ce qui les différencie des génies lunaires de la porte d'Évergète.

Parmi les études parues sur la lune, on trouvera deux textes connexes importants pour notre quête: ils décrivent le cycle de la lune et occupent un bandeau de frise sur les parois est et ouest du pronaos du temple d'Edfou[29].

Au nombre de ceux qui sont dits assister au coucher du soleil et au lever de la lune, on reconnaît, du côté ouest, „les **Baou de l'occident**“[30], „les **deux Maât** qui saisissent la corde de proue“ et correspondent à nos Maâtyou[31], „les **Baou d'Hermopolis**“[32], „les

---

28 Fr.-R. HERBIN, Un hymne à la lune croissante, dans: *BIFAO* 82 (1982), 261–263; A. GUTBUB, *Textes fondamentaux de la théologie de Kom Ombo* (*BdE* 47), 1973, 384, 404 et 409.

29 *Edfou* III, 207–208 (ouest) et 211–212 (est): traduits et commentés par BARGUET, *RdE* 29 (1977), 14–20.

30 *Edfou* III, 207.7.

31 Dans *Edfou* III, 207.7, il y a bel et bien deux Maât; pour les Maâtyou, voir tableau 2, colonne de droite.

32 *Edfou* III, 207.9.

Khestetyou (qui) révèrent Iâh“[33], „les **Baou-Senout**“[34], „les **Baou de l'orient**“, „les **Baou-Hetjet**“, „les **Baou-Resef** (qui) répandent leurs charmes magiques dans la barque de la nuit“[35], „les **Baou-Demedj** (qui) écoutent les prières“[36]. Semblablement, le bandeau de l'est évoque „les **Baou de l'orient**“ et „les **Baou-Hetjet**“[37], „les **Baou d'Hermopolis** (qui) font voir [l'œil-oudjat] lors de la fête du croissant“[38], „les **Khestetyou**“[39], „les **Baou de l'occident**“ et „les **Baou-Senout**“[40]. Les Baou de l'orient et de l'occident ainsi que les Khestetyou figurent dans les processions du sud de la porte d'Évergète derrière l'ennéade (*supra* tableau 1, *in fine*); tous les autres nous sont apparus dans les processions du nord, avec les mêmes activités respectives. On voit ainsi que les inscriptions du bandeau d'Edfou et celles de la porte de Karnak se fondent sur une tradition commune.

Situés dans les parties hautes des édifices, les divers textes lunaires que nous venons d'aborder nous conduisent à examiner plus généralement, dans les temples tardifs, les linteaux de portes et les parties proches des plafonds. Cette prospection nous livre cinq documents remarquables, tous postérieurs à la porte d'Évergète.

1. Edfou, pronaos, paroi nord, linteau de la porte de la 2e salle hypostyle (*cf. infra* pl. 1)[41]
2. Philae, pronaos (cour), face nord, entablement (*cf. infra* pl. 1)[42].

La paroi nord du pronaos du temple d'Edfou est célèbre pour sa frise, qui contient au registre inférieur une représentation de la pleine lune: la grande ennéade d'Edfou aborde un escalier qui monte vers l'œil lunaire[43]. Plus bas, sur le linteau de la porte menant à la seconde salle hypostyle, se trouve une scène dont le temple de Philae possède une version identique dans le pronaos, sur la face nord également: le roi Ptolémée offre Maât devant la barque du soleil levant. Hor Merty protège la proue, suivi de l'étendard Oupouaout, de Maât et d'Hathor; Thot fait un geste d'adoration à Horus Behedety, le

33 *Edfou* III, 207.9–10.
34 *Edfou* III, 207.14.
35 *Edfou* III, 207.17
36 *Edfou* III, 208.1.
37 *Edfou* III, 211.5.
38 *Edfou* III, 211.7–8.
39 *Edfou* III, 211.9.
40 *Edfou* III, 211.13.
41 *Edfou* IX, pl. XLVII; II, 1–3; PM VI, 136 (100)–(101); daté de Ptolémée IV.
42 BÉNÉDITE, *Philae*, pl. XLIII–XLIV et 130–131; daté de Ptolémée VIII; photographies de Berlin n° 1232–1234; je dispose en outre de photographies faites par Daniela MENDEL, qui permettent de contrôler l'iconographie, mais non les inscriptions.
43 *Edfou* IX, pl. LXXIV.

scarabée solaire, et de même Neith, en poupe, qui se dresse devant le pilote Horus Khenty-Khety[44]. De part et d'autre de la barque figurent encore, en adorateurs, Hou et Sia, à gauche derrière le roi, et Ir et Sedjem à droite[45]. Flanquant cette scène aux deux extrémités du linteau, une série de divinités se répartit sur trois petits registres. L'ensemble est hétéroclite. Certaines sont debout, d'autres assises. Beaucoup de ces dieux sont d'allure hybride: oiseaux à tête d'homme, de singe, ou de bélier, entités momiformes, dont certaines à tête de chien, serpents dotés de jambes, voire de bras, formes humaines à tête de lion ... Hormis le fait que ces êtres pittoresques assistent à la navigation du disque — solaire en l'occurrence — et qu'ils sont regroupés par petits collèges de trois, ils sont dépourvus de l'uniformité morphologique qui caractérise la double procession nord de la porte d'Évergète, et paraissent ainsi étrangers à l'escorte du dieu lunaire de Karnak.

Et pourtant les textes sont clairs.

– à gauche (côté ouest du linteau):

Edfou

Philae

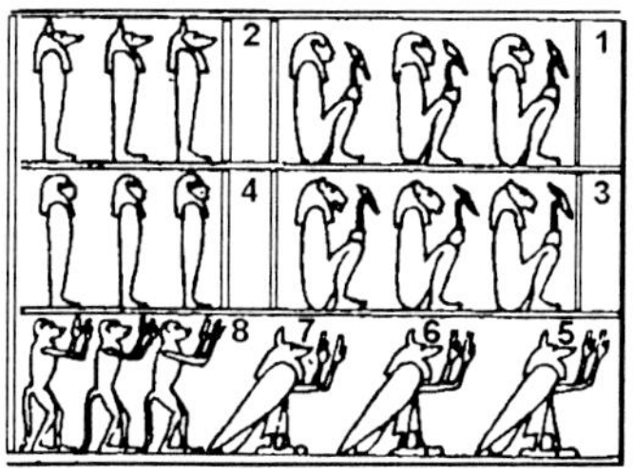

au registre supérieur:

Edfou (**date ptol.**)	Philae (**date ptol.**)	description
1. „**les Denityou** dans la nuit“ (*Edfou* II, 2.9, n°7)	1. „**les Denityou** dans la nuit“ (*Philae* 130.5 n°1)	anthropomorphes et assis.
2. „**les Mehtyou** à l'ouest de la barque Mandjet“ (*Edfou* II, 2.10, n°8)	2. „**les Mehtyou et Resyou** (= ceux du Nord et ceux du Sud)“ (*Philae* 130.5 n°2)	momies debout à tête de chien.

44 *Edfou* II, 3.5–8; BÉNÉDITE, *Philae*, 130.3–4.

45 *Edfou* II, 2.4–5 et 11–12; BÉNÉDITE, *Philae*, pl. XLIII–XLIV; sur ces quatre auxiliaires du Maître Universel, voir D. MEEKS, Génies, Anges et démons en Égypte, dans: *SourcesOr* 8 (1971), 58–59: ces divinités rendent possible la régénérescence perpétuelle du soleil.

Ces Mehtyou sont une variante des „*Chedtyou, qui sont de part et d'autre de l'Occident*" dans la procession de l'ouest de la porte d'Évergète (voir tableau 2, à droite): la confusion fréquente des signes *mḥ* (V 22) et *šd* (F 30) (liste de Gardiner) est la source probable de cette altération, dont on voit le parti que les hiérogrammates de Philae ont tiré en créant une nouvelle catégorie.

au registre médian:

Edfou	Philae	description
1. „**les Maâtyou** [qui attrapent] la corde de proue" (*Edfou* II, 2.7, n°5)	1. „**les Maâtyou** qui attrapent[46] la corde de proue" (*Philae* 130.5–6 n°3)	corps humains, assis, léontocéphales.
2. „**les Nestyou** qui délibèrent" (*Edfou* II, 2.8, n°6)	2. „**les Nestyou** qui délibèrent" (*Philae* 130.6 n°4)	momiformes, debout.

au registre inférieur:

Edfou	Philae	description
1. „**les Baou [occidentaux** qui accueillent Rê au coucher]" (*Edfou* II, 2 et 2a, note *l*)[47]	1. „**les Baou [occidentaux** qui accueillent] Rê dans l'horizon" (*Philae* 130.6 n°5–6)	assis, à tête de chacal, les mains en adoration; corps humains à Edfou[48], d'oiseau à Philae.
2. „**les Sebtyou** qui poussent la barque divine à la gaffe" (*Edfou* II, 2.6, n°4)	2. „**les Sebtyou** qui poussent la barque divine à la gaffe" (*Philae* 130.6 n°7–8)[49]	serpents dressés, munis de jambes et de bras, les mains en adoration, à Edfou; cynocéphales les mains en adoration à Philae.

– à droite (côté est du linteau):

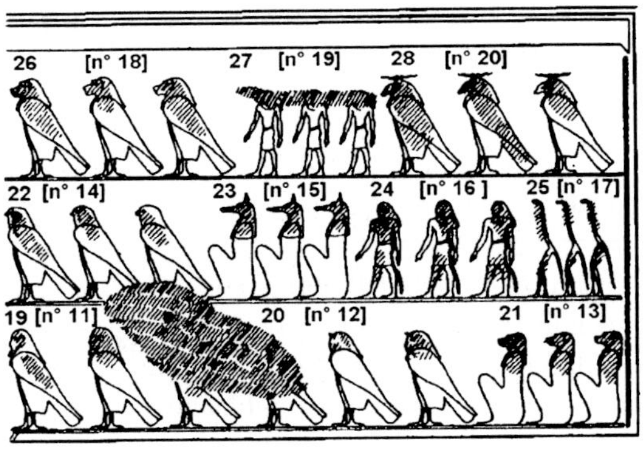

46 *šsp*: correction de l'édition de BÉNÉDITE à l'aide de la photo de Berlin n° 1234.

47 Ont été oubliés dans l'édition originelle; voir les corrections de S. CAUVILLE et D. DEVAUCHELLE.

48 Note en *Edfou* II, 2 a, *l*: „un collège de trois divinités (assises, à tête de chacal, les mains en adoration) a été oublié".

49 La photographie de Berlin n° 1234 permet de corriger l'édition de BÉNÉDITE: il faut lire *Sbtyw wd wi3*; l'inscription paraît comprimée entre le dernier Ba occidental et le premier Sebty.

au registre supérieur:

Edfou	Philae	description
1. „**les Baou orientaux** qui acclament Son ka“ (*Edfou* II, 3.1, n°18)	1. „**les Baou orientaux** qui acclament Son ka“ (*Philae* 130.16, n°1)[50]	faucons, à tête de singe à Edfou, à tête de bélier sans cornes horizontales à Philae.
2. „**les Gespetyou** qui consacrent les quartiers de lune“ (*Edfou* II, 3.2, n°19)	2. „**les Gespetyou**[51] qui consacrent les quartiers de lune“ (*Philae* 130.16, n°2)	humains, debout, les têtes ne sont pas discernables à Edfou.
3. „**les Mestyou** qui hâtent le pas“ (*Edfou* II, 3.3, n°20)	3. „**les Mestyou** qui ...?“ (*Philae* 130.16–17, n°3)	faucons criocéphales à cornes horizontales.

au registre médian:

Edfou	Philae	description
1. „**les Baou-Hetjet** (=Baou Adorateurs) qui rendent bonnes les offrandes“ (*Edfou* II, 2.16, n°14)	1. „**les Baou-Hetjet** (= Baou Adorateurs) qui rendent bonnes les offrandes[52]„ (*Philae* 130.17, n°4)	faucons.
2. „**les Outetyou** qui sont à côté des rayons du disque“ (*Edfou* II, 2.17, n°15)	2. „**les Outetyou** qui sont à côté des rayons de Rê“ (*Philae* 130.17, n°5)	assis, de forme humaine à tête de chacal.
3. „**les Gespetyou** qui ha‹lent› la barque du ciel“ (*Edfou* II, 2.18, n°16)	3. „**les Gesperou***sic* qui maîtrisent la barque“ (*Philae* 130.17, n°6)	de forme humaine, debout; à Edfou, l'arrière de leur pagne est orné d'une queue.
4. „**les Chebtyou** qui rapportent les affaires (au tribunal)“ (*Edfou* II, 2.19, n°17)	pas d'inscription	serpents dressés munis de jambes à Edfou; singes, les mains en adoration à Philae.

au registre inférieur:

Edfou	Philae	description
1. „**les Baou-Demedj** qui ‹éc›outent[53] les prièr[es]“ (*Edfou* II, 2.13, n°11)	1. „**les Baou-Demedj**[54] qui écoutent les prières“ (*Philae* 130.17–18, n°7)	faucons à tête humaine.
2. „**[les Baou]-Resef** qui répandent des charmes magiques“ (*Edfou* II, 2.14, n°12)	2. „**les Baou-Resef** qui donnent des ordres“ (*Philae* 130.18, n°8)	faucons à tête humaine portant l'uræus à Edfou; faucons à tête de serpent à Philae.
3. „**les Ouartyou** qui montrent[55] la barque divine“ (*Edfou* II, 2.15, n°13)	3. „**les Khourtyou** qui montrent[56] la barque divine“ (*Philae* 130.18, n°9)	assis, de forme humaine; ceux d'Edfou ont une tête de singe, ceux de Philae, une tête de lion à oreilles couchées.

50 La photographie de Berlin n° 1232 permet de corriger l'édition de BÉNÉDITE: il faut lire *kꜣ.f* au lieu de *kꜣ.k*.

51 Sur la photographie de Berlin n° 1232, on distingue le début du signe Aa 16 de la liste de Gardiner: la lecture *gsptyw* est donc assurée.

52 Selon BÉNÉDITE, on trouverait ici le signe *niwt* de la ville, au lieu de *iḫt*, choses, offrandes; je n'en trouve pas la confirmation sur la photographie de Berlin n° 1232.

53 Texte apparemment négligé: le verbe *sḏm* est incomplet, manquent le *s* initial et le déterminatif.

54 *Dmḏ* a été oublié par BÉNÉDITE, mais figure bien dans l'inscription, selon la photographie de Berlin n° 1232.

Les collèges de trois génies représentés sur le linteau d'Edfou et l'architrave de Philae sont bien ceux de la face nord de la porte d'Évergète de Karnak, bien que les processions ne soient pas organisées de la même façon. Par exemple, on trouve pêle-mêle, de part et d'autre de la barque d'Edfou et de Philae, des auxiliaires de la navigation et des spécialistes de la justice et des offrandes, qui à Karnak sont répartis en fonction de leurs activités entre les côtés est et ouest. Dans les scènes solaires d'Edfou et de Philae, pas de Baou-Senout ni de Baou d'Hermopolis, qui à Karnak ainsi que dans le bandeau lunaire d'Edfou évoqué plus haut[57] s'adonnent expressément à la contemplation de la lune (voir *supra* tableau 2, *in fine*), mais en revanche, y figurent les Baou de l'est et de l'ouest, que la porte d'Évergète évoque sur la face sud, derrière l'ennéade (voir *supra*, tableau 1). Enfin, apparaît ici un seul groupe nouveau, les Outetyou (2e groupe du registre médian, côté est): il correspond très vraisemblablement au groupe manquant de la procession est du linteau de Karnak (voir *supra* tableau 2, colonne de gauche).

3. Edfou, architrave de la façade du pronaos (nord de la cour)[58].

Sur l'architrave de la façade du pronaos d'Edfou se développe symétriquement, de part et d'autre d'un disque solaire ailé, une frise continue qui attire l'attention par la représentation d'un nombre important de petits groupes de trois à quatre personnages de morphologie variée, en adoration. Les deux séries sont scandées par six petites scènes. Du côté est, Isis et Nephthys soulèvent Horus Behedety alternativement sous la forme du disque et du scarabée solaire ailé[59]. Du côté ouest, Hehou et Hehet soulèvent le ciel supportant le Behedety sous la forme du disque solaire ailé[60]. À chaque fois, les deux divinités agissantes sont flanquées de petits collèges qui rendent hommage:

---

55 Ou „introduisent", voir AL 77.3697. La version d'*Edfou* s'écarte de celle de la *Évergète* pl. 35, qui contient le signe de la girafe (liste de Gardiner E 27), ce que j'ai traduit par „annoncent" (voir *supra*, tableau 2, colonne de droite): pour rendre compte des spécificités des diverses versions, j'ai fait varier la traduction, bien qu'en l'occurrence les deux variantes aient à peu près le même sens.

56 Même graphie que la version d'Edfou.

57 *Supra*, n. 38.

58 *Edfou* IX, pl. LIII–LIV; III, 49–55; daté de Ptolémée IX. Grâce à la libéralité de Dagmar BUDDE, je dispose de photographies qui permettent de vérifier des détails iconographiques, surtout les visages, souvent encore reconnaissables sous les martelages.

59 De l'extrémité est vers le centre: *Edfou* III, 52.16–53.2 (disque); 53.6–9 (scarabée, appelé Rê-Horus Behedety); 53.14–17 (disque); 54.3–6 (scarabée); 54.12–14 (disque); 54.18–55.2 (scarabée).

60 En contraste avec le côté est, le nom d'Horus n'est jamais mentionné. De l'extrémité ouest vers le centre: *Edfou* III, 49.12–50.2; 50.6–9; 50.15–51.2; 51.6–9; 51.13–17; 52.5–9.

Edfou, architrave de la façade du pronaos.

côté ouest (*Edfou* IX, pl. LIII)	coté est (*Edfou* IX, pl. LIV)
1. autour de Hehou et Hehet soulevant le ciel et le disque solaire ailé Behedety: *à gauche:* „**les Baou de l'occident** qui accueillent Rê dans l'horizon"[61]; *à droite:*, „**les Khestetyou** qui honorent Rê"[62].	1. autour d'Isis et Nephthys soulevant le disque Horus Behedety: *à droite:*, „**les Baou de l'orient**"[63]; *à gauche:* „**les Baou-Hetjet** qui rendent bonnes les offrandes"[64].
2. autour de Hehou et Hehet soulevant le ciel et le disque solaire ailé Behedety: *à gauche:* „**Thot le Grand; Hou; Sia**"[65]; *à droite:*, „**Thot, seigneur d'Hermopolis; Ir; Sedjem**"[66].	2. autour d'Isis et Nephthys soulevant le scarabée Rê-Horus Behedety: *à droite:*, „**les Outetyou** au côté des rayons du disque"[67]; *à gauche:* „**les Gespetyou** qui consacrent les **Denityou**"[68].
3. autour de Hehou et Hehet soulevant le ciel et le disque solaire ailé Behedety: *à gauche:* „**les Baou de Pe**"[69]; *à droite:*, „**les Baou de Nekhen**"[70].	3. autour d'Isis et Nephthys soulevant le disque Horus Behedety: *à droite:* „**les Baou-Demedj** qui écoutent les prières"[71]; *à gauche:* „**les Baou-Resef** qui répandent des charmes magiques"[72].
4. autour de Hehou et Hehet soulevant le ciel et le disque solaire ailé Behedety: *à gauche:* „**les Maâtyou** qui attrapent la corde de proue"[73] (déterminés par trois personnages assis à tête de lion); *à droite:*, „**les Sebtyou** qui poussent la barque à la gaffe"[74] (déterminés par trois personnages assis à tête de serpent).	4. autour d'Isis et Nephthys soulevant le scarabée Horus Behedety: *à droite:*, „**les Ouartyou** [...]"[75]; *à gauche:* „**les Nestyou** qui accélèrent leurs consignes"[76] (déterminés par trois personnages assis à tête de bélier).
5. autour de Hehou et Hehet soulevant le ciel et le disque solaire ailé Behedety: *à gauche:* „**Les Chedtyou** qui sont de part et d'autre de la barque Mandjet"[77] (déterminés par trois personnages assis à tête de chacal);	5. autour d'Isis et Nephthys soulevant le disque Horus Behedety: *à droite:*, „**les [Ges]petyou** qui halent la barque du ciel"[79] (déterminés par trois personnages assis à tête humaine);

61 *Edfou* III, 50.3.
62 *Edfou* III, 50.4.
63 *Edfou* III, 53.3.
64 *Edfou* III, 53.4.
65 *Edfou* III, 50.10–11.
66 *Edfou* III, 50.12–13.
67 *Edfou* III, 53.10–11.
68 *Edfou* III, 53.12.
69 *Edfou* III, 51.3.
70 *Edfou* III, 51.4.
71 *Edfou* III, 53.18.
72 *Edfou* III, 54.1.
73 *Edfou* III, 51.10.
74 *Edfou* III, 51.11.
75 *Edfou* III, 54.7–8.
76 *Edfou* III, 54.9–10.

côté ouest (*Edfou* IX, pl. LIII)	coté est (*Edfou* IX, pl. LIV)
à droite:, „**les Nestyou** qui prennent soin des offrandes“[78] (déterminés par trois personnages assis à tête humaine).	*à gauche:* „**Chebtyou** qui rapportent les affaires (au tribunal)“[80] (déterminés par trois personnages assis à tête humaine).
6. autour de Hehou et Hehet soulevant le ciel et le disque solaire ailé Behedety: *à gauche:* „**les Hetjetou** qui rendent hommage au ka d'Horus Behedety le grand dieu, seigneur du ciel“[81] (déterminés par des trois cynocéphales debout); *à droite:*, „**Noun, Nounet, Hehou, Hehet**“[82].	6. autour d'Isis et Nephthys soulevant le scarabée Horus Behedety: *à droite:*, „**les Baou de l'orient** qui rendent hommage à Son ka“[83]; *à gauche:* „**Kekou, Keket, Nenou, Nenout**“[84].

Dans la présente version, la liste des collèges s'enrichit, du côté ouest, des divinités déjà rencontrées dans la partie centrale des scènes solaires des pronaos d'Edfou et de Philae: Thot et ses auxiliaires Hou, Sia, Ir et Sedjem. Elle s'est adjoint en outre les Baou de Pe et de Nekhen[85], absents des sources examinées jusqu'ici. Les Baou d'Hermopolis cèdent la place à deux moitiés d'ogdoade réparties entre l'est et l'ouest[86]. Enfin, on notera que les quatre groupes flanquant Isis et Nephthys à l'est, Hehou et Hehet à l'ouest, dans les deux scènes n° 6 symétriques, proches de l'axe central, comportent respectivement quatre membres et non trois.

4. Dendara, plafond du pronaos, partie est, travée C (*cf. infra*, pl. 2–3).

La décoration du plafond du pronaos de Dendara n'a pas encore été publiée, aussi faut-il se reporter à la *Description de l'Égypte* et au commentaire de H. BRUGSCH. La travée qui nous intéresse[87] comporte trois registres. Dans le médian figurent douze barques solaires, voyageant d'est en ouest. Elles représentent les douze heures diurnes, et pour chacune d'elles, une étape de la croissance du dieu solaire, de l'enfance à la vieillesse[88]. Les deux registres extrêmes contiennent une procession de petits groupes à

77 *Edfou* III, 52.1–2.

78 *Edfou* III, 52.3.

79 *Edfou* III, 54.15.

80 *Edfou* III, 54.16.

81 *Edfou* III, 52.10–11.

82 *Edfou* III, 52.12–13.

83 *Edfou* III, 55.3.

84 *Edfou* III, 55.4–5.

85 *Cf.* H. BEINLICH, *s.v.* Seelen, *LÄ* V, 804–806.

86 *Cf.* J.F. QUACK, Das Pavianshaar und die Taten des Thot (pBrooklyn 47.218.48+85 3.1–6), dans: *SAK* 23 (1996), 317–318.

87 Travée C selon la nomenclature de BRUGSCH, Thes. I, 2, établie d'après le dessin de plafond entier de *Description* IV, pl. 18; plafond daté de Tibère: PM VI, 49.

88 *Cf.* BRUGSCH, Thes. I, 55–59. Comparer avec *Edfou* IX, pl. LXX–LXXIII; BÉNÉDITE, *Philae*, pl. XLVII–XLIX.

trois ou quatre personnages d'allure hétéroclite, dont la progression va de pair avec celle des barques horaires: des chiens, oiseaux, serpents dressés, singes, êtres anthropomorphes, hybrides ... bref, des formes et collèges que l'examen des documents d'Edfou et de Philae nous ont rendues familiers.

Comme H. BRUGSCH l'avait déjà signalé[89], les dessinateurs de la *Description de l'Égypte* se sont trompés dans la succession des groupes, qui ont été ainsi reproduits dans le désordre.

Disposant, grâce à la générosité de Christian LEITZ, des photographies qu'il a réalisées de cette travée, j'ai pu constater que les trois barques et groupes afférents de gauche figurent en réalité à l'extrémité de droite: l'équipe de la *Description* a probablement recopié la travée en quatre feuillets, dont le premier a été déplacé accidentellement et remis en quatrième position. J'ai dès lors procédé au redécoupage du dessin de la *Description* pour proposer un ordre conforme à celui du modèle[90]. Ajoutons que le registre supérieur commence, à gauche, par la représentation d'un scarabée ailé, et que, d'après les photographies, il y a un espace correspondant, au début gauche du registre inférieur, dont le relief est détérioré, mais où il y avait vraisemblement un scarabée identique, ou un motif similaire signalant le lever du soleil.

Je présente ci-après les collèges, en commençant apparemment par la queue du cortège, mais en le suivant en réalité du nord (à gauche, est théorique) au sud (à droite, ouest théorique): nous avions déjà reconnu la nécessité de cette lecture rétrograde pour les processions nord de la porte d'Évergète. La traduction est limitée par les possibilités de déchiffrement sur les photographies, en attendant une édition correcte du plafond.

Les ressemblances avec les escortes déjà étudiées sont indéniables. Quelques groupes sont propres à la version de Dendara: les Rameurs et Barreurs (n° 5), les Indestructibles et les Infatigables (n° 12). Ici, pas de Khestetyou, mais les Baou de Pe et de Nekhen, comme sur la façade du pronaos d'Edfou. On remarquera le paradoxe de la présence, dans le voyage diurne du soleil, des Baou lunaires de la Fête du Sixième jour et de la néoménie (n° 11). De même, si les „Outetyou dans la nuit (lunaire)" prennent une place facilement expliquable à l'heure du coucher du soleil (n° 13 c), leur intervention se justifie moins aisément dans l'après-midi (n° 10 a), au point qu'on peut se demander si la navigation solaire se déroule vraiment entièrement de jour.

89 Thes. I, 59.
90 Voir *infra* pl. 3.

Dendara, plafond du pronaos, travée C,
de gauche (nord, est théorique) à droite (sud, ouest théorique).

registre supérieur: a	registre inférieur: c	description
scarabée ailé	[scarabée ailé] ?	
1. „**les Baou de l'orient** qui prononcent une louan-ge, à l'aube de chaque jour".	1. „**les Baou-Hetjet** qui rendent bonnes les offrandes, de sorte qu'elles reposent dans la barque-mesktet".	a: quatre oiseaux à tête de singe dressés sur un socle unique; c: quatre faucons dressés sur des socles séparés; les deux groupes lèvent les mains pour adorer.
2. „**les Baou-Hetjet** qui ... et adorent Rê à l'orient du ciel".	2. „**les Baou de l'orient** qui jubilent pour le ka divin ...".	quatre cynocéphales dressés, les mains en adoration.
3. „**les Outetyou** qui sont à côté des rayons du disque".	3. „[? les Gespetyou qui halent la barque ?] du ciel, quotidiennement[91].	trois personnages debout, mains pointées vers le sol, portent le pagne à queue: a: à tête de chacal; c: à tête humaine; le premier est effacé.
4. „**les Sebtyou** qui poussent à la gaffe la barque du ciel".	4. „**les Chebtyou** qui rapportent les affaires (au tribunal) et donnent les consignes qui les concernent (?)".	trois serpents dressés, dotés de jambes et bras, les mains en adoration; c: le troisième est presque entièrement effacé.
5. „**les Ikhemou**[92] **de** (=ceux qui empoignent) la rame".	5. „**les Ikhemou**[93] **du** (=ceux qui empoignent) gouvernail..."	quatre personnages brandissant une rame devant eux, manche en l'air.
6. „**les Baou-Resef** qui répandent des charmes magiques".	6. „**les Baou-Demedj** qui écoutent les appels des millions et rendent la justice pour des centaines de milliers".	oiseaux perchés sur un socle, les mains en adoration: a: trois, à tête de serpent; c: quatre, à tête humaine; les trois derniers ont une barbe blanche, le dernier a un flagellum derrière le dos.
7. „**[les Baou de] Nekhen**".	7. „**les Baou de Pe**".	trois personnages la main gauche sur la poitrine, le bras droit relevé: a: à tête de chacal; c: à tête de faucon.
8. „**les Nestyou [...]**".	8. „**les Ouartyou** qui présentent la barque".	trois personnages à tête de singe: a: momiformes, en manteau transparent, debout, tenant sceptre et fléau; c: assis sur un socle, tenant les sceptres ankh et ouas sur les genoux.

91 Les formules se terminant par „le ciel" sont attestées deux fois, pour „les Gespetyou qui halent la barque du ciel", *cf.* *Edfou* II, 2.18, n°16; III, 54.15. 3, où ce génies sont représentés avec une tête humaine, ce qui correspond au cas présent; en outre, on trouve en parallèle Outetyou et Gespetyou dans cette travée, registres a et c, groupes n° 10.

92 Je suggère de lire *(i)ḫm(ʿ)w ḥpt* : pour *ḫmʿ*, „empoigner", et *ḫmʿt*, „le manche (de la rame)", *cf.* *Wb* III, 281.14 et 282.5.

93 *(i)ḫm(ʿ)w ḥmw*, *cf.* note précédente.

9. „**les Gespetyou** qui halent la barque".	9. „**les Mestyou** qui accélèrent leurs consignes".	trois personnages: a: à tête d'ibis; c: à tête de bélier avec cornes horizontales; la main gauche tient le sceptre ouas, la droite, pointée vers le sol, tient le signe ankh.
10. „**les Outetyou** dans la nuit".	10. „**les Gespetyou** qui consacrent le quartier lunaire[94]".	trois personnages debout, les mains dirigées vers le sol: a: à tête humaine; le 1er a un pagne à queue; les deux autres ont les deux pans de la coiffe sur la poitrine; c: à tête d'ibis.
11. „**les Baou-Senout**".	11. „**les Baou-Pesedjentyou** (= de la néoménie)"[95].	trois oiseaux hybrides sur un socle, les mains en adoration: a: à visage humain barbu; socle orné de lotus; c: les deux premiers à visage de chacal, le dernier à visage humain.
12. „**les Infatigables...**"[96].	12. „**les Indestructibles**, équipage de la barque".	quatre a: personnages debout à tête de chacal; c: chacals debout sur un socle.
13. „**les Maâtyou** qui attrapent la corde de proue dans la nécropole".	13. „**les Outetyou** dans la nuit, qui sont heureux de haler Rê"[97].	quatre personnages assis sur un socle, les signes ankh et ouas sur les genoux: a: léontocéphales; c: à tête humaine.
14. „**les Baou de l'occident** ramènent (?) Rê vers la rive de l'occident"[98].	14. „**les Baou de l'occident** qui accueillent Rê au coucher".	quatre, sur un socle: a: chacals; c: oiseaux à tête de chacal, bras levés pour adorer.

5. Dendara, chapelle osirienne est n° 3, côté ouest du plafond, cinquième et sixième registres[99].

Les chapelles osiriennes du temple de Dendara viennent heureusement d'être publiées sous une forme d'une grande clarté. Le plafond de la troisième chapelle est se divise en deux grandes parties, dont celle de l'ouest concerne la lune.

94 Dans le cas présent, *dnit* est clairement déterminé par le signe de la fête; *cf.* BRUGSCH, Thes. I, 59 n°5.

95 *Cf.* BRUGSCH, Thes. I, 59 n°4.

96 Texte caché partiellement par le chapiteau d'une colonne.

97 *Cf.* BRUGSCH, Thes. I, 59 n°2.

98 La rive *dmi*, comparer avec *Edfou* III, 207.6.

99 S. CAUVILLE, *Dendara* X/1, 259.1–8; X/2, pl. 115 et 144; pour une photo plus grande, *cf.* NEUGEBAUER–PARKER, Astronomical Texts III (*Brown Egyptological Studies* 6), 1969, pl. 37; les registres sont numérotés de haut en bas, c'est-à-dire du sud au nord. La décoration de ces chapelles se situerait entre la mort de Ptolémée XII en 51 et 43–42 avant notre ère, peut-être en 47 plus exactement: *cf.* N. GRIMAL, Travaux de l'Institut français d'archéologie orientale en 1995-1996, dans: *BIFAO* 96 (1996), 512–513 et S. CAUVILLE, dans les *Hommages* à Jan QUAEGEBEUR (à paraître).

Au premier registre (côté sud), sous une myriade d'étoiles, la grande ennéade défile en direction d'un œil Oudjat posé sur une colonne Ouadj, derrière lequel se trouve Thot; les deuxième et troisième registres présentent les décans[100]. Au quatrième registre, au-dessus d'une étroite frise représentant l'eau, quatre chacals, les **Indestructibles**, suivis de quatre chacals anthropomorphes, les **Infatigables**, halent la barque lunaire, sur laquelle Isis, Nephthys et Horus rendent hommage au dieu-lune à tête de singe suivi du disque lunaire et, à la poupe, de Horus Khenty-Khety[101]. Au cinquième registre, le soleil et la lune sont représentés deux fois: d'abord, chacun sur un esquif, un dieu criocéphale devant le soleil de l'horizon et un dieu de forme humaine devant le disque lunaire, ensuite, marchant et désignés ensemble comme „les deux luminaires“[102], un dieu solaire hiéracocéphale suivi d'un dieu anthropomorphe coiffé du disque lunaire. S'avançant à leur suite, des collèges de trois ou quatre génies, dont la procession se poursuit au sixième registre, au bout duquel „Isis le dragon“ signale le nord en retenant fermement la chaîne de la patte-Khepech[103].

Cinquième registre

Groupe 1 (*Dendara* X, 259.1 et pl. 115): trois „**[Deni]tyou** dans la nuit (lunaire)“ de forme humaine, debout. Le début de leur nom a disparu, et l'édition propose de restituer [*Psš*]*tyw*. Jusqu'à présent, deux sortes de génies sont décrits „dans la nuit lunaire“ et volontiers associés aux Gespetyou: les Outetyou, d'une part, dans le pronaos de Dendara[104]; mais ceux-ci apparaissent déjà dans l'escorte de la chapelle osirienne, en troisième position; les Denityou, d'autre part, à Karnak, Edfou et Philae[105]: la graphie de Denityou dans la version d'Edfou atteste la présence d'un *w* devant la finale *tyw*, comme dans le cas présent.

Groupe 2 (*Dendara* X, 259.2 et pl. 115): trois „**[Ges]petyou** qui [consacrent] les quartiers de lune“ de forme humaine à tête d'ibis, debout.

Cinquième et sixième registres

Groupe 3, première partie (*Dendara* X, pl. 115): trois personnages debout, de forme humaine et à tête de chacal; le premier figure au cinquième registre, les deux suivants au sixième. L'inscription utilise le duel et se trouve au sixième registre.

---

100 *Dendara* X, 255.13–257.
101 *Dendara* X, 258.1–9.
102 *Dendara* X, 258.13.
103 *Dendara* X, 258.10–259.
104 *Supra*, document 4, travée a, groupe 10; travée c, groupe 13.
105 *Évergète* pl. 35; *Edfou* II, 2.9, n° 7; BÉNÉDITE, *Philae*, 130.5.

Sixième registre

Groupe 3, seconde partie (*Dendara* X, 259.4 et pl. 115): „les **Outetyou** à côté des rayons du disque". Le déterminatif est duel (voir aussi *supra*, premier groupe). Les Outetyou peuvent être deux[106]. Dans la procession du plafond du pronaos de Dendara tout comme dans le cas présent, le texte utilise le duel pour qualifier un groupe de trois personnages debout à tête de chacal[107].

Groupe 4 (*Dendara* X, 259.5 et pl. 115): trois „**Khestetyou** qui honorent Rê" de forme humaine à tête de chacal, assis sur un haut socle individuel (*Dendara* X, pl. 144).

Groupe 5 (*Dendara* X, 259.6 et pl. 115): quatre „**Chedtyou** à l'ouest de la barque Mandjet" debout, momiformes.

Groupe 6 (*Dendara* X, 259.7 et pl. 115): quatre „**Mestyou** qui accélèrent leurs consignes, faits de silex [clair] doré, hauts d'une coudée" debout, de forme humaine à tête de bélier.

Ce document se distingue des autres en décrivant certains personnages comme des statues dont il donne la dimension – une coudée – et la composition en matériaux précieux. Il en va ainsi des chacals haleurs de la barque au quatrième registre, „en bois doré"; au cinquième registre, le premier couple de dieux solaire et lunaire est „en silex clair plaqué d'or", le second, „en or"; enfin, au sixième registre, les quatre Mestyou, „en silex [clair] doré"[108].

Enfin, aux sources monumentales s'ajoute un papyrus ptolémaïque mythologique. Le projet, mis sur pied il y a deux ans par Christian LEITZ[109], de constituer un dictionnaire lexical et iconographique sur les dieux, génies et démons, a déjà rassemblé une énorme masse de données, la majeure partie venant des sources antérieures à la Basse Époque. Consulté sur les noms que la frise nord de la porte d'Évergète a donnés à ses génies, le fichier livre un seul document, mais réunissant plusieurs des noms recherchés, enrichissant ainsi notre catalogue. Il s'agit du pLouvre 3129, H, 43–51 (*Urk.* VI, 95.10–97, 10)[110]:

---

106 *Cf. infra*, le document suivant, et n. 110 et 112.

107 *Supra*, document 4, tracée C a, groupe 3.

108 *Dendara* X, 258.2–3; .11–14; 259.7–8.

109 Avec pour collaborateurs Dagmar BUDDE, Peter DILS, Frank FÖRSTER et Daniela MENDEL; les travaux se font au *Seminar für Ägyptologie* de l'Université de Cologne.

110 Publié dans *Urk.* VI, 95 n°13.

(95.11) Ce qui concerne son discours:

43. (12) Je suis ta belle image, ô toi qui es dans le ciel, (14) et je suis réuni à ton corps[111]:
44. (16) (car) ton œil-oudjat est dans ma main après avoir rajeuni,
(18) de sorte qu'il est en plein essor parmi les **Baou-Senout** (=Baou-du-sixième-jour).
45. (20) Un **Outet**[112] est là à côté du Disque, et (97.1) [un **Out**]**et** à côté d'Iâh, en train de jubiler quand Iâh étincelle,
46. (3) tandis que je pousse la barque à la gaffe avec les **Sebtyou**
(4) et la hale de concert avec les **Gespetyou**.
47. (5) Je suis le premier des **Baou-Resef** **48.** (6) et des **Sebtyou** qui hâtent le pas:
49. (7) (car) j'ai rendu bonnes les offrandes dans la barque-Mesektet avec les **Baou-Pertyou**,
50. (8) j'ai repoussé Apophis au moment opportun (9) en faisant recracher au serpent-*nik* ce qu'il avait avalé,
51. (10) et j'ai dirigé la barque-*msktt* d'un bon vent par dessus les bancs de sable de l'Île-des-deux-Couteaux.

Ce dernier document confirme notre impression générale que les adorateurs défilant aux côtés de la barque céleste s'associent à un contexte indifféremment solaire, lunaire, diurne et nocturne, voire funéraire.

Il est temps de résumer les données acquises pour chaque collège de génies, en y joignant occasionnellement des attestations sporadiques lorsque qu'elles apportent des compléments utiles. En effet, il arrive que certains de ces groupes apparaissent isolément, ailleurs que dans les processions considérées.

Un commentaire d'ensemble sera publié ailleurs[113].

Glossaire: Les sources indiquées en gras sont celles dont la graphie a été choisie.

 *iḫmw-wrḏ*: **les Infatigables**

source: (1) *Dendara* travée C, groupe 12 a; (2) ***Dendara* X, 258.3** et pl. 115 et 144.
Hors série: (3) *Dendara* travée B, registre inférieur, halant la troisième barque (en partant de la gauche)[114].
fonction: équipage (1); haleurs de la barque lunaire dans la partie nord du ciel (2); haleurs de la barque de Rê dans le ciel du sud (3).
iconographie: quatre êtres debout à tête de chacal (1) et (2); trois personnages de forme humaine (3).

---

111 *Cf. CT* formule 155.

112 Je m'écarte ici de la lecture de S. SCHOTT, qui a traduit „(Du) Gestalt dort zur Seite der Sonne...", dans *Urk.* VI, 94.20 et 96.4; les parallèles attestant de l'existence des „Outetyou à côté des rayons du disque / de Rê", inconnus de S. SCHOTT, sont à présent suffisamment nombreux: *cf. infra*, le glossaire.

113 Dans le *BSFE* de la séance d'octobre 1997 et dans la *RdÉ*.

114 *Description* IV, pl. 18, deuxième travée à partir de la gauche; B selon le plan dans BRUGSCH, Thes. I, 2 (Sonnenlauf). „Les Infatigables, qui escortent Rê dans le ciel méridional"; photographie: NEUGEBAUER–PARKER, Astronomical Texts III (*Brown Egyptological Studies* 6), 1969, pl. 41 (bas).

 *iḫmw-sk*: **les Indestructibles/les Impérissables**

source: (1) *Dendara* travée C, groupe 12 c; (2) ***Dendara* X, 258.2** et pl. 115 et 144
Hors série: (3) *Dendara* travée B', registre inférieur, halant la troisième barque (en partant de la gauche)[115].
fonction: „équipage de la barque" (1); haleurs de la barque lunaire dans la partie nord du ciel (2); haleurs de la barque d'Atoum dans le ciel du nord (3).
iconographie: quatre chacals debout (1) et (2) sur un socle (1); trois personnages de forme humaine (2).

 *Wᶜrtyw*: **Les Ouartyou**[116]; voir *s.v.* *Ḫwrtyw*

sources: (1) *Porte d'Évergète* pl. 35; (2) ***Edfou* II, 2.15, n°13** = IX, pl. XLVII, n° 21 (linteau); (3) *Edfou* III, 54.7 = IX, pl. LIV (façade pronaos); (4) *Dendara* travée C groupe 8 c.
fonction: ils „annoncent (ou: montrent) la barque divine"
iconographie: trois êtres de forme humaine, à tête de singe, debout (3); assis (2); assis sur un socle, tenant les sceptres ankh et ouas sur les genoux (4).

 (3);  (8); *Wttyw*: **Les Outetyou**

sources: (1) *Porte d'Évergète* pl. 34: lacune; (2) *Edfou* II, 2.17, n° 15 = IX, pl. XLVII, n° 23 (linteau); (3) ***Edfou* III, 53.10-11** = IX, pl. LIV (façade pronaos); (4) BÉNÉDITE, *Philae* 130.17 = pl. XLIV, n°5; (5) *Dendara* travée C, groupe 3 a; (6) groupe 10 a; (7) groupe 13 c = BRUGSCH, Thes. I, 59 n°2; (8) ***Dendara* X, 259.4** et pl. 115 et 144; (9) *Urk.* VI, 95.20; (10) *Urk.* VI, 97.1.
fonction: ils „sont à côté des rayons du disque (ou: de Rê)" (3), (5), (8), (9), jubilant „à côté d'Iâh" (10); ou sont „dans la nuit, heureux de haler Rê" (7); „dans la nuit" (6); ils sont volontiers associés aux Gespetyou (5 (restitution de lacune)) et (6).
iconographie: trois êtres assis, de forme humaine, à tête de chacal (2), (4), (3: déterminatif du mot), debout dans la frise de la façade du pronaos (3); debout, les mains dirigées vers le sol, à tête de chacal (5), (8); à tête humaine (6); quatre personnages à tête humaine, assis sur un socle, les signes ankh et ouas sur les genoux (7).

 (1)  (11) *Bꜣw iꜣbtyw*: **les Baou orientaux**

sources: (1) ***Porte d'Évergète* pl. 18**; (2) *Dendara*, travée C, groupe 1 a et (3) groupe 2 c; (4) *Edfou* II, 3.1, n°18 = IX, pl. XLVII, n° 26 (linteau); (5) *Edfou* III, 53.3 = IX, pl. LIV et (6) *Edfou* III, 55.3 = IX, pl. LIV (façade pronaos); (7) *Edfou* III, 207.17 (bandeau ouest); (8) BÉNÉDITE, *Philae* 130.16 = pl. XLIV, n° 1.

---

115 *Description* IV, pl. 18, deuxième travée à partir de la droite: B' selon le plan dans BRUGSCH, Thes. I, 3 (Mond- und Sonnenlauf); texte p. 30: „Les Indestructibles, qui escortent Rê dans le ciel septentrional"; photographie: NEUGEBAUER–PARKER, op. cit., pl. 41 (haut).

116 Ouartyou (*Wb* I, 287–288: inspecteur, surveillant...), terme qui pourrait se traduire: les „Empressés", „responsables de la nécropole", ou encore les „surveillants"; s'ils annoncent le lever de la lune, le sens de „veilleurs" ou de „guetteurs" conviendrait peut-être; mais au lever de la lune, gambades et cabrioles sont au programme de toute la compagnie de ces génies qui accueillent ou tirent la barque, aussi pourrait-on se référer à *wᶜrt*, jambe, pour proposer „danseur, sauteur, acrobate", voire „choreute". Graphie détaillée dans *Edfou* II, 2.15.

Hors série: (9) *Edfou* III, 212.10 = IX, pl. LXIX (paroi est, à droite); (10) *Edfou* III, 214.7 = IX, pl. LXX, 1er tableau; (11) ***Esna* 437.4**; (12) *Dendara* travée B, registre inférieur, adorant Khepri dans la deuxième barque (en partant de la gauche)[117].

fonction: ils acclament le ka du soleil ou de la lune à l'aube; souvent associés aux Baou-Hetjet. Ils sont associés voire confondus avec les Baou occidentaux dans (11).

iconographie: faucons à tête de singe (2), (4), (5)[118], (9); faucons à tête de bélier sans cornes horizontales (8); cynocéphales en adoration (3), (6), (10), (11), (12). Ils sont trois, ou quatre (2), (3), (6), (9), (12).

 (9);  (10) *B3w imntyw*: **les Baou occidentaux**

sources: (1) *Porte d'Évergète* pl. 17; (2) *Edfou* II, 2 et 2a, note *l* = IX, pl. XLVII, à gauche, registre inférieur, groupe sans numéro (linteau); (3) *Edfou* III, 50.3 = IX, pl. LIII (façade pronaos); (4) *Edfou* III, 207.7 (bandeau); (5) *Edfou* III, 211.13 (bandeau); (6) BÉNÉDITE, *Philae* 130.6 = pl. XLIII, n° 5–6 (restitution partielle); (7) *Dendara*, travée C, groupes n° 14 a et (8) c.

Hors série: (9) ***Edfou* III, 209.1–2** = IX, pl. LXIX; (10) ***Edfou* III, 228.8** = IX, pl. LXXIII, 6e tableau[119]; (11) *Esna* 416.8: sans inscription; (12) *Esna* 437.4; (13) *Esna* 437.9; (14) *Dendara*, travée B', registre inférieur, devant la troisième barque (en partant de la gauche)[120].

fonction: ils „accueillent le soleil au coucher (ou: Rê dans l'horizon)" ou „ramènent (?) Rê vers la rive de l'occident" (7, travée a); associés voire confondus avec les Baou orientaux dans (12).

iconographie: tête de chacal, sur un corps de chacal (7) (9), ou d'être humain (2), (10?), ou d'oiseau (3), (6), (8), (10), (13). Cynocéphales confondus avec les Baou orientaux dans (12). Êtres anthropomorphes (14). Ils sont trois, ou quatre (7), (8), (9), (10).

 *B3w P*: **les Baou de Pe**

sources: (1) *Edfou* III, 51.3 = IX, pl. LIII (façade pronaos); (2) *Dendara* travée C, groupe 7 c.

hors série: (3) *Dendara*, travée lunaire (= C'), scène de gauche[121].

fonction: ils acclament en dansant; associés aux Baou de Nekhen.

iconographie: trois êtres de forme humaine, à tête de faucon, un genou en terre, un bras replié sur la poitrine, l'autre levé (1), (3); debout dans (2).

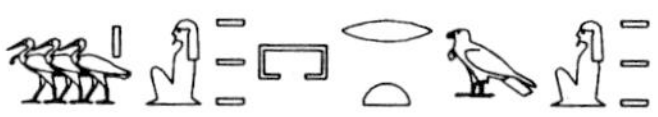 *B3w prtyw*: **les Baou-Pertyou**, voir *s.v. B3w htt*

source: ***Urk.* VI, 97.7.**

fonction: „j'ai rendu bonnes les offrandes dans la barque-Mesektet avec les Baou-Pertyou".

---

117 *Description* IV, pl. 18, deuxième travée à partir de la gauche; plan dans BRUGSCH, Thes. I, 2 (Sonnenlauf); ils sont bien quatre, contrairement à ce qu'affirme BRUGSCH, 32: „Les Baou orientaux adorent Khepri le matin quand il se lève dans l'horizon oriental"; photographie: NEUGEBAUER–PARKER, Astronomical Texts III (*Brown Egyptological Studies* 6), 1969, pl. 41 (bas).

118 Selon une photographie de Dagmar BUDDE.

119 Dans l'inscription, *b3w* est écrit avec l'oiseau à tête de chacal: *Edfou* III, 228.8.

120 *Description* IV, pl. 18, deuxième travée à partir de la droite; B' selon le plan dans BRUGSCH, Thes. I, 3 (Mond- und Sonnenlaufes); texte p. 29: „Les Baou occidentaux font une acclamation, accueillent Rê dans son empyrée et adorent Rê quand il se couche à Ankhou"; photographie: NEUGEBAUER–PARKER, op. cit., pl. 41 (haut).

121 *Description* IV, pl. 18; travée C' selon le plan de BRUGSCH, Thes. I, 3 (Osiris als Mond).

 *B3w psḏntyw*: **les Baou-Pesedjentyou** (= Baou de la néoménie)[122].

sources: (1) ***Porte d'Évergète* pl. 17**; (2) *Dendara* travée C groupe 11 c.
fonction: satisfont Iâh et adorent Son ka quand sa mère l'enfante (1). Associés aux Baou occidentaux (1) ou aux Baou-Senout (2).
iconographie: trois faucons hybrides, les deux premiers à visage de chacal, le dernier à visage humain (2).

 *B3w Nḫn*: ***les Baou de Nekhen***

sources: (1) ***Edfou* III, 51.4** = IX, pl. LIII (façade pronaos); (2) *Dendara* travée C groupe 7 a.
hors série: (3) *Dendara*, travée lunaire (= C'), scène de gauche[123].
fonction: ils acclament en dansant; associés aux Baou de Pe.
iconographie: trois êtres de forme humaine, à tête de chacal, un genou en terre, un bras replié sur la poitrine, l'autre bras levé (1), (3); debout (2).

 (1);  (6) *B3w rsf*: **les Baou-Resef**

sources: (1) ***Porte d'Évergète* pl. 35**; (2) *Edfou* II, 2.14, n°12 = IX, pl. XLVII, n°20 (linteau); (3) *Edfou* III, 54.1 = IX, pl. LIV (façade pronaos); (4) *Edfou* III, 207.17 (bandeau); (5) BÉNÉDITE, *Philae* 130.18 = pl. XLIV, n°8; (6) ***Dendara* travée C, groupe 6 a**; (7) *Urk.* VI, 97.5.
fonction: ils „répandent des charmes magiques"; à Philae, ils „donnent des ordres" (5); ils sont souvent associés aux Baou-Demedj.
iconographie: faucons à tête humaine portant l'uræus (2); à tête de serpent (5), (6); à tête indiscernable sous le martelage (3)[124].

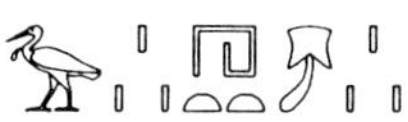 (7); 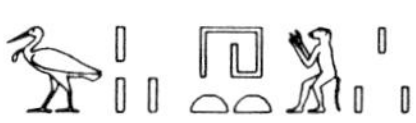 (8) *B3w ḥtt*: **les Baou-Hetjet**: *cf. s.v. ḥtjtw* et *B3w prtyw*

sources: (1) *Porte d'Évergète* pl. 34; (2) *Edfou* II, 2.16, n°14 = IX, pl. XLVII, n° 22 (linteau); (3) *Edfou* III, 53.4 = IX, pl. LIV (façade pronaos); (4) *Edfou* III, 207.17 et (5) *Edfou* III, 211.5 (bandeaux); (6) BÉNÉDITE, *Philae* 130.17 = pl. XLIV, n°4; (7) ***Dendara* travée C, groupe 1 c**; (8) **groupe 2 a.**
fonction: ils „rendent bonnes les offrandes" (3) dans la barque; la version de Dendara (8) ajoute qu' "ils adorent l'astre à l'orient". Ils sont souvent associés aux Baou orientaux.
iconographie: faucons (2); (3); (6); (7) ou cynocéphales (8). Ils sont trois, ou quatre (7), (8).

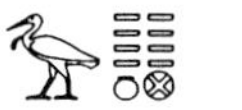 *B3w Ḫmnyw*: **Les Baou d'Hermopolis**

variante: „**Noun, Nounet, Hehou, Hehet**"; „**Kekou, Keket, Nenou, Nenout**".
sources: (1) ***Porte d'Évergète* pl. 34**; (2) *Edfou* III, 52.12–13 = IX, pl. LIII et (3) III, 55.4–5 = IX, pl. LIV (façade pronaos); (4) *Edfou* III, 207.9 et (5) *Edfou* III, 211.7–8 (bandeaux).
Hors série: (6) *Edfou* III, 213.1–2 = IX, pl. LXIX (paroi est, scène de gauche);
variante: (7) *Dendara*, travée lunaire (= C'), scène de gauche, huit génies[125].

---

122 Sur ces Baou, voir *CT* II, 290–308 (Formule 155), qui les identifie avec Osiris, Anubis, et Isdes (Thot), tout en évoquant la reconstitution de l'œil.

123 *Cf.* n. 121.

124 Je ne dispose pas de photographie dans le cas présent.

125 *Cf.* n. 121.

fonction: ils font voir (l'œil lunaire) lors de la fête du croissant (= 2e jour du mois).

Dans (6) et (7), ils sont à côté de la barque de la pleine lune.

iconographie: directement de part d'autre du disque solaire ailé au centre de la frise, quatre cynocéphales en adoration, côté ouest: „Noun, Nounet, Hehou, Hehet" (2); côté est: „Kekou, Keket, Nenou, Nenout" (3); trois êtres de forme humaine à tête d'ibis (6); huit personnages de forme humaine en quatre couples, alternativement à tête de grenouille (dieux), et à tête de cobra (déesses), sur deux registres superposés (7).

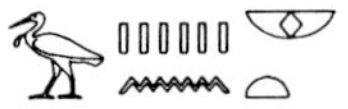 *B3w Snwt*: **Les Baou-Senout** (de la fête du 6e Jour, fête de la lune croissante)[126].

sources: (1) ***Porte d'Évergète* pl. 35**; (2) *Edfou* III, 207.14 et (3) *Edfou* III, 211.13 (bandeaux); (4) *Dendara* travée C, groupe 11 a; (5) *Urk.* VI, 95.18.

Hors série: (6) *Edfou* III, 210.6; (7) *Edfou* III, 213.8 = IX, pl. LXIX, paroi est, à gauche); (8) *Dendara*, travée lunaire (= C'), scène de droite[127].

fonction: ils „regardent Celui-qui-est-dans-l'œil-gauche le Quinzième jour" (1); (l'œil-oudjat rajeuni) „est en plein essor parmi les Baou-Senout" (5); ils interviennent le quinzième jour (7[128]), (8).

Le roi en adoration devant la pêche de l'œil lunaire est qualifié d'"héritier des Baou-Senout" (6).

iconographie: sur un socle orné de lotus, trois oiseaux à visage humain barbu, les mains en adoration (4); trois personnages de forme humaine, hiéracocéphales (7).

 (1); 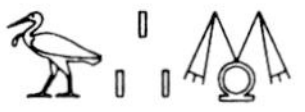 (6) *B3w dmd*: **les Baou-Demedj**

sources: (1) ***Porte d'Évergète* pl. 34**; (2) *Edfou* II, 2.13, n°11 = IX, pl. XLVII, n°19 (linteau); (3) *Edfou* III, 53.18 = IX, pl. LIV[129] (façade pronaos); (4) *Edfou* III, 208.1 (bandeau); (5) Bénédite, *Philae* 130.17–18 = pl. XLIV, n°7; (6) ***Dendara* travée C, groupe 6 c**.

fonction: ils „écoutent les prières"[130]; une version précise qu'ils „écoutent les appels des millions et rendent la justice pour des centaines de milliers" (6).

iconographie: trois faucons à tête humaine; à Dendara, ils sont quatre, et le dernier a un flagellum derrière le dos (6).

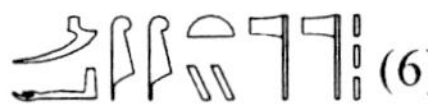 (6);  (3);  (4) *M3ʿtyw*: **Les Maâtyou**

sources: (1) *Porte d'Évergète* pl. 35; (2) *Edfou* II, 2.7, n°5 = IX, pl. XLVII, n°13 (linteau); (3) ***Edfou* III, 51.10** = IX, pl. LIII (façade pronaos); (4) ***Edfou* III, 207.7** (bandeau); (5) Bénédite, *Philae* 130.5–6 = pl. XLIII, n°3 et photo Berlin n° 1234; (6) ***Dendara* travée C, groupe 13 a**.

Hors série: (7): *Dendara* travée B, registre inférieur, haleurs de la deuxième barque (en partant de la gauche)[131].

---

126 Barguet, *RdE* 29 (1977), 16 n. 24; H. Junker, Die sechs Teile des Horusauges und der »sechste Tag«, in: *ZÄS* 48 (1910), 101–106.

127 *Description* IV, pl. 18; travée C' selon le plan de Brugsch, Thes. I, 3 (die 14 Tage des abnehmenden Mondes); texte p. 34: „Les Baou-Senout, *sc.* les dieux qui rendent l'Œil-Oudjat efficace (*s3ḫ*) quand il renouvelle (son) cycle le quinzième jour (du mois). Voilà le dieu sous sa forme d'enfant: il a équipé l'Œil-Oudjat de sa splendeur accomplie"; sur *s3ḫ*, *cf.* K. Jansen-Winkeln, "Horizont" und "Verklärtheit": Zur Bedeutung der Wurzel *3ḫ*, dans: *SAK* 23 (1996), 201–215.

128 La date est mentionnée dans *Edfou* III, 212.16.

129 Iconographie confirmée par une photographie de Dagmar Budde: faucon à tête humaine.

130 *Cf.* Barguet, *RdE* 29 (1977), 16 n. 31; W. Guglielmi, *Die Göttin Mr.t. Entstehung und Verehrung einer Personifikation* (*PÄ* 7), 1991, 191–192 n. u.

fonction: ils „attrapent le câble de proue"; une version ajoute „dans la nécropole" (6); avec ce câble, ils halent la barque de Khepri à l'est (7).
iconographie: trois êtres de forme humaine, léontocéphales, assis (2), (5) ou debout; la tête de lion est probable mais pas sûre dans (3); le mot est déterminé par deux Maât dans (4); à Dendara, ils sont quatre, à tête de lion, assis sur un socle, les signes ankh et ouas sur les genoux (6); trois chiens (7).

(2) *Mḥtyw*: **les Mehtyou**. Voir *s.v. Šdtyw*, dont ce mot est une variante d'origine graphique.

sources: (1) ***Edfou* II, 2.10, n°8** = IX, pl. XLVII, n° 16 (linteau); (2) Bénédite, *Philae*, 130.5 = pl. XLIII, n° 2.
fonction: ils „sont à l'ouest de la barque Mandjet".
iconographie: trois momies debout à tête de chacal.
variante: *Mḥtyw Rsyw*: **Les Mehtyou et Resyou (Ceux du Nord et du Sud):** Bénédite, *Philae*, 130.5 = pl. XLIII, n° 2.

(1); (4); *Mstyw*: **Les Mestyou**. *Cf. s.v. Nstyw*, fonction II.

sources: (1) ***Porte d'Évergète* pl. 34**; (2) *Edfou* II, 3.3, n°20 = IX, pl. XLVII, n° 28 (linteau); (3) Bénédite, *Philae* 130.16–17 = pl. XLIV, n° 3; (4) ***Dendara* travée C, groupe 9 c**; (5) *Dendara* X, 259.7–8 et pl. 115 et 144.
fonction: ils „hâtent le pas"; à Dendara, ils „accélèrent leurs consignes" (4), (5); voir aussi les Sebtyou dans *Urk.* VI, 97.6.
iconographie: trois faucons criocéphales à cornes horizontales (2), (3); trois êtres de forme humaine à tête de bélier avec cornes horizontales, la main gauche tient le sceptre ouas, la droite, pointée vers le sol, tient le signe ankh (4); quatre êtres de forme humaine à tête de bélier avec cornes horizontales, debout, les bras pendants (5).

Nstyw: **les Nestyou**

sources: (1) ***Porte d'Évergète* pl. 34**; (2) *Edfou* II, 2.8, n°6 = IX, pl. XLVII, n° 14 (linteau); (3) *Edfou* III, 52.3 = IX, pl. LIII et (4) III, 54.9–10 = IX, pl. LIV (façade pronaos); (5) Bénédite, *Philae* 130.6 = pl. XLIII, n° 4; (6) *Dendara* travée C, groupe 8 a.
fonction I: ils délibèrent (1), (2), (3), (5).
fonction II: ils „accélèrent leurs consignes" (4); *cf. s.v. Mstyw*
fonction III: inconnue dans (6: lacune).
iconographie I: trois êtres momiformes, debout (2), (5); anthropomorphes (3);
iconographie II: le mot est déterminé par trois personnages assis à tête de bélier (4); la tête est animale, dépourvue de cornes horizontales, et la forme de bélier n'est pas sûre sous les martelages de la frise (4: *Edfou* IX, pl. LIV)[132].
iconographie III: trois personnages à tête de singe, momiformes, en manteau transparent, debout, tenant sceptre et fléau (6).

---

131 *Description* IV, pl. 18, deuxième travée à partir de la gauche; plan dans Brugsch, Thes. I, 2 (Sonnenlauf) et texte p. 33: „les Maâtyou attrapent le cable de proue de la barque à l'orient du ciel"; photographie: Neugebauer–Parker, Astronomical Texts III (*Brown Egyptological Studies* 6), 1969, pl. 41 (bas).

132 Je ne dispose pas de photographie dans le cas présent et ne puis donc vérifier les contours des visages martelés.

 *Rsyw*: **les Resyou**; *cf. s.v. Mḥtyw, Šdtyw*.

source: Bénédite, *Philae*, 130.5 = pl. XLIII, n° 2.

 *Ḥtṯw*: **les Hetjetou**; *cf. s.v. B3w ḥṯt*

sources: (1) *Edfou* III, 52.10–11 = IX, pl. LIII (façade pronaos).
fonction: ils „rendent hommage au ka d'Horus Behedety le grand dieu, seigneur du ciel", associés aux Baou orientaux.
iconographie: le mot est déterminé par trois cynocéphales en adoration; ils sont quatre dans la frise.

 *Ḫwrtyw*: **les Khourtyou**; voir *s.v. W3rtyw*.

sources: Bénédite, *Philae* 130.18 = pl. XLIV, n°9.
fonction: ils „montrent la barque divine".
iconographie: trois êtres assis, de forme humaine, à tête de lion aux oreilles couchées.

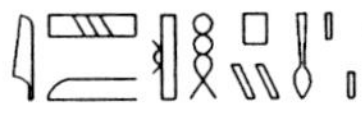 (1);  (2)[133]; *(T)ḫmw —*: **les Ikhemou-hepet** et **les Ikhemou-hemou**.

sources: (1) *Dendara* travée C, groupe 5 a et (2) groupe 5 c; cf. supra, n. 92.
fonction: ils „empoignent la rame-*ḥpt*" (1) et „le gouvernail-*ḥmw*" (2).
iconographie: quatre personnages brandissant verticalement une rame devant eux, manche en l'air.

 (3);  (5) *Ḫsttyw*: **les Khestetiou**[134].

sources: (1) *Porte d'Évergète* pl. 18; (2) *Edfou* III, 50.4 = IX, pl. LIII (façade pronaos); (3) ***Edfou* III, 207.9**; (4) *Edfou* III, 211.9; (5) ***Dendara* X, 259.5** (pl. 115 et 144); (6) *Dendara* X, 301.15 (pl. 156);
hors série: (7) *Edfou* III, 210.6; (8) *Edfou* III, 210.8–9 = IX, pl. LXIX, paroi ouest, gauche).
fonction: ils jubilent et dansent en l'honneur de la lune et du soleil. Volontiers associés aux Baou orientaux ou occidentaux.
(7) Le roi en adoration devant la pêche de l'œil lunaire est qualifié de „fils de Khestet".
iconographie: trois êtres à tête de chacal, au corps d'oiseau (2) ou d'être humain (5), (6), (8).

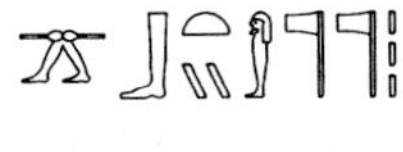 *Sbtyw*: **Les Sebtyou** (= „Haleurs").

sources: (1) *Porte d'Évergète* pl. 35; (2) *Edfou* II, 2.6, n°4 = IX, pl. XLVII, n° 12 (linteau); (3) *Edfou* III, 51.11 = IX, pl. LIII (façade pronaos); (4) Bénédite, *Philae* 130.6 = pl. XLIII, n° 8; (5) ***Dendara* travée C, groupe 4 a**; (6) *Urk.* VI, 97.3; (7) *Urk.* VI, 97.6.
fonction: ils „poussent la barque divine à la gaffe"; une version précise „la barque du ciel" (5); ils „hâtent le pas" dans (7).
iconographie: trois serpents dressés, munis de jambes et de bras, les mains en adoration (2), (5); trois êtres de forme humaine à tête de serpent (3); trois cynocéphales les mains en adoration (4).

---

133 Facsimile du déterminatif: 

134 *Cf.* Herbin, *BIFAO* 82 (1982), 246 n. 1; Aufrère, *L'univers minéral* (*BdE* 105/1), 1991, 206; 218–219; 274–275 et n. [b]; *Dendara* I, pl. 44, (linteau de la façade de la première chambre du temple ouest d'Osiris, à gauche); *Edfou* VIII, 135.13–17 (face nord du pylône, tableau au niveau de la terrasse du portique de la cour).

 *Šbtyw*: **Les Chebtyou**[135].

sources: (1) ***Porte d'Évergète* pl. 34**; (2) *Edfou* II, 2.19, n°17 = IX, pl. XLVII, n° 25 (linteau); (3) *Edfou* III, 54.16 = IX, pl. LIV (façade pronaos); (4) BÉNÉDITE, *Philae* pl. LIV, n° 6, 2e groupe (pas d'inscription); (7) *Dendara* travée C, groupe 4 c.

fonction: Ils „rapportent les affaires (au tribunal)"; une version ajoute qu'ils „donnent les consignes qui les concernent (?)" (7).

iconographie: trois serpents dressés munis de jambes (2), et de bras en adoration (7); trois êtres anthropomorphes (3); trois cynocéphales, les mains en adoration (4).

 (1);  (2) *Šdtyw*: **Les Chedtyou**. Voir *s.v. Mḥtyw*

sources: (1) ***Porte d'Évergète* pl. 35**; (2) ***Edfou* III, 52.1-2** = IX, pl. LIII (façade pronaos); (3) *Dendara* X, 259.6 et pl. 115 et 144.

fonction: ils sont „de part et d'autre de l'Occident" (1), „de part et d'autre de la barque Mandjet" (2), „à l'ouest de la barque Mandjet" (3).

iconographie: trois personnages à tête de chacal (2); quatre personnages momiformes (3).

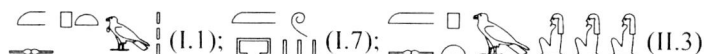

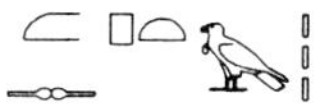 (I.1);  (I.7);  (II.3)

Gsptyw: **Les Gespetyou**; var. **les Gesperou** (BÉNÉDITE, *Philae*, 130.17); volontiers associés aux Outetyou à Dendara.

I Les haleurs. Sources: (1) ***Porte d'Évergète* pl. 35**; (2) *Edfou* II, 2.18, n°16 = IX, pl. XLVII, n°24 (linteau); (3) *Edfou* III, 54.15 = IX, pl. LIV (façade pronaos); (4) *Dendara* travée C, groupe 9 a; (5) peut-être aussi groupe 3 c (restitution de lacune); (6) *Urk.* VI, 97.4; (7) **BÉNÉDITE, *Philae*, 130.17** = pl. XLIV n° 6.

fonction I: Ils „halent la barque divine", certaines versions précisent qu'il s'agit de „la barque du ciel" (2), (3), peut-être (5); à Philae, „ils maîtrisent la barque divine" (7).

iconographie I: trois êtres debout, de forme humaine; l'arrière de leur pagne est orné d'une queue dans (2), (3) et (5); trois personnages à tête d'ibis (4).

II Les consécrateurs. Sources: (1) *Porte d'Évergète* pl. 34; (2) *Edfou* II, 3.2, n°19 = IX, pl. XLVII, n° 27 (linteau); (3) ***Edfou* III, 53.12** = IX, pl. LIV (façade pronaos); (4) BÉNÉDITE, *Philae* 130.16 = pl. XLIV n° 2; (5) *Dendara* travée C, groupe 10 c; (6) *Dendara* X, 259.2 et pl. 115 et 144.

fonction II: Les Gespetyou „consacrent les *dniwt*", quartiers de la lune; variante: ils „consacrent les **Denityou**" (3).

iconographie II: trois êtres de forme humaine, debout, les têtes ne sont pas discernables (2), à têtes humaines probablement (3); à tête d'ibis et les mains dirigées vers le sol (5), (6).

 *Dnityw*: **Les Denityou** (= Ceux-des-Quartiers-de-la-lune); *cf. s.v. Gsptyw*, variante.

sources: (1) ***Porte d'Évergète* pl. 35**; (2) *Edfou* II, 2.9, n°7 = IX, pl. XLVII, n° 15 (linteau); (3) *Edfou* III, 53.12; (4) BÉNÉDITE, *Philae* 130.5 = pl. XLIII, n°1; (5) *Dendara* X, 259.1 et pl. 115 et 144 (restitution de lacune).

fonction: ils sont „dans la nuit", nuit où la lune est visible[136] (1), (2), (4), (5); ils sont consacrés par les Gespetyou (3).

iconographie: trois personnages anthropomorphes et assis (2), (4), debout (5).

---

135 *Cf. supra*, n. 16.

136 *Wb* V, 520, 2.

Il faut ajouter à cette liste un groupe constitué de **Thot** et de ses quatre auxiliaires, **Hou et Sia, Ir et Sedjem**:

sources et iconographie:

Dans la frise de la façade du pronaos d'Edfou (*Edfou* III, 50.10–11 et 12–13 = IX, pl. LIII), ce groupe est abordé de la même manière que les collèges de génies, en étant distribué de part et d'autre d'une des six scènes de soulèvement du ciel par Heh et Hehet.

En revanche, sur la porte nord du pronaos d'Edfou et dans le pronaos de Philae, il est traité séparément, en étant représenté dans la scène centrale de la barque, Thot étant directement sur la barque (*Edfou* II, 3.6 n° 5 = IX, pl. XLVII, n° 33; BÉNÉDITE, *Philae* 130.3 n°2 et pl. XLIII), et les quatre auxiliaires en adoration autour d'elle (Hou et Sia: *Edfou* II, 2.4–5, n° 2–3 = IX, pl. XLVII, n° 9–10; BÉNÉDITE, *Philae*, pl. XLIII; Ir et Sedjem: *Edfou* II, 2.11–12, n° 9–10 = IX, pl. XLVII, n° 17–18; BÉNÉDITE, *Philae*, pl. XLIV).

Ajoutons que Thot, Hou et Sia apparaissent dans des scènes voisines et un contexte similaire, sans Ir et Sedjem:

Thot, Hou et Sia: *Edfou* III, 227.14, 16 et 18 = IX, pl. LXXIII, 5e tableau (barque de la 11e heure); *Dendara*, travée B', registre inférieur, dans la troisième barque (en partant de la gauche)[137];

Hou et Sia: *Dendara* travée B, registre inférieur, dans les deuxième et troisième barques (en partant de la gauche)[138].

---

137 *Description* IV, pl. 18, deuxième travée à partir de la droite; B' selon le plan de BRUGSCH, Thes. I, 3 (Mond- und Sonnenlaufes): barque d'Atoum.

138 *Description* IV, pl. 18, deuxième travée à partir de la gauche; B selon le plan de BRUGSCH, Thes. I, 2 (Sonnenlauf): barques de Khepri et de Rê.

Pl. 1

C'

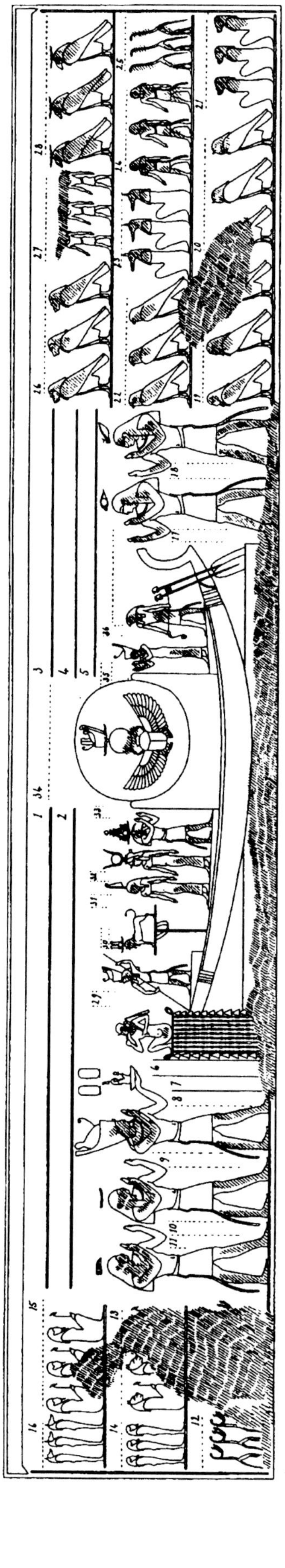

Edfou, pronaos, paroi nord, linteau de la porte de la 2e salle hypostyle (*Edfou* IX, pl. XLVII)

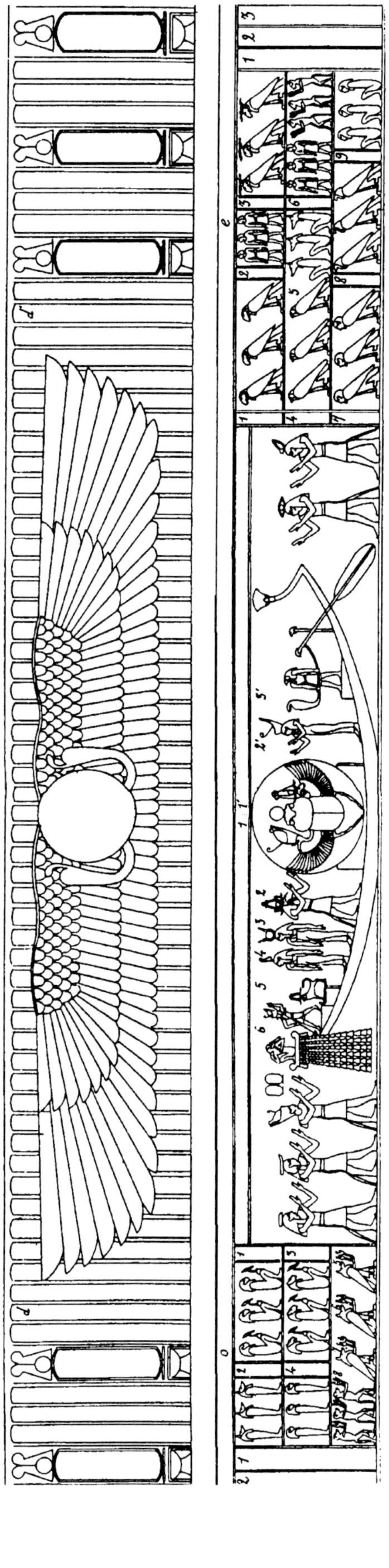

Philae, pronaos (cour), face nord, entablement (*Philae*, pl. XLIIIXLIV)

Pl. 2

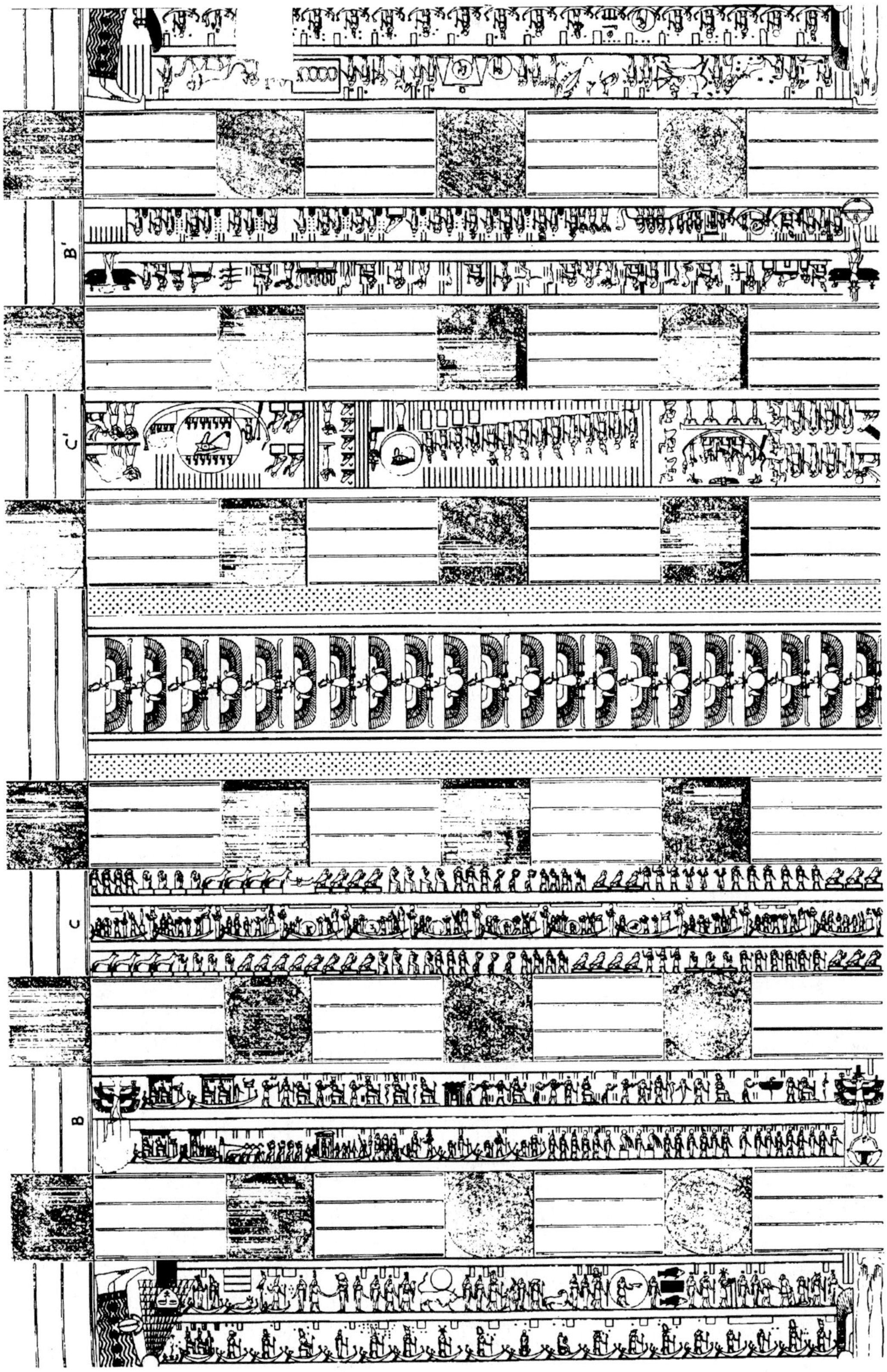

Dendara, plafond du pronaos, partie est, travée C

Pl. 3

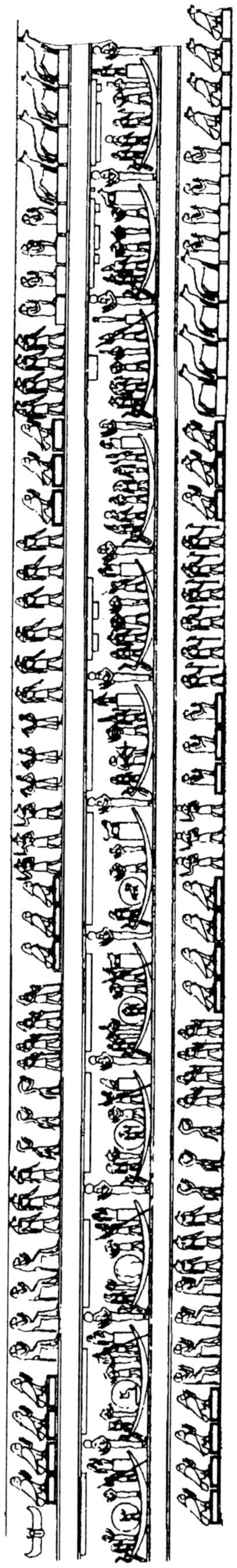

Dendara, plafond du pronaos, partie est, travée C

Behbeit el-Hagara. Le „temple de la fête" et la famille osirienne

CHRISTINE FAVARD-MEEKS

Le „Temple de la fête" est peut-être une façon inattendue d'évoquer *Pr-ḥbitt* (Behbeit el-Hagara)[1] et son temple *Ḥbit*. Ce faisant, néanmoins, on voudrait attirer l'attention sur un point: le nom même du temple, „le pavillon des fêtes" (*Ḥbit*), implique une fonction qui infère le rôle des divinités qui en sont les hôtes.

Certains noms de temples suggèrent une fonctionnalité. En dehors de *Ḥbit*, on retiendra, entre autres, celui d'Opet[2]. Tous deux, d'ailleurs, s'inscrivent dans le cycle osirien: le rôle des divinités du temple d'Opet est d'assurer la naissance d'Osiris, tandis qu'à *Ḥbit*, les mêmes divinités doivent en assurer la renaissance[3]. Bien sûr la fête, dans l'Égypte ancienne, n'est pas le propre de la famille osirienne (ne peut-on pas en dresser un tableau sans parler de Behbeit?). Depuis la plus haute antiquité, le roi, les morts, les dieux égyptiens sont l'objet d'un culte articulé autour de nombreuses festivités. Cependant, Osiris, aux époques archaïques, n'en bénéficie guère. On remarque alors que les plus anciennes fêtes divines, par exemple, impliquent des divinités masculines qu'on aimerait qualifier de „gainées"[4] (Sokar[5], Min[6], Ptah[7]) et qui semblent puiser leur nature dans une phénoménologie commune à laquelle Osiris apportera ultérieurement une spécificité, celle de son identification avec le roi mort auquel il assure, mieux qu'aucun autre dieu, la renaissance par le biais de la momification dont il a bénéficié.

À cette époque la fête, quelle qu'elle soit, est un événement ou la commémoration d'un événement à un moment donné. Mais quand la fête s'identifie à un lieu, on la

---

1 Chr. FAVARD-MEEKS, *Le temple de Behbeit el-Hagara. Essai de reconstitution et d'interprétation* (*SAK* Beihefte 6), Hambourg, 1991. Ci-après cité Behbeit.

2 Ce commentaire est fondé sur une analyse d'une litanie du pChester Beatty IX, *cf.* Behbeit, 441 n. 1239.

3 Cette schématisation peut paraître réductrice dans la mesure où les rituels des temples – par le biais du calendrier, entre autres – cherchent toujours à reconstituer le cycle complet de la divinité majeure.

4 C'est-à-dire ces dieux qui sont en train d'accomplir leur renaissance. Voir E. HORNUNG, *Conceptions of God in ancient Egypt. The one and the many*, London 1983, 107; D. MEEKS, „Le corps des dieux", Le Temps de la réflexion VII, 1986, 187 n. 59. À rapprocher peut-être du dieu Hémag(y) de Behbeit, Behbeit, 367–368.

5 C. GRAINDORGE-HÉREIL, *Le dieu Sokar à Thèbes au Nouvel Empire* (*GOF* IV/28). 1994, 2 n. 2.

6 H. SCHÄFER, *Ein Bruchstück altägyptischer Annalen* (*APAW* 102), 17 n° 9; 28 n° 10. *Cf.* H. GAUTHIER, *Les Fêtes du dieu Min* (*RAPH* 2), 1931, 17–18.

7 PETRIE, *Tarkhan I and Memphis V* (*BSAE* 23), 1913, pl. III d'après BONNET, RÄRG, 614.

trouve, à quelques exceptions près[8], en relation avec la famille osirienne et plus particulièrement avec Isis et Osiris-Andjéty. Il semble légitime de s'interroger à ce propos.

Le radical *ḥ3b/ḥb* pouvait, avant de nommer un lieu, être employé pour qualifier ou décrire un secteur dans un édifice sacré ou une nécropole.

Il faut rappeler brièvement que depuis une époque fort ancienne le mort égyptien a tenté d'assurer à sa statue, donc à lui-même, un service d'offrande quasi permanent. Cette permanence, que le culte filial ne garantissait pas nécessairement, fut recherchée auprès du roi, puis auprès des dieux dans leur lieu de culte. On pense ainsi aux contrats d'Hapidjéfaï[9]. À ma connaissance l'espace, où cette statue était alors déposée dans le temple, n'est pas nommé. Au Nouvel Empire, la *wsḫt ḥbit* des temples divins (où se déroulent certains épisodes des fêtes du calendrier liturgique organisés autour de la personne du roi et du dieu), est bien attestée comme étant, entre autres[10], le lieu où des dignitaires pouvaient placer leur statue afin qu'elle y bénéficie d'un service d'offrandes[11]. Dans ce contexte, Isis et Osiris ne jouent pas un rôle plus important que celui des autres dieux.

Parallèlement, on relève au Nouvel Empire des exemples d'espaces nommés *ḥbit*, sans valeur toponymique réelle. Ces habitacles[12] abritaient la statue du mort qui pouvait ainsi bénéficier directement des offrandes accordées lors des différentes fêtes. Grâce à certains documents[13], on sait que ces habitacles[14] étaient situés dans une nécropole ou sur le chemin qui y menait[15]. Il semble qu'ils aient été de faibles dimensions[16].

---

8 *Cf.* infra, les plus anciennes mentions de *Pr-ḥbit(t)*, n. 25–28.

9 Pour une bibliographie de ces textes, voir A. SPALINGER, A redistributive pattern at Assiut, dans: *JAOS* 105 (1985), 7–20.

10 L. GABOLDE, La « cour de fêtes » de Thoutmosis II à Karnak, dans: Karnak IX, 1993, 60–61. L'étude exhaustive que l'auteur fait de cette « cour de fêtes » révèle pas cette fonction.

11 Selon l'inscription de la statue de Maanakhtouf (*Urk.* IV, 1483.9–12) où le mort souhaite que sa statue demeure dans la *wsḫt ḥbjt* pour „*respirer le parfum de l'encens sur le feu et absorber l'eau qui s'écoule des autels*". Exemple cité dans Behbeit, 436 n. 1193.

12 Behbeit, 437.

13 PapTurin 1907–1908 = J.J. JANSSEN, A Twentieth-Dynasty Account Papyrus, dans: *JEA* 52 (1966), 90–91 n. d; aussi infra, n. 15–16. À Deir el-Médineh, peu de textes hiéroglyphiques attestent ce type d'habitacle. Voir cependant l'exemple de la tombe de Hormes (BRUYÈRE, Deir el-Médineh (*FIFAO* 6.2), 1929, 38 n° 2, Fig. 11 n° 8; *FIFAO* 16, 1939, 195, pl. XIX,1; *FIFAO* 20.3, 1952, [26]–30).

14 La *ḥbjt* à Deir el-Medineh semble avoir le même statut „de petits bâtiments funéraires ou cultuels" que le *mr* ou le *ḥnw* (*cf.* D. VALBELLE, *«Les Ouvriers de la Tombe». Deir el-Médineh à l'époque ramesside* (*BdE* 96), 1985, 255 n. 1).

15 pBoulaq 10 V° 3, 11 = J.J. JANSSEN / P.W. PESTMAN, Burial and inheritance in the community of the necropolis workmen at Thebes, dans: *JESHO* 11 (1968), 145 l.3; l. 11; 147; 158–160. On retient le terme „*mrjt*" désignant la berge, voire le débarcadaire. L'attestation indiquant que la *ḥbjt* est à côté d'une „*jsbt*" n'apporte aucun renseignement précis (ce terme pourrait évoquer, un endroit couvert où on peut s'asseoir; *cf.* J.-M. KRUCHTEN, *Le Décret d'Horemheb. Traduction, commentaire épigraphique, philologique et*

D'ores et déjà, on peut mettre en évidence que la „cour des fêtes“ (*wsḫt ḥbit*) ou l'habitacle de la statue (*ḥbit*), constituent des points temporaires de rencontre entre les mondes divin et funéraire et ce par le biais du culte de la statue au moment de la fête[17].

C'est à la fin du règne d'Aménophis III et sous celui d'Akhénaton qu'apparaît la première attestation de *Ḥbi*[*t*][18], espace sacré, qu'on propose de traduire „pavillon des fêtes“, parce que l'idéogramme de la fête évoque une construction légère[19]. Bien que son inscription soit susceptible d'interprétations diverses, un manche de sistre[20] portant le cartouche d'Aménophis III, révèle que l'un des plus anciens exemples de *Ḥbi*[*t*] dans un contexte de festivités royales, serait en relation avec l'Ennéade.

Plus significatif est l'exemple publié par Cl. TRAUNECKER[21], résultant de la reconstitution d'une liste d'imposition établie sous le règne d'Akhénaton et qui semble fournir la seule attestation où Isis, *Ḥbit* et „Per-Aset“ (Maison d'Isis) soient associés. Mais cet exemple est également d'interprétation incertaine: la *Ḥbit* n'est qu'un lieu de culte qu'on peut retrouver en plusieurs points d'Égypte[22]. Qui plus est, nous aurions ici la seule mention d'une Per-Aset en relation avec Behbeit[23]. Le rappel de ces différentes attestations ne vise qu'à souligner le caractère incertain des plus anciennes attestations. Il faut retenir néanmoins que, sur les talatates de Karnak, Isis est bien la Dame de *Ḥbit*. C'est le point le plus important. *Ḥbit*, dans cet exemple, n'est pas un simple substantif désignant un quelconque habitacle de statue ou de stèle[24]: il désigne bien un lieu sacré en relation avec Isis.

---

institutionnel (*Université libre de Bruxelles. Faculté de Philosophie et Lettres* 82), Bruxelles 1981, 36 qui privilégie la notion de siège ou VALBELLE, Ouvriers de la Tombe (*BdE* 96), 1985, 253, n. 17 celle de cabane, lieu de repos).

16 oDeM I, 586,7 = JANSSEN–PESTMAN, *JESHO* 11 (1968), 158–160.

17 Voir, entre autre, Behbeit, 438.

18 Je ne retiens pas ici le terme *ḥbjt* = bassin connu par une inscription du Ouadi el-Khagg et datant du règne de Pépi Ier. Voir G. GOYON, Le papyrus de Turin dit « des mines d'or » et le Wadi Hammamat, dans: *ASAE* 49 (1949), 370 n. 2 et fig. 13.

19 La traduction proposée par GABOLDE, Karnak IX, 1993, 32, „cour de cérémonie“ ne semble pas justifiée.

20 R.D. ANDERSON, Catalogue of Egyptian Antiquities in the British Museum, III. Musical Instruments, British Museum Publications, Londres, 1976, 59 n° 84; Behbeit, 438.

21 Cl. TRAUNECKER, Données Nouvelles sur le début du règne d'Aménophis IV. et son Œuvre à Karnak, dans: *JSSEA* 14 (1984), 63.

22 *Cf.* Behbeit, 438 n. 1207 où Isis, dame de *Ḥbjt*, est mentionnée sur une statue de la fin de la XVIIIe dynastie provenant de la nécropole de Saqqarah (J. BERLANDINI, Varia Memphitica I (I), dans: *BIFAO* 76 (1976), 310 n. 6). Avant d'être liée à Behbeit, la *Ḥbjt*-espace sacré semble en relation avec les résidences royales.

23 Behbeit, 439–440.

24 En ce sens, N. DE GARIS DAVIES, „A high Place at Thebes“, in: Mél. Masp. I, 241.

Parallèlement, les deux plus anciennes attestations du toponyme *Pr-Ḥbit(t)* datent aussi du règne d'Aménophis III et d'Akhénaton et proviennent des palais royaux de Malgata et d'Amarna[25]. Ce sont des étiquettes de jarre[26] indiquant la provenance du vin produit, entre autres, dans les domaines royaux. Cependant, les trois attestations de Malgata fournissent peu de renseignements car HAYES, leur éditeur, n'indique pas le lieu précis de cette trouvaille sur le site[27], contrairement aux autres étiquettes. Qui plus est, cette livraison de vin n'est pas particulièrement liée à une fête-Sed, cette fête n'ayant pas été célébrée en l'an 35 d'Aménophis III. En ce qui concerne l'étiquette d'Amarna, elle n'indique pas la nature du contenu de la jarre[28]. En revanche, elle livre deux toponymes: le „Chemin oriental" et, après une lacune, Behbeit, sans autre précision. *Pr-Ḥbit(t)* y est déterminé par un serpent lové, laissant à penser que le lieu se réfère à une déesse. Ces graphies ne paraissent pas cependant se rapporter à Isis et son éventuel patrimoine.

Au tout début de la XIXe Dynastie, sous le règne de Sethi Ier, le Pap. Butler 534[29], livre un exemple particulièrement intéressant. Des militaires garantissent à Osiris-Khentymentyou trois offrandes de nature différente, des *ḥbit*, des nattes-*ḥtp* et des palanches (?)-*m3dw*. Il est généralement admis que ce dernier mot, dans ce type de texte, désigne l'offrande de fête. Cependant, si on accorde quelque intérêt au déterminatif utilisé pour préciser le sens du mot, il s'agit bien dans cet exemple, d'un espace construit[30] qu'on pourrait éventuellement comprendre comme un habitacle portatif. Le renseignement est capital et fournit sûrement le plus ancien témoignage de l'association d'une forme d'Osiris à une *ḥbit*. Son intérêt est d'autant plus grand qu'on peut le mettre en parallèle avec le tableau d'offrande d'une chapelle du temple funéraire de Séthi Ier à Gournah où le roi fait une libation à Osiris-Andjéty assis sous un dais, tandis qu'Isis, „maîtresse de *Ḥbit*", et „Anubis de *R3-qrrt*" sont représentés derrière lui, à l'extérieur[31]. Isis, dans ce tableau est représentée faisant de la main, un geste de protection à l'égard d'Osiris, geste qui lui

25 Il me paraît utile de reprendre une documentation déjà exploitée (*cf.* Behbeit, 435 suiv.), ne serait-ce que pour éclairer différemment des sources connues de longue date, pour l'essentiel.

26 W. HAYES, Inscriptions from the Palace of Amenhotep III, dans: *JNES* 10 (1951), 89; fig. 6 n°41; J.D.S. PENDLEBURY, *The City of Akhenaten. Part III: The Central City and the Official Quarters* (*EEF* 44), 1951, 166 n° 9; pl. XCVI n° 308.

27 HAYES, o.c., 39 (donnant la répartition des trouvailles).

28 PENDLEBURY (o.c., 163) précise que l'exemple est douteux.

29 pBM 10333 = K*RI* VII, 13 suiv.; Behbeit, 437 n. 1202. Cet habitacle pourrait être portatif.

30 Le déterminatif utilisé est celui de la maison.

31 Behbeit, 437–438 n. 1206.

sera, par la suite coutumier[32]. Et ce geste est même décrit: la déesse place sa main derrière la tête du dieu afin de protéger son corps[33]. Avec la *ḥbit* du pButler, l'eventuel réceptacle d'une statue d'Osiris[34], ces deux sources documentaires, datant du même règne, mettent en place une thématique qui sera, en partie, celle du temple de Behbeit.

Les exemples ultérieurs, bien que rares jusqu'à la XXVe dynastie, ne cesseront de confirmer ce lien. Isis s'est approprié cet espace sacré et on ne peut que supposer qu'elle a reçu l'épithète „Dame de *Ḥbit*“, dont elle a jusqu'à une époque tardive la quasi exclusivité[35], du fait du rôle[36] qu'elle joue au moment de fêtes majeures. Rien, en fait, ne permet de définir d'emblée la fonction d'Isis, dame de *Ḥbit*. Les informations que l'on peut éventuellement tirer de l'inscription géographique de Ramsès II du temple de Ptah à Mit Rahineh sont ambiguës[37]. On constate, en effet, que le texte qui accompagne la personnification du territoire de *Sḫt-Ḏ*ᶜ présente une structure inhabituelle. Là où on attendrait un terme désignant le contenu de l'offrande on lit *nbt ḥbit*. Le déterminatif de l'expression ayant disparu, on ne sait s'il faut la traduire „la dame des offrandes“ ou „Dame de *Ḥbit*“. Cela ne nous éclaire donc pas sur les liens d'Isis avec le lieu *Ḥbit*.

On est tenté, dès lors, de combiner deux approches: l'une tentera de cerner la personnalité d'Osiris-Andjéty qui est l'objet, dans le temple de Behbeit, sous ses différents aspects, de rites qui ne doivent rien au hasard, l'autre prendra pour thème Isis et son rôle à l'égard du dieu.

Dans le temple de Nectanébo II à Behbeit, ce dieu est figuré, comme à Abydos, en costume des vivants et campe donc un personnage différent des autres aspects d'Osiris, connus par ailleurs. Andjéty[38] est un dieu anciennement attesté. Il est mentionné dans les Textes des Pyramides dans un contexte précis. La première attestation connue le décrit comme étant à la tête des nomes orientaux où il fait pendant à Anubis à la tête des Occidentaux[39]. Dans les pyramides d'Ounas et de Téti, son nom est graphié phonéti-

---

32 On retrouve ce même geste à Abydos: CALVERLEY–GARDINER, Abydos III, 1938, pl. 15, où Andjéty est également figuré en costume des vivants.

33 CHAMPOLLION, Notices Descr. I, 699–700 (voir aussi p. 304).

34 On pourrait penser aussi à un simulacre en terre de ce dieu par exemple, bien qu'il n'y ait pas, à cette époque, de témoignage sur la réalisation de ces statues annuelles. Mais voir C. GRAINDORGE-HÉREIL, Le dieu Sokar (*GOF* IV/28), 1994, 185.

35 Mais, comme on vient de le constater, les exemples de l'épithète sont trop rares pour que l'on puisse être totalement sûr du caractère exclusif de ce lien.

36 Elle est la déesse-ritualiste, par excellence, en sa qualité de *wꜣḥ-jḫt*, rôle qu'elle emprunte à Hathor.

37 K*RI* II, 490.9.

38 BONNET, RÄRG, 38.

39 Pyr. § 220c. Voir aussi § 1833d.

quement avec, comme déterminatif, le signe du bassin, tandis que dans celles de Meriré et de Pépi II, il est représenté de la même façon que l'emblème de son nome. L'image du dieu est bien typée: anthropomorphe, coiffé de la double plume, un bandeau noué derrière la nuque, il tient, de la main droite un sceptre, semblable au sceptre héka, et le flagellum dans la main gauche. Dans la pyramide de Pépi II, seule la tête avec sa couronne caractéristique et les deux bras tenant les insignes sont représentés. Dans Pyr. § 614a, une formule l'associe à Horus: „*Horus te fait revivre en ce tien nom d'Andjéty*". Là encore, dans la pyramide de Téti, la graphie est phonétique et le nom est déterminé, cette fois-ci, par un oiseau (un faucon?) sur un étendard, portant la double plume. En revanche, dans la pyramide de Mériré, il est représenté de la même façon que l'emblème du nome. L'ambiguïté entre Andjéty-dieu et Andjéty-territoire est donc présente dans les Textes des Pyramides. Signalons, au passage, que cette double manifestation (espace et dieu) n'est pas propre à Andjéty et qu'elle se retrouve avec d'autres divinités telles que Methyer ou Hathor[40].

En dehors de ces textes, la Pierre de Palerme apporte deux renseignements intéressants, tous deux datés du règne de Sahouré[41], concernant le nome d'Andjéty. Ce texte indique que le roi de Haute et de Basse Égypte, en l'an 5 de son règne, a offert un terrain de 2 aroures dans le nome Andjéty pour le dieu *Msn-ẖt* (?) et un terrain de même superficie pour le dieu *Sm-ẖt* (?) également dans le nome Andjéty.

Le nom des deux divinités bénéficiant du don royal n'est pas attesté ailleurs, à ma connaissance. Remarquons tout d'abord que chacun de ces deux noms est déterminé par une figure momiforme ou plutôt gainée[42]. Ce fait est particulièrement important puisque, pour l'ensemble des textes de la Pierre de Palerme, lorsqu'un nom de divinité est pourvu d'un déterminatif, celui-ci représente, de façon assez précise, la divinité concernée.

Comme le Professeur Ph. DERCHAIN me le fait remarquer, les noms de ces deux divinités devraient être lus respectivement *Msn-ẖt* et *Sm-ẖt*, le signe hiéroglyphique de la branche figurant dans les deux noms, avant le signe momiforme[43]. Ces deux lectures, cependant ne s'apparentent à aucun nom de divinité connu et ne paraissent pas avoir

40 Chr. FAVARD-MEEKS, *Les Polythéismes*. Action thématique programmée CNRS, 1986, 67–75. Voir aussi Behbeit, 363 n. 428. La vache divine. Enquête sur ses espaces et ses fonctions. Rappelons que Methyer, dans les Pyr., en tant qu'espace, est le support du démiurge tandis qu'Hathor est l'espace d'Horus dans un monde organisé.

41 *Urk*. I, 244, IX, X. Voir A. ROCCATI, *La littérature historique sous l'Ancien Empire égyptien*, Paris 1982, 46–47.

42 Supra n. 4.

43 A. ROCCATI, o.c., propose toutefois les traductions „harponneur" (donc *Msnw*) et „Sem" (donc *Sm*).

survécu dans les textes tardifs[44]. Quoi qu'il en soit, les deux seules effigies divines **gainées** de la Pierre de Palerme dépendent du territoire d'Andjéty.

La tradition propre à ce dieu dans les textes des tombes thébaines privées du Nouvel Empire se rattache à celle des Textes des Pyramides avec quelques variantes[45]. En revanche, les Textes des Sarcophages nous apportent un renseignement nouveau: c'est sur le territoire d'Andjéty que le „grand dieu“ s'est noyé[46].

Les liens spécifiques de ce dieu avec la fête – qui est le propos de cet exposé – sont révélés, comme nous l'avons déjà indiqué, dans le temple de Gournah, par la présence de la Dame de *Ḥbit*. Néanmoins, ses liens avec Behbeit, à la Troisième Période Intermédiaire, ne sont pas évidents.

Le passage du Papyrus du Delta consacré à Behbeit concerne, rappelons-le, le site même et non la *Ḥbit* en tant qu'édifice. Il ne s'agit pas d'introduire ici une vague nuance mais d'établir un lien entre deux logiques distinctes. Andjéty n'est pas présent dans cette notice en tant que dieu, seul son territoire est cité. Nous avons donc d'une part la *Ḥbit* dont Isis est la maîtresse mais dont le rôle mythologique et rituel est pour ainsi dire inexistant, tant l'espace ainsi désigné est difficile à cerner à l'origine et, d'autre part, un site déterminé, Behbeit, connu dès le Nouvel Empire comme producteur de vin, abritant par la suite une garnison de Medjaï[47], et faisant l'objet, dès la Troisième Période Intermédiaire, de spéculations mythologiques extrêmement complexes où la personne d'Isis n'est encore présente qu'à travers le rôle dévolu à Chentayt[48] et où seul le territoire d'Andjéty est cité.

---

44 Sous toutes réserves, on pourrait lire *Msnḫt* le premier nom, ce qui ne serait pas sans rappeler l'épithète appliquée à Chentayt (Mesnakht, „la Revigoreuse“) lorsque, dans certains textes tardifs, elle se trouve étroitement liée aux rites de revivescence d'un des simulacres d'Osiris. „La Revigoreuse“ reprend la traduction de J. YOYOTTE, d'après S. CAUVILLE, Chentayt et Merkhetes, des avatars d'Isis et Nephthys, dans: *BIFAO* 81 (1981), 23. Voir aussi S. CAUVILLE, Une offrande spécifique d'Osiris: le récipient de dattes (*m ꜥḏꜣ n bnr*), dans: *RdE* 32 (1980), 55 n. 59–56; F.R. HERBIN, *Le livre de parcourir l'éternité* (*OLA* 58), 1994, 123, II, 6). L'hypothèse que *Msn-ḫt* (?) de la Pierre de Palerme puisse appartenir à la même tradition que celle de „la Revigoreuse“ des textes tardifs, ne serait pas illogique puisque nous avons affaire à une divinité „gainée“ qu'il serait bien tentant d'identifier à un Osiris „revigoré“, autrement dit un des simulacres de ce dieu liés à l'activité de Chentayt.

45 DAVIES, Rekh-mi-Rēꜥ, pl. CIV; P.F. DORMAN, *The tombs of Senenmut (MMA Egyptian Expedition XXIV)*. New York 1991, pl. 79 col. N 14; *cf.* p. 112 N 14.

46 CT IV, 331g.

47 Garnison attestée sous le règne de Ramsès IX; *cf.* Behbeit, 443 n. 1259.

48 Dans le temple actuel, Chentayt n'est pas présente. Ce constat doit cependant tenir compte des lacunes de la reconstitution proposée. On ne la trouve pas figurée dans le programme cultuel représenté en façade mais elle est pourtant mentionnée sur un monument du vizir de Nectanébo II en rapport avec

Cependant, toujours dans la notice du Papyrus du Delta concernant Behbeit[49], la personnalité d'Osiris s'est enrichie. D. MEEKS a bien voulu que j'utilise, ici, quelques passages de ce document qui contient aussi des informations qui ne recoupent pas totalement les textes plus tardifs. D'après le papyrus, trois simulacres sont confectionnés:

1. un dieu – *ꞽwstn* (= Isden) – a modelé (*ḫws*)[50] une momie (*sꜥḥw*), le jour de la fête de l'éternité-*ḏt*[51], faite de terre arable (*ꜣḥt*) et d'argile (*sjn*) pure. Le *Sr wr* d'Andjéty (= espace aquatique) devient de lui-même un faucon divin[52] (...), Chentayt[53] est préposée à sa garde et fixe (*srwd*) son visage de façon à ce qu'il soit celui d'un faucon Sia[54].
2. Horus étant chagriné de ne plus voir son père[55] Thot le réconforte en modelant (*ḫws*) une nouvelle momie (*sꜥḥw*) de terre (*tꜣ*), dans sa forme spécifique (*jrw*).
3. Onnophris a été redressé dans sa forme (*jrw*), le jour de „dresser l'échelle"[56] et son image (*qꜣj*) est modelée (*nbi*) dans de la terre arable (*ꜣḥt*) le jour de nouer les amulettes.

On peut d'ores et déjà souligner que ces simples statues de terre – certainement fabriquées annuellement – ne semblent pas s'apparenter aux simulacres du Nouvel Empire[57], comme cela a déjà été dit plus haut, ni à ceux des époques plus tardives dont l'élaboration est beaucoup plus complexe[58].

Behbeit; *cf.* DE MEULENAERE, Le vizir Harsiêsis de la 30e dynastie, dans: *MDAIK* 16 (Fs Junker II, 1958), 235 n. 5 (statue de Moscou, Doc. 3).

49 pBrooklyn 47.218.84, ici abrégé „PapDelta"; *cf.* Behbeit, 162 n. 708; 346 n. 256; 357 n. 367; 360 n. 405; 414–415 n. 950; 438 n. 1211; 443 n. 1263; 1265 (lire fête-*ḏt*); 445 n. 1286; 450 n. 1324, 1329; 452 n. 1349; [459] n. 1441, 1443.

50 *Cf.* M.-Th. DERCHAIN-URTEL, *Thot a travers ses épithètes dans les scènes d'offrandes des temples d'époque gréco-romaine* (*Rites Égyptiens* 3), Bruxelles 1981, 119 suiv. pour l'activité de „bâtisseur" de ce dieu.

51 Infra, n. 71.

52 Behbeit, 253.

53 CAUVILLE, *BIFAO* 81 (1981), [21]-40. Voir en particulier (p. 22 n. 4) la remarque de l'auteur sur l'appartenance de Chentayt au cycle d'Osiris Andjéty de Bousiris dans le temple de Sethi Ier à Abydos.

54 Serait-ce le masque que l'on fixe sur certains simulacres osiriens? *Cf.* D. KESSLER, Historische Topographie der Region zwischen Mallawi und Samalut, pl. VII–X.

55 Comparer GOYON, *Rituels funéraires*, 116–117 (scène XII du Rituel d'Ouverture de la bouche).

56 Cette fête appartient à la tradition des funérailles sokaro-osiriennes: *cf. Edfou* IV, 115.3.

57 *Cf.* GRAINDORGE-HÉREIL, Le dieu Sokar (*GOF* IV/28), 1994, 189 suiv.

58 CHASSINAT, Le Mystère d'Osiris au mois de Khoïak I–II, Le Caire 1968, 811 (Livre II); 813 (Livre III), 814–815 (Livre V), 820–821 (Livre VI), 822 (Livre VII); la pagination renvoie à la traduction continue de ces textes. pSalt 825 (Derchain), I, 143–144; II, 17*, 18*. Voir aussi, Chr. FAVARD-MEEKS, *La vie quotidienne des dieux égyptiens*, Paris 1993, 246–257.

Pr-ḥbit(t) aussi nommée *St-wꜣḥ-jḫt* dans le papyrus[59], est donc un lieu de fabrication de momies de terre qui n'empruntent guère, selon toute apparence, à la tradition de l'Osiris végétant. Par le biais du rôle de Chentayt on aurait aimé établir un parallèle entre la déesse de la Cuve de Coptos[60] et celle du Papyrus du Delta. Mais, dans ce dernier document, elle apparaît en tant que protectrice du *Sr wr* (qui opère lui-même une transformation tandis qu'elle fixe son visage de faucon-Sia). Si l'interprétation est correcte, la transformation en faucon est le résultat de l'action du *Sr wr* sur lui-même (*ḫpr-ḏs.f*) et de Chentayt. Qui plus est, ce texte décrit trois simulacres de momies faits, chacun, de terres différentes, prétextes selon les cas, à des fêtes importantes.

Le fait que Behbeit soit une *st-wꜣḥ-jḫt* permet de supposer l'existence de nombreux rites sans pouvoir en dresser, toutefois, un tableau vraiment sûr, dans la mesure où les traditions que l'on peut cerner ont beaucoup évolué. Ici il convient, peut-être, de rappeler que le rite *wꜣḥ jḫt* intervient en des circonstances différentes liées aux pratiques et aux rites de la nécropole. La plus ancienne des attestations le situe au moment des funérailles[61] quand le mort, ayant atteint sa sépulture, bénéficie du service d'offrande (*wꜣḥ jḫt*), accompagné de lamentations[62], ce qui semble constituer le moment essentiel de la cérémonie. Dans cet exemple, le rite est destiné au corps du défunt. À partir du Moyen Empire, le rite – qui introduit des offrandes de natures différentes[63] – est mis en œuvre lors de fêtes funéraires et s'adresse plus particulièrement à la statue du mort qui bénéficie ainsi des manifestations festives de la nécropole souvent placées dans la dépendance du temple local. Les deux manifestations de ce culte destinées au corps ou à la statue du défunt reconnues dans les pratiques funéraires privées, pourraient peut-être aussi impliquer la statue de culte du dieu funéraire et son „corps“, sous forme de simulacres enterrés annuellement. On admettra que cette proposition, pour les périodes anciennes, se fonde sur des indices assez ténus. C'est au Nouvel Empire que la fête *wꜣg*[64],

59 On notera que *st-wꜣḥ-iḫt* désigne Behbeit dans le papyrus, mais que dans le temple même, cette désignation ne se trouve mentionnée que dans le sanctuaire d'Isis et dans la chapelle nommée *Pr-qꜣ*.

60 J. YOYOTTE, La cuve osirienne de Coptos, dans: *AnnEPHE* 86 (1977–1978), 163–172.

61 J. SETTGAST, Bestattungsdarstellungen, 24–25.

62 Behbeit, 402–403.

63 Behbeit, 405.

64 HERBIN, Livre de parcourir l'éternité (*OLA* 58), 1994, 148, III, 5; 194, V 1–2 213, V 29; 231–232, VI 26–27. Voir aussi A. SPALINGER, A Return to Papyrus Ebers, dans: *BES* 10 (1989–90), 143–144; Night into Day, dans: *ZÄS* 119 (1992), 147 n. 21. U. LUFT, *Die chronologische Fixierung des ägyptischen Mittleren Reiches nach dem Tempelarchiv von Illahun* (*Österreichische Akademie der Wissenschaften, Phil.-Hist. Kl. Sitzungsberichte, 598. Band. Veröffentlichungen der ägyptischen Kommission* 2, hrsg. v. M. BEITAK), Wien 1992, 150–152, 221.

ainsi que les fêtes d'Epiphi[65], captent de façon certaine ce rituel[66]. La tombe de Néferhotep[67] nous éclaire sur le contenu de ces fêtes. Hormis la fête *w3g*[68] (qui n'est pas citée dans le Papyrus du Delta), lors des fêtes d'Epiphi, on assiste à un dépôt d'offrandes (*w3ḥ jḫt*) destiné à la statue du défunt, suivi d'un arrosage de grains[69] et de l'ouverture de la chambre à coucher. Dans la „formule pour installer la chambre à coucher", il est annoncé que le défunt Néferhotep a été engendré par Isis (lors des fêtes de Khoiak, la déesse actrice des rites est Nout)[70]. La fête qui dure huit jours s'achève sur un autre dépôt d'offrandes et sur une onction de la statue du défunt. La confrontation du contenu de cette fête telle qu'elle est décrite dans la tombe de Néferhotep avec celui du Papyrus du Delta ne permet pas d'établir beaucoup de parallèles. Les fêtes d'Epiphi sont les premières fêtes mentionnées dans ce document: „*la fête Epiphi (jpjp), le 3e mois de Chémou*" et „*la fête de sa Majesté, le 3e mois de Chémou*". Si dans ce dernier document on retrouve la double composante dépôt d'offrande-lamentations, le rite *w3ḥ jḫt* étant effectué par Hathor, la chanteuse du lieu, on n'y retrouve pas l'évocation des rites de fécondité, les simulacres n'étant faits que de terre (sans mention de céréales). On doit aussi retenir que la présence de la déesse Isis dans la tombe du Nouvel Empire lors des fêtes „Epiphi" est attestée dans des épisodes qui ne se retrouvent pas dans la notice du Papyrus.

Les autres fêtes mentionnées dans ce Papyrus impliquent le dieu Osiris sous différentes formes. Il s'agit tout d'abord de la fête de l'éternité-*ḏt*[71]. Cette fête, conduite le premier jour (?) du mois de Thot, est également en relation avec le dépôt d'offrandes-*w3ḥ jḫt*. Elle célèbrerait „l'année révolue"[72]. Rappelons que c'est en ce jour qu'un simulacre d'Osiris est fabriqué par Thot. Les autres fêtes („*le jour de nouer les amulettes*", „*le jour de dresser l'échelle*") sont toutes en relation avec les étapes de régénérescence du corps d'Osiris.

À la XXVe Dynastie, les mentions de *Ḥbit* deviennent de plus en plus fréquentes. Le culte d'Isis et de son fils a pris un essor considérable et Osiris en leur compagnie est alors décrit comme étant „dans (*m*) *Ḥbit*"[73]. Il est difficile de ne pas supposer, à partir de

65 Behbeit, 407.
66 Voir GRAINDORGE-HÉREIL, Le dieu Sokar (*GOF* IV/28), 1994, 550 suiv. „les données calendériques".
67 R. HARI, La tombe thébaine du père divin Neferhotep (TT 50), Genève 1985, pl. 39, p. 53–54.
68 Behbeit, 406.
69 Évocation probable d'un Osiris végétant.
70 GRAINDORGE-HÉREIL, Le dieu Sokar (*GOF* IV/28), 1994, 185 suiv.
71 HERBIN, Livre de parcourir l'éternité (*OLA* 58), 1994, 193, IV.31–V.1; *cf.* 345.
72 HERBIN, o.c., 193.
73 Sur la célèbre statue de la Dame Takoushit, qui aurait été trouvée à Boubastis, *cf.* Behbeit, 444–445.

certaines attestations, qu'une *Ḥbit* existait dès lors à Behbeit[74]. Cet espace sacré devait constituer une étape majeure du rituel bousirite mis en oeuvre au moment des fêtes. A l'époque saïte, cela paraît certain. En effet, Nectanébo Ier, sur un de ses monuments, nous rappelle que le culte des statues royales des derniers rois saïtes perdurait de son temps dans le temple. Tel Osiris-Andjéty, ces rois étaient venus chercher en ce lieu une assurance d'éternité que la fondation de Nectanébo II amplifia en mettant en place les rites de *Nṯrj*[75]. Behbeit capte alors l'essentiel des rites osiriens de la nécropole et de ses fêtes garantissant au roi un potentiel de régénérescence grâce au jeu combiné des funérailles divines et des différentes étapes de renaissance telles qu'on les perçoit à travers le rite *w3ḥ-jẖt* dont Isis et Horus sont dorénavant les acteurs.

Les simulacres d'Osiris, à Behbeit, sont des effigies – substituts du corps divin ou du corps des rois – qui captent le pouvoir de survie, de renouvellement voire de transformation, que la fête organise et commémore.

La notion de fête dans l'Égypte ancienne précisément associée à la *Ḥbit* implique donc:

- le monde funéraire en général (qui s'est construit d'abord autour de la conservation du corps du défunt),
- la nécropole que différentes divinités investissent petit à petit et dont Osiris deviendra le maître absolu,
- le culte de la statue de pierre, de bois, de terre, image du mort ou du dieu.

On en déduit que la fête puise ses racines dans le monde funéraire et le culte des ancêtres.

En guise de conclusion on soulignera que, grâce à une accumulation de rites funéraires et festifs à Behbeit, le roi mort devient un Osiris vivant – celui qui n'est plus momifié[76], la „fête" assurant sa survie permanente.

74 Le *Ḥwt nṯr* de Behbeit n'apparaît toutefois que dans des textes de la XXXe dynastie.

75 Behbeit, [370]-suiv.

76 L'image d'Osiris-Andjéty dans le temple est encore celle de l'idéogramme de son nom aux époques les plus anciennes.

1 ASSMANN, Liturgische Lieder, 246 ff.

Festlieder zum Auszug Gottes

SIBYLLE MEYER

Feste spielen im ägyptischen Kult eine große Rolle und sind in gewissem Sinne der Gegensatz zum alltäglichen Ritual. Immer sind sie begleitet von Ritualtexten und Liedern, die uns mehr oder weniger ausführlich überliefert sind und uns Aufschluß über Art und Ablauf eines Festes geben können. Mittelpunkt eines Festes bildet meist die Prozession, der Auszug einer Gottheit aus dem Allerheiligsten, und auf dieses Ereignis beziehen sich die „Festlieder"; weitere Texte geben Ritualhandlungen vor und nach der Prozession wider. All dies möchte ich unter dem Begriff „Festliturgie" zusammenfassen. Dabei stellt sich zuerst einmal die Notwendigkeit nach einer Definition einer solchen Textgattung „Festliturgie" heraus, die sich aus den ägyptischen Texten nicht von selbst ergibt und oftmals allein durch ihren „Sitz im Leben", aber auch durch die charakteristische sprachliche Form zu erkennen ist.

Im folgenden möchte ich mich auf einen Teil der Festliturgien konzentrieren, das „Festlied". Oft sind solche „Festlieder" eingebunden in andere Textcorpora, wie z. B. Sonnenhymnen, Texte zum täglichen Kultbildritual, Krönungstexte u. a.

Basierend auf Jan ASSMANN[1] läßt sich *eine* Textgattung, das **„Chorische Festlied"** anhand seiner eigentümlichen Sprachform klar erkennen und abgrenzen. Das Festlied besingt die Freude und den Jubel aller Götter und der ganzen Welt anläßlich des Auszuges der Gottheit in seiner Barke im Rahmen eines Festes.

Im folgenden möchte ich anhand einiger Textbeispiele aus dem Kontext des Opet-Festes versuchen, die Komplexität solcher Festlieder näher zu beleuchten. Ferner gilt es, andere Textgattungen, die hier Eingang gefunden haben, zu bestimmen und schließlich das oben erwähnte „Chorische Festlied" selbst, das in gewissem Sinne die Summation des gesamten festlichen Geschehens beschreibt, vorzustellen.

Vorab einige Fakten zum Opetfest selbst.

Darstellungen finden sich in:

– Deir el-Bahari (Oberer Hof, Süd-Seite)[2]

---

2 PM II², 356 (74)–(75); Deir el-Bahari V, 1906, pl. 123; J. KARKOWSKI, Deir el-Bahari 1972–1973 (travaux égyptologiques), in: *ET* 9 (1976), 253 Fig. 2 und DERS., Deir el-Bahari, Temple of Hatshepsut: Egyptological Studies 1977–1980, in: *ET* 14 (1990), 355 Fig. 7.

– Chapelle Rouge: in dieser Zeit eine Fahrt zu Land, eine zu Wasser, später nur zu Wasser[3]
– Festtempel Thutmosis' III., Ostwand Säulensaal[4]
– Karnak: 3. Pylon Ostseite des Nordflügels; Amenophis III.[5]
– Luxor Kolonnade: Amenophis III. begonnen, Reliefs Tutanchamun, usurpiert Haremhab[6]
– Karnak: Hypostylenhalle Nord- u. Westwand[7]
– Karnak: Ramses III.-Tempel, Westwand[8]
– Karnak: Chons-Tempel, 1. Hof Westwand: Ramses IX.-Herihor[9]

Der Ablauf des Festes hat sich über Jahrhunderte hinweg kaum geändert, lediglich die Dauer der gesamten Feierlichkeiten ist länger geworden[10]. Die eigentliche Prozession, auf die es mir hier ankommt, ist und bleibt das beherrschende Thema, was auch schon ikonographisch zum Ausdruck kommt: Etwa zwei Drittel der Gesamtfläche der Kolonnade des Luxortempels handelt von der Nilfahrt der Götterbarken; die begleitenden Riten sind, jedenfalls für den öffentlichen Teil des Festes und damit natürlich auch für die Tempelreliefs, an den Rand gedrängt.

Damit bin ich auch schon beim Kernpunkt meiner Betrachtungen: Der wichtigste Augenblick eines Prozessionsfestes ist eben die Prozession selbst, d. h. **der Auszug der Götterbarken aus der Abgeschlossenheit des Tempelinneren in die Öffentlichkeit**[11]. Allein das stellt die Außergewöhnlichkeit eines Prozessionsfestes dar: eine Situation, wie sie im Alltag unvorstellbar ist, nämlich das zutage treten des sonst Geheimen, das „Schauen" des an sich verborgenen Gottes selbst, wie die Ägypter es ausdrücken. Zu diesem Anlaß kommen verschiedene Götter zusammen, entweder in ihren Barken oder, etwas am Rande dargestellt, durch Götterstäbe unterhalb der großen Amunbarke. Der König persönlich ist zugegen und als Priester aktiv, weiterhin sind Musikanten, Tänzer/innen, Sänger/innen am Geschehen beteiligt. Das alles verleiht dem Ganzen eine

---

3 PM II², 66 f., III, 70–80; LACAU–CHEVRIER, Hatschepsout, **I**, 154 ff. u. 174 ff.; **II**, 7, 9.

4 PM II², 110 (336); BARGUET, Temple d'Amon-Rê, 173 ff.

5 PM II², 61 (183); BARGUET, op. cit. 82 f. u. pl. X; G. FOUCART, Études thébaines. La belle fête de la vallée, in: *BIFAO* 24 (1924), 53 ff. u. pl. I–III.

6 PM II², 314 (77)–315 (86); W. WOLF, *Das schöne Fest von Opet*, Leipzig 1931; WRESZINSKI, Atlas II, Tf. 189–202; Festival procession (*OIP* 112), Vol. I, 1994.

7 PM II², 44 (152), (153), 46 (157); K*RI* I, 208 ff., K*RI* I Translation, 180 ff.; H.H. NELSON, *The Great Hypostyle Hall at Karnak* (*OIP* 106), Hrsg. W.J. MURNANE, 1981, pl. 36–40, 151–152, 178–180.

8 PM II², 34 (121); K*RI* V, 186 ff.; H.H. NELSON, *Ramses III's Temple within the Great Inclosure of Amon, Part III* (*OIP* 35), 1936, pl. 84–93.

9 PM II², 230 (17)–(18); K*RI* VI, 710 ff.; *The Temple of Khonsou, Vol. 1. Scenes of King Herihor in the Court* (*OIP* 100), 1979, pl. 19–23.

10 W.J. MURNANE, s.v. Opetfest, *LÄ* IV, 574–579.

11 R. STADELMANN, s.v. Prozessionen, *LÄ* IV, 1160–1164.

nicht-alltägliche, eben festliche Qualität. Man könnte auch sagen, das öffentliche Erscheinen eines Gottes in einer Prozession ist die Ausnahme schlechthin zur sonst üblichen Kultausübung in der Abgeschiedenheit des Tempelinneren[12].

So ist es nicht erstaunlich, daß Texte, die das „Erscheinen" (*ḫꜥj*)[13] und „Schauen" (*mꜣꜣ*)[14] des Gottes besingen und hierin den Anlaß allgemeinen Festjubels sehen, eben in dieser Situation des Festablaufs vorkommen und sich konkret unter oder über der in Prozession ausziehenden Barken finden. Eben solche Texte möchte ich unter dem Oberbegriff „Festliturgien" sehen und einen Bestandteil darin, das Festlied, hier näher vorstellen.

Festlieder können völlig isoliert auftreten oder aber, wie es meistens der Fall ist, in einen größeren Kontext eingebunden sein und lediglich *ein* Bestandteil unter vielen. Nichtsdestotrotz erweisen sich aber solche komplexen Texte als „festtypisch", lassen sie doch keine Möglichkeit aus, den Anlaß des Ganzen immer wieder zu erwähnen und damit ihren „Sitz im Leben" zu definieren: das Prozessionsfest.

Als Beispiel hierfür möchte ich einen Text aus dem Luxortempel, Kolonnade Westwand, anführen, der von einem Priester gesprochen wird, welcher gerade die von Karnak kommenden Götterbarken am Landungssteg des Luxortempel empfängt[15]:

wbn.k nfr Jmn-Rꜥ	Du gehst schön auf, Amun-Re,
jw.k m wsr-ḥꜣ.t	wenn du in der User-het bist,
jw tꜣ tm ḥr rdj.t n.k jꜣw	das ganze Land gibt dir Lobpreis,
tꜣ r ḏr.f m ḥb	die ganze Erde ist im Fest[16],
zꜣ.k smsw wp.n ḫ.t.k	wenn dein ältester erstgeborener Sohn
ḥr ḫn.t.k r Jp.t	dich nach Opet rudert.

Der Text beginnt mit einer Formel, die aus den Sonnenhymnen nur allzu bekannt ist[17], kommt dann aber schon im zweiten Vers auf den konkreten Anlaß zu sprechen:

---

12 s. hierzu J. ASSMANN, *Ägypten – Theologie und Frömmigkeit einer frühen Hochkultur*, Stuttgart/Berlin/Köln/Mainz 1984, 41 f.; DERS. Das ägyptische Prozessionsfest, in: *Das Fest und das Heilige* (*Studien zum Verstehen fremder Religionen* 1), Gütersloh 1991, 106 ff.

13 M. SCHUNCK, *Untersuchungen zum Wortstamm ḫꜥ* (*Habelts Dissertationsdrucke Reihe Ägyptologie, Heft* 5), Bonn 1985, 52 ff.

14 zu „*mꜣꜣ.sn* (wenn) sie sehen..." als begründenden Hinweis auf den Anblick, der den Festjubel auslöst: ASSMANN, Liturgische Lieder, 237 ff.

15 WOLF, *Das schöne Fest*, 55 f.; WRESZINSKI, Atlas II, 194; *Urk.* IV, 2039; Festival procession (*OIP* 112), pl. 18. Die Ergänzungen im folgenden beziehen sich alle hierauf.

16 Das Festlied selbst ist klar abgegrenzt durch seine ihm eigene sprachliche Form einer pseudoverbalen Konstruktion bzw. Nominalsatz; mehr dazu im folgenden.

17 ASSMANN, ÄHG, z.B. 118 (Nr. 19); DERS., *Sonnenhymnen in Thebanischen Gräbern* (*Theben* 1), 1983, XXIX, (Standardfassung A, C, C' mit Varianten „bei deinem Aufgang"), vor allem Standardfassung F. In beiden Fällen schließt sich nach dem einleitenden *wbn* ein Festlied an.

„wenn du in der User-het bist“, d.h. wenn du aus dem Tempel ausgezogen bist. Sodann schließt sich der Anfang eines Festliedes an mit den typischen einleitenden Worten „das ganze Land...die ganze Erde...“; aber dazu später noch mehr. Es folgen Fürbitten für den König, unterbrochen durch einen eulogischen Abschnitt, in dem nicht mehr Amun-Re, sondern der König die angesprochene Person ist. Nach einem erneuten Sprecherwechsel werden weitere Fürbitten ausgesprochen einschließlich einer kleinen Aufzählung von Opfern mit dem ausdrücklichen Vermerk, daß der König diese anläßlich des Opet-Festes darbringt. Darauf folgt als Einschub eine „Verkündungsformel“, eingeleitet durch den hierfür typischen Spruch „Freut euch, du Land Ägypten, [wenn du sieh]st, Amun, wie er sich niederläßt in Opet“. Solche Formeln stammen aus dem Osiris-Horus-Mythos und finden sich im Rahmen des Triumphes des Horus und dessen Thronbesteigung wieder[18]. Abgeschlossen wird dieser Text durch die Erwähnung der begleitenden Götter Mut und Chons, deren Beistand erbeten wird.

Dies mag als Beispiel für die Komplexität solcher festbezogenen Texte dienen, die ihren „Sitz im Leben“ immer wieder selbst ausdrücken durch den konkreten Hinweis auf, in diesem Falle, das Opetfest.

Ein Bestandteil in solch einem Konglomerat verschiedener Textgattungen ist nun das „Festlied“. Ein typisches Beispiel für ein solches Festlied findet sich in den Darstellungen im Luxortempel, Kolonnade Westwand, oberhalb der die Mutbarke ziehenden Mannschaft:[19]

p.t ḥr nhmw	Der Himmel ist am Jauchzen
tꜣ m ḥb	die Erde ist im Fest
jdbwj m hꜣjj hnw	die beiden Ufer in Freudengeschrei
mꜣꜣ.sn tꜣ ḥꜣ.t nṯrw	wenn sie die Erste der Götter sehen,
sḥḏ.s tꜣ m nfrw.s	wie sie der Erde erleuchtet mit ihrer Schönheit.
nꜣ n nṯrw ḥr rdj.t n.s jꜣw	Die Götter geben ihr Lobpreis
rḫjj.t nb ḥr dwꜣ.s	alles Volk betet sie an,
jw.s m šms n nb nṯrw	denn sie ist im Geleit des Herrn der Götter
m ḥb.f nfr n Jp.t	bei seinem schönen Fest von Opet.

Das Festlied selbst beginnt mit der Nennung von Himmel – Erde – die beiden Ufer. Diese Sequenz, wenigstens aber Himmel und Erde, stellen die typischen einleitenden Verse dar und drücken gleichzeitig auch schon das wichtigste Moment aus: Der Festju-

18 ASSMANN, Liturgische Lieder, 111 u. Anm. 100 u. 101.

19 Festival procession (*OIP* 112), pl. 28 u. S. 14 ff.; *Urk.* IV, 2041; Übersetzung: ASSMANN, Liturgische Lieder, 251 (7).

bel vereint Himmel und Erde, er schließt die ganze Welt mit ein und versetzt sie in „Jauchzen“ und „Freudengeschrei“. Himmel und Erde als schon fast stereotype Formel lassen das Festlied zu einem Jubellied werden.[20] Damit wird zum Ausdruck gebracht, daß im Fest eine Umkehrung des Alltäglichen vollzogen wird: Das sonst im Innern des Tempels Verborgene ist im Fest nach Außen, d.h. in die Öffentlichkeit gewendet.[21] Darin besteht der entscheidende Unterschied zum Alltäglichen, zur Abgeschiedenheit und Abgeschlossenheit des Kultes. Der Auszug Gottes schafft eine Situation, wie sie nur in der Urzeit geherrscht hat, nämlich als Himmel und Erde noch vereint waren. Seine Erscheinung bewirkt, daß alles nun in Feststimmung gerät und Götter und Menschen in Jubel ausbrechen. Dadurch, daß Gott in die Öffentlichkeit tritt, geschieht etwas vorher nie dagewesenes: Das Verborgene wird sichtbar, das Heilige wird nach außen gewendet und versetzt den ganzen Kosmos in ein Fest, bei dem das sonst streng Getrennte, nämlich Himmel und Erde, nun vereint in Lob und Jauchzen ausbrechen.

Das „Jubelthema“ selbst kann beliebig erweitert werden. Hierzu einige Beispiele:

p.t ḥr nhmw	Der Himmel ist am Jauchzen
ndb m ršw.t	die Erde in Freude
nṯrw hrw jb	die Götter sind zufrieden
jtr ḥtp r wr zp 2[22]	der Fluß ist gar sehr zufrieden.
ꜥḏw ḥr nhmw	Die Grenzgebiete[23] sind am Jauchzen
t3wj m ḥb	die beiden Länder sind im Fest
psḏ.t W3s.t [m] ršw.t	die Neunheit von Theben ist [in] Freude,
Ḏsr-ḫprw-stp-n-Rꜥ ḥr ḫn.t jt Jmn	wenn Haremhab seinen Vater Amun rudert,
r ḥtp m Jp.t sw.t[24]	um sich niederzulassen in Karnak.

In der Spätzeit haben wir eine Fülle von Beispielen solcher Festlieder[25], wobei gerne das „Jubelthema“ ausgebaut wird, indem kulttopographisch einzelne Städte und Gaue listenartig aufgezählt werden:

---

20 SAUNERON, Esna V, 1962, 150 spricht von „hymnes allégresse“; zur Gattung Jubellied s. ASSMANN, s.v. Kultlied, *LÄ* III, 852–855: das Jubelthema, neben dem Öffnungs- und Erscheinungsthema als eines der drei Bestandteile des chorischen Kultliedes; DERS., Liturgische Lieder, 247 ff.

21 ASSMANN, Liturgische Lieder, 260, spricht in diesem Zusammenhang von einer „Wendung nach außen“.

22 Karnak, Tempel Ramses' III., NELSON, Ramses III (*OIP* 35), 1936, pl. 84, Detail pl. 90.

23 WB I, 239 „Das Land am Wüstenrand an der Grenze des regelmäßig bewässerten Gebietes“, als Gegenpol zu den darauffolgenden „die beiden Länder“.

24 Luxor Kolonnade Ostwand: Festival procession (*OIP* 112), pl. 69; *Urk.* IV, 2037.

p.t tꜢ m ršw.t	Himmel und Erde sind in Freude,
Wsjr m ḥb	Osiris ist im Fest,
nṯrw m ḥꜤj	die Götter sind beim Jubeln,
hj hnw m ẖnw n Jp.t-sw.t	Jubel und Jauchzen sind im Innern von Karnak,
ḥw.t wtṯ n.t Wnn-nfr mꜢꜤ-ḫrw m ḥb	das Haus der Zeugung des Osiris *Wnn-nfr*, gerechtfertigt, ist im Fest,
jwnw m ršw.t	Heliopolis ist in Freude,
mḫꜢ.t tꜢwj ḥr mꜢꜤw	Memphis ist im guten Wind,
p dp m Ꜣw.t-jb	Pe und Dep sind in Herzensweite,
tꜢwj m ṯḫḥnwj	die beiden Länder sind im Jubel,
ms Ꜣs.t zꜢ.s Ḥr[26]	weil Isis ihren Sohn Horus geboren hat

Die Reihenfolge Himmel – Erde – Götter wird in der Regel eingehalten. Danach gesellen sich zu dem Festjubel „alles Volk", „der Fluß", „im Innern von Karnak" sowie die jeweiligen Kultstätten.[27]

Entscheidend für den Jubelgesang dieser Festlieder ist die stets strikt eingehaltene eigentümliche Sprachform, nämlich Adverbial- und Pseudo-Verbalsätze. Dadurch wird zum Ausdruck gebracht, daß es sich hier um begleitende Umstände handelt, nicht um eine Handlung. Es ist eine Situationsbeschreibung, bei der das auslösende Moment, nämlich der ausziehende Gott, nur in der 3. Person erwähnt, nicht aber direkt angesprochen wird. Die Festlieder beschreiben also rein die Symptome, sie verkünden als ein im Festakt gesungenes Lied einen Vorgang, was eben in dieser sprachlichen Form seinen Widerklang findet.[28]

Charakteristisch ist auch, daß die Erwähnung des auslösenden Ereignisses meistens bis zum Schluß aufgespart ist. Im zweiten Text aus Luxor, dem Festlied auf Mut (s. o.) ist das sehr schön zu sehen: *Nach* der Nennung von Himmel, Erde und den beiden Ufern kommt die Begründung des Festjubels: *„wenn sie die Erste der Götter sehen, wie sie die Erde erleuchtet mit ihrer Schönheit"* und dann, wiederum *nach* dem Lobpreis und Anbeten durch die Götter und Menschen die Ursache hierfür: *„denn sie ist im Geleit des*

25 zu Festliedern aus Dendera s. M.-Th. DERCHAIN-URTEL, „Der Himmel ist festlich...", in: Fs Gundlach (*ÄUAT* 35), 1996, 34–41.

26 C. DE WIT, Temple d'Opet (*BAe* 13), 1968, 81 [OPET 146].

27 DERCHAIN-URTEL, ebd., 40 spricht in diesem Zusammenhang von einer „ordnenden Systematik, die vom übergreifenden Bild der gesamten Welt bis hin zu den einfachen Menschen reicht".

28 zu Festliedern, die in die Sonnenhymnen „eingeschmolzen" sind und durch ihre sprachliche Form wie durch den Wechsel des Hörer-Bezugs im Kontrast zu diesen stehen, s. ASSMANN, Liturgische Lieder, 254 ff. u. 359 f.

Herrn der Götter bei seinem schönen Fest von Opet". Diese Eigenart, den Grund des festlichen Jubels, der, rein logisch gedacht, an den Anfang gehört, erst am Schluß zu erwähnen, ist typisch für das Festlied. Damit kommt auch zum Ausdruck, daß weniger das auslösende Ereignis als vielmehr der daraus folgende Zustand der entscheidende Moment eines Prozessionsfestes ist: eine Art „kosmischer Freudentaumel".

Diese schon fast stereotyp wirkende Form des Festliedes erfährt innerhalb der einzelnen Epochen kaum Änderungen und wurde als feste Formel in beinahe synonymem Wortlaut weitertradiert. Ein gutes Beispiel hierfür findet sich im Chons-Tempel in Karnak, unterhalb des Bugs und Hecks der Amunbarke und in Paralleltexten, z. B. aus dem Luxor-Tempel, Kolonnade Ostwand[29] oder auch in Festliedern aus thebanischen Gräbern[30], die alle mit wenigen Abweichungen nach einem festangelegten Schema verfaßt sind.

p.t ḥr nh[mw]	Der Himmel ist am Jauchzen,
[tꜣ] m ḥb	[die Erde] im Fest,
tꜣwj m [...]	die beiden Länder in [...],
[...] nhm	[...] jauchzt,
[km].t m šw	[Ägypt]en ist in Freude,
wꜣs.t [...]	Theben ist [...],
Rꜥ m ẖrj [jb].f ꜣw	Re ist am Himmel, indem sein [Herz] froh ist,
[psḏ.t].f m ḥb	seine [Neunheit] ist im Fest,
mꜣꜣ.sn zꜣ.[sn] ḥr ẖn.t jt.f Jmn	wenn sie [ihren] Sohn sehen, wie er seinen Vater Amun rudert,
r ḥtp m Jp.t[31]	um sich niederzulassen in Luxor.

Solche Festlieder sind bei allen großen Festen zu finden, bei denen ein Auszug Gottes und eine anschließende Prozession Bestandteil des Geschehens ist, so z. B. beim Minfest[32], beim Thotfest in Hermopolis[33], bei den Festprozessionen in Abydos[34] oder

---

29 s. o. u. Anm. 23.

30 Beispiele s. ASSMANN, Liturgische Lieder, 250 ff.

31 *Temple of Khonsou I* (*OIP* 100), 1979, pl. 21 u. Translation 8; K*RI* VI, 713; Ergänzungen nach K*RI* loc. cit.

32 H. GAUTHIER, *Les fêtes du dieu Min* (*RAPH* 2), 1931, 178 ff. u. 188 ff. (1. und 2. Tanzlied).

33 Stele des Merenptah in Hermopolis: G. ROEDER, Zwei hieroglyphische Inschriften aus Hermopolis (Ober-Ägypten), in: *ASAE* 52 (1954), 315–374; K*RI* IV, 28; eine interessante Variante in ich-Form: „Ich bin im Fest, mein Herz ist in Jubel, denn du lobst Thot...".

34 J.J. CLÈRE, Un Hymne à Abydos sur une stèle inédite d'Époque Ramesside, in: *ZÄS* 84 (1959), 86–104: „Lobpreis geben für Abydos anläßlich des großen Auszuges..." nach G.A. GABALLA und K.A. KITCHEN, The Festival of Sokar, in: *Or* 38 (1969), 41 ist damit die große Prozession anläßlich des Sokarfestes gemeint.

im Grabkontext im Rahmen von Osirishymnen.[35] Sie bleiben also keineswegs einer bestimmten Festsituation oder einer einzelnen bestimmten Gottheit vorbehalten, sondern können sich vielmehr auch auf den König beziehen. Gerade im Kontext der Thronbesteigung finden sich Festlieder oder einzelne Passagen daraus in Krönungstexten und Königseulogien.[36] Festlieder sind an keinen bestimmten Textträger gebunden und lassen sich auf Grab- und Tempelwänden, auf Papyri, auf Stelen und Herrschaftsinsignien wiederfinden, so z. B. auf einem Holzstab aus dem Grab Amenophis' II.[37] Sie können auch in andere Textgattungen eingebunden sein; so findet man sie in den Sonnenhymnen bei der Überfahrt Res am Mittag bzw. nach der Vernichtung der Feinde. Sie fallen deutlich durch ihre oben erwähnte Sprachform auf, die im Kontrast zu der sonst üblichen Sprachform der Sonnenhymnen steht und besingen, ebenso wie in den Prozessionsfesten, den Zustand des Festjubel und der alles umfassenden Freude.[38]

Zum Schluß möchte ich eine weitere Textgattung, in denen sich Festlieder wiederfinden, nicht unerwähnt lassen: die Ritualtexte. Auch wenn sich hier einige Abweichungen zu den oben angeführten Beispielen zeigen, besingen diese Lieder ebenso die Feststimmung und Freude aller Betroffenen.

Hierfür ein besonders schönes Beispiel:[39]

> Die Türflügel des Allerheiligsten öffnen sich,
> der Schrein im Tempel tut sich auf.
> Theben ist im Fest,
> Heliopolis ist in Freude,
> Jauchzen herrscht im Himmel und auf Erden
> Menschen und Götter tanzen.
> Jauchzen bricht aus über die beiden Ufer hin,
> „alle Gesichter" sind von Jubel ergriffen;
> sie stimmen Lobgesänge an für diesen erlauchten Gott,
> Amun-Re, den Herrn von Karnak.
> (...)

---

35 z. B. TT 257: M.F. MOSTAFA, *Das Grab des Neferhotep und des Meh* (*Theben* 8), Mainz 1995, 42–43 Text 46 (= ASSMANN, ÄHG, 216).

36 Krönungstext Haremhab: *Urk.* IV, 2119; ASSMANN, Liturgische Lieder, 252 (9); Sethos I: TT 106, Liturgische Lieder, 252 (10) = ÄHG 236; Ramses IV: oTurin 2161, DERS., ÄHG 241.

37 Kairo CG 24119, *Urk.* IV, 1363: der Kontext ist die Thronbesteigung Amenophis' III.

38 s. Anm. 28; weitere Beispiele: ASSMANN, Liturgische Lieder, 237 ff.; DERS., Sonnenhymnen, Text 77 (TT 57), Text 89 (TT 65); SCHOTT, Das schöne Fest, 1953, 871 (TT 106).

39 aus: Ritual Amenophis I (Chester Beatty IX rto 13, 1–6, pKairo 58030, xiv p. 155); Parallele: pBerlin 3056 VII, 1–7; Übersetzung: ASSMANCN, ÄHG, Nr. 115; viele weitere Beispiele: op. cit. Nr. 113 ff.

Amenophis III. in Medinet Habu

CHRISTINE STRAUß-SEEBER

Mit Amenophis III. erreicht Theben den Höhepunkt seiner kulturgeschichtlichen Entwicklung. Ägypten genießt den Reichtum an kostbaren Tributgaben und verfügt über eine große Menge von Arbeitskräften, die z.B. zu den zahlreichen Bauprojekten herangezogen werden, die Amenophis III. in vielen Teilen Ägyptens durchführen ließ.

Als Ausdruck seiner unerschütterlichen Herrschaft überzieht er den thebanischen Bereich auf der Ostseite wie auch auf der Westseite des Nils mit monumentalen Bauten. Er folgt damit der Repräsentationspolitik von Hatschepsut und Thutmosis III., die ihren Herrschaftsrahmen durch eindrucksvolle Anlagen an den Eckpunten Thebens abgesteckt hatten: im NO mit Bauten im Karnaktempel, im SO in Luxor durch den Barkenschrein, im NW, in Deir el-Bahari, durch ihre Häuser der Millionen Jahre und im SW durch den sog. Kleinen Tempel von Medinet Habu.

Amenophis III. läßt nun, mit Ausnahme des nordwestlichen Schwerpunktes in Deir el-Bahari, an den anderen drei Eckpunkten Thebens umfangreiche Architekturkomplexe und Tempel errichten, um auf dieser Kultbühne das machtvolle Königtum und seine göttliche Überhöhung zu demonstrieren. Ein umfangreiches Statuenprogramm belebt die Szene.

Im NO, im Karnaktempel, setzt er neue Maßstäbe. Er manifestiert seine Macht nicht, wie viele seiner Vorgänger, durch zusätzliche Einbauten im Tempelinnern, sondern umfängt die bestehenden Kultanlagen mit gewaltigen Eingangspylonen, die alle bisherigen Dimensionen sprengen: nach Westen mit dem heutigen 3. Pylon, nach Süden mit dem heutigen 10. Pylon. Die außerhalb des Temenos liegenden Tempel – Karnak-Nord und der Tempel der Mut – werden aufwendig ausgebaut. Um die Verbindung zwischen den Kultzentren zu intensivieren und das Ritualgeschehen sichtbar nach außen zu tragen, macht er die Prozessionstraße zu einem eigenständigen Architekturteil. Alleen, die von Widdern oder Widdersphingen flankiert sind, verbinden den Tempel des Amun mit den außen liegenden Kultstätten[1].

---

1 A. CABROL, Les criosphinx de Karnak : Un nouveau dromos d'Amenhotep III, in: *Karnak* X, 1995, 1–32; DERS., Une représentation de la tombe de Khâbekhenet et les dromos de Karnak-Sud : Nouvelles hypothèses, ebd., 33–64.

Im SO von Theben, in Luxor, entsteht ein eindrucksvolles Architekturensemble. Im äußersten Süden bei Malkata läßt Amenophis III. seinen großen Palast errichten, dazu eine Hafenanlage mit enormen Kapazitäten. Weiter nördlich entsteht sein monumentales Haus der Millionen Jahre, dessen anschließender Nord-Süd-Trakt sich zumindest bis auf die Höhe des späteren Merenptah-Tempels erstreckte. Ob Amenophis III. sein architektonisches Schaffen bis nach Deir el-Bahari erweiterte, läßt sich z.Z. nicht fassen. Da der Hatschepsut-Tempel aber ein festintegrierter Kultplatz beim Geschehen des Talfestes war, so erstreckte sich das Kultgeschehen seiner Zeit sicher bis in den nördlichen Bereich. Auf jeden Fall war das mächtige Nordtor seines Totentempels dem Kultgeschehen nach Norden geöffnet.

Zwischen der Palastanlage von Malkata und seinem Totentempel liegt ein von Amenophis III. anscheinend nicht genutztes Gelände. Bei seinem Regierungsantritt erhob sich hier der thutmosidische Tempel von Medinet Habu. Auch wenn heute keine Anlage Amenophis' III. mehr erhalten ist, so gibt es doch Anhaltspunkte, daß sich der König an dieser traditionsreichen Stätte durch einen Kultbau miteingebracht hat. Ausgrabungen erbrachten westlich dieses Tempels die Reste einer recht tief fundamentierten Mauer mit gestempelten Ziegeln, die den Namen Amenophis' III. tragen[2]. Außerdem wurden im Bereich von Medinet Habu königliche Statuen und Götterstatuen Amenophis' III. gefunden, die heute entweder im Tempel Ramses' III. wieder aufrecht stehen oder in die Museen von Kairo und Chicago gekommen sind.

Insgesamt sind bisher 13 Werke königlicher Rundplastik aus Medinet Habu bekannt, die der Zeit Amenophis' III. zugewiesen werden können:

1	Königskopf mit weißer Krone	Kairo, JdE 59880
2	Königsköpfchen mit Blauer Krone	Chicago, OIM 16687
3/4	2 kolossale Sitzfiguren	Medinet Habu
5	Fragment eines Stabträgers	Chicago, OIM 14286
6–8	3 Uschebtifragmente	Chicago, OIM 15637
		Chicago, OIM 16738
		Kairo, JdE 59715
9	Dyade Amenophis III. mit Maat	Medinet Habu
10	Dyade Amenophis III. mit Thot	Medinet Habu
11	Triade Amenophis III. mit Thot und Horus	Medinet Habu
12	Triade Amenophis III. mit Re-Harachte und Month	Medinet Habu
13	Familiengruppe Amenophis' III. mit Teje	Kairo, N 610

2 HÖLSCHER, Medinet Habu II (*OIP* 41), 1939, 33, Fig. 29.

Zu 1: Der ***Königskopf mit Weißer Krone***, lebensgroß, aus Granodiorit (Abb. 1), wurde im sog. „tank“ südlich des Kleinen Tempels gefunden, also in einer später eingerichteten Abfallgrube[3]. Der Kopf kann nur aufgrund stilistischer Vergleiche Amenophis III. zugewiesen werden[4]. Ramses III. ließ das altersgeprägte Königsbildnis stilistisch überarbeiten; die gesamte Statue entsprach vermutlich nicht dem Kultverständnis Ramses' III. und war daher für seinen Tempel ungeeignet. Wann die Figur bzw. der Kopf aus dem ursprünglichen Kultzusammenhang beseitigt und in den „tank“ entsorgt wurde, ist nicht rekonstruierbar.

Abb. 1

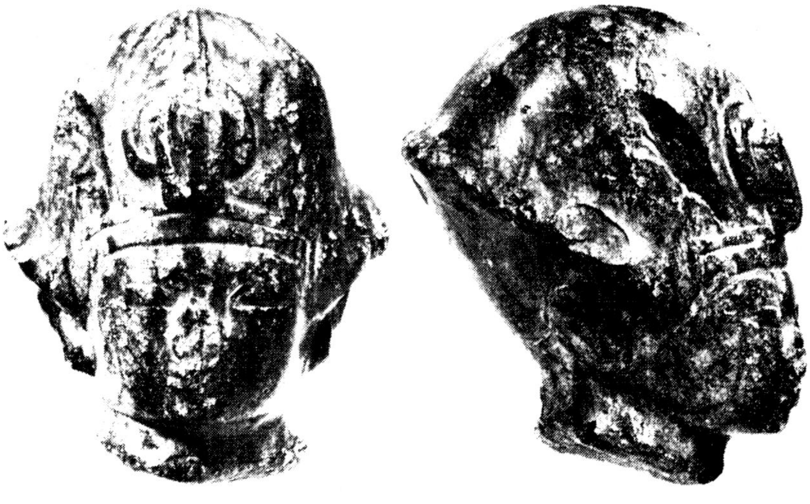

Abb. 2

Zu 2: Das ***Köpfchen mit Blauer Krone*** aus Diorit (Abb. 2), ausgegraben in Medinet Habu, kann nur aus stilistischen Gründen Amenophis III. zugeschrieben werden[5]. Überarbeitungsspuren sind nicht erkennbar.

Zu 3/4: Die ***2 kolossalen Sitzfiguren*** aus Kalkstein (Abb. 3–5), ehemals 10 m hoch, sind nur noch in den Resten einzelner Basisblöcke rekonstruierbar, die im 2. Hof des Tempels Ramses' III. im Schutt verstreut gefunden wurden[6]. Die erhaltenen Blöcke sind

---

3 HÖLSCHER, op. cit., 9, Fig. 9.

4 B.V. BOTHMER, Eyes and Iconography in the Splendif Century: King Amenhotep III and His Aftermath, in: L.M. BERMAN, *The Art of Amenhotep III, Art Historical Analysis*, Cleveland 1990, 89, Fig. 34 auf Tf. 26.

5 M. MÜLLER, *Die Kunst Amenophis' III. und Echnatons*, Basel 1988, IV–8. Die Materialbezeichnung Diorit wurde vom Oriental Museum angegeben.

6 G. DARESSY, *Notice explicative des ruines de Médinet Habou*, Kairo 1897, 130. Medinet Habu VII, pl. 589, 590.

zu einer einzigen großen Basis wieder zusammengefügt worden und stehen heute im 2. Hof, nördlich der Rampe auf einem gemauerten Sockel. Ehemals gehörten die Blöcke wohl zu zwei verschiedenen Statuenbasen (s. u.). Die Basisinschriften nennen zwar keinen Königsnamen, aber die Reliefs sind aus stilistischen Gründen eindeutig auf Amenophis III. zu datieren[7]. Eine Neubeschriftung oder Überarbeitung der Basen ist nicht erkennbar. Ob die Statuen unter Ramses III. wiederverwendet worden sind oder nur als Baumaterial dienten, ist nicht zu entscheiden.

Abb. 3

Zu 5: Von der ***Statue eine Stabträgers***, ehemals in Lebensgröße, ist nur ein Teil des Stabes aus Silifiziertem Sandstein mit der Titulatur Amenophis' III. erhalten[8]. Das Fragment wurde im Bereich der Gräber beim östlichen Hohen Tor im Ziegelwerk Ramses' III. ausgegraben.

Zu 6–8: Fragmente von mindestens ***3 Uschebtis*** wurden in der Gegend vom Heiligen See in Medinet Habu gefunden. Sie bestehen aus Kalkstein, schwarzem Stein, wahrscheinlich Serpentinit, und Holz mit gelblichen Pasteneinlagen und gehören zu den knapp 70 Uschebtis Amenophis' III., die durch die charakteristische, hier 4-spaltig geschriebene Uschebtiformel[9] auf Amenophis' III. zu datieren sind[10].

Die folgenden vier Statuengruppen (9–12) ließ Ramses III. inschriftlich und z. T. auch stilistisch überarbeiten. Sie wurden also in das Statuenprogramm seines Totentempels integriert, um zur Vergöttlichung des verstorbenen Königs beizutragen.

Zu 9–10: Die Dyade Amenophis III. mit Maat (Abb. 6, 7)
Die Dyade Amenophis III. mit Thot (Abb. 8)

Beide Gruppen bestehen aus hochpoliertem, ungewöhnlich dunklem Rosengranit und waren ca. 2,10 m und 2,40 m hoch. Sie wurden im inneren Tempelbereich Ramses' III.

7 Vgl. Katalog *Aménophis III, le Pharaon-Soleil*, Paris 1993, 97.

8 Katalog *Egypt's Dazzling Sun*, Cleveland 1992, 163, Anm. 3.

9 Unpubliziert. Die Mitteilung beruht auf einer handschriftlichen Notiz von R. Anthes.

10 A. WIEDEMANN, Die Uschebti-Formel Amenophis' III., in: *Sphinx* 16 (1912), 33.

gefunden. Beide tragen eine Usurpationsinschrift Ramses' III. Eine ältere Inschrift an der Thronvorderseite, jeweils zwischen den Unterschenkeln von König und Gott, ist getilgt. Der ehemals wohl zur Dyade mit Maat gehörende Königskopf zeigt Überarbeitungsspuren (Abb. 7). Aufgrund der hervorragenden Oberflächenbearbeitung des Rosengranits und wegen der sehr detaillierten Gestaltung der Muskulatur sind beide Gruppen ursprünglich jedoch Amenophis III. zuzuweisen[11]. Heute stehen beide Statuengruppen einander gegenüber im 3. hypostylen Saal des Ramses III.-Tempels in Medinet Habu.

Abb. 6

Abb. 8

Zu 11: Die ***Triade Amenophis III. mit Re-Harachte und Month*** (Abb. 9) aus ungewöhnlich dunklem Rosengranit befindet sich heute ohne fest eingerichteten Standplatz im hinteren Bereich des großen Tempels, zur Seite geschoben. Die Figuren sind lebensgroß, die Gruppe hate eine ehemalige Höhe von wohl knapp 2 m. Ramses III. hat die Gruppe mit seinem Namen versehen, eine ältere Inschrift ist getilgt. Die Plastizität der Muskulatur und Schlüsselbeine weist die Gruppe ebenso der Zeit Amenophis' III. zu[12].

11 Zuletzt: M. SEIDEL, *Die königlichen Statuengruppen. Band I: Die Denkmäler vom Alten Reich bis zum Ende der 18. Dynastie* (*HÄB* 42), 1996. Dyade mit Maat: Dok. 71, S. 177, Tf. 38c, d; 39b–d. Dyade mit Thot: Dok. 70, S. 175, Tf. 38a, b, 39a.

12 M. SEIDEL, op. cit., Dok. 73, S. 182–185, Tf. 41f.

Abb. 9

Abb. 10

Zu 12: Die ***Triade Amenophis III. mit Horus und Seth/Thot*** (Abb. 10/11) aus ebenfalls ungewöhnlich dunklem Rosengranit wurde stark beschädigt im Bereich des großen Tempels in Medinet Habu gefunden. Die Gruppe trägt den Namen Ramses' III., das Gesicht des Königs wurde im Stil seiner Zeit überarbeitet[13] (Abb. 11). Als Krönungsgruppe, die das Prinzip der Einsetzung des Herrschers durch die Landesgötter verkörpert, übernahm Ramses III. die Triade in das Ritualgeschehen seines Tempels.

Abb. 7

Abb. 11

13 Ebd., Dok. 72, S.180ff., Tf. 40.

Die noch erkennbare straffe Wangenführung, sowie die hoch polierte Oberfläche und deren Bearbeitung ermöglichen ebenfalls eine Datierung auf Amenophis III.[14] Die Gruppe zeigt ein Höchstmaß an handwerklichem Können. Die immerhin knapp lebensgroßen Götterfiguren sind ohne Steg an Armen und Beinen und ohne Rückenpfeiler frei gearbeitet. Die links vom König stehende, bei ihrer Auffindung stark beschädigte Figur ist bei der Restaurierung mit dem Kopf des Seth ergänzt worden, da man die Gruppe auf Ramses III. datierte. Als Werk Amenophis' III. müßte vermutlich der Kopf des Thot ergänzt werden.

Zu 13: Die kolossale ***Familiengruppe Amenophis' III. mit Teje*** (Abb. 12) aus nummulitischem Kalkstein, die heute im Atrium des Kairener Museums steht, wurde nebem dem ptolemäischen Pylon des Kleinen Tempels gefunden[15]; die Gruppe war in viele Einzelteile zerschlagen. Ein Fragment von der Thronseite nennt den Namen Amenophis' III. Die Statuengruppe zeigt keine Überarbeitungsspuren, weder stilistischer noch inschriftlicher Art. Sicher konnte Ramses III. die Gruppe nicht in sein Statuenprogramm übernehmen, da zu seiner Zeit die Herausstellung der königlichen Gemahlin neben dem König nicht mehr toleriert werden konnte. Diese monumentale Familiengruppe mit einer Höhe von 7 m war unübersehbar und mußte daher entfernt werden. Ob sie noch in seiner Zeit vernichtet wurde, ist nicht mehr zu entscheiden.

Abb. 12

Abb. 13

14 Ebd., Tf. 40b, c.

15 PM I.2^2, 774.

Natürlich wurde in der Zeit Ramses' III. viel Statuen- und Steinmaterial bewegt. So wurde der Oberkörper Amenophis' III., heute im BM EA 3[16] (Abb. 13) im Gebiet zwischen Medinet Habu und seinem Totentempel gefunden. Die stilistische Ähnlichkeit mit der etwa doppelt so großen Familiengruppe aus Medinet Habu (Abb. 11) erlaubt die Zuweisung an Amenophis III. Der Torso stammt von einer Statuengruppe des Königs, zusammen mit Teje oder einer Göttin. Fragmente der Unterkörper fanden sich kürzlich im Totentempel des Merenptah[17]. Ob diese Statuengruppe ehemals in Medinet Habu gestanden hat und welches der Fragmente zur sekundären Verwendung verschleppt worden ist, läßt sich nicht mehr ermitteln. Der ursprüngliche Aufstellungsort der Gruppe bleibt ungewiß.

Neben diesen Königsstatuen kommen auch Götterstatuen Amenophis' III. aus dem Tempelbereich von Medinet Habu. Die Basen von zwei Sachmetfiguren wurden im Bereich vor dem 1. Pylon Ramses' III. gefunden, zwei weitere hinter dem Kleinen Tempel[18]. Eine Statue des Ptah aus Kalzit fand sich im 2. Hof des großen Tempels[19] und trägt eine Sedfesterwähnung. Sie steht heute in Raum 4, nördlich des hypostylen Saales. Für mehrere Götterfragmente, die heute in Medinet Habu maganiziert werden, ist Medinet Habu als Fundort nicht gesichert[20].

Diese bemerkenswerte Zahl von Königs- und Götterstatuen Amenophis' III. aus Medinet Habu sowie auch die Mauerreste mit seinem Namenszug unterstützen die These, daß der König beim thutmosidischen Tempel einen eigenen Kultbau geschaffen hat[21]. Lage und Verlauf dieses ehemaligen Baus sind nicht mehr erkennbar. Die Anzahl, Größe und Aussagekraft der Statuen läßt jedoch auf eine nicht unbeträchtliche Bedeutung dieser Anlage schließen.

Gegen die Postulierung eines solchen Kultbaus könnte man argumentieren, daß die Uschebtifragmente (6–8) Streufunde seien, und daß die Göttergruppen, so die landläu-

---

16 Abb. zuletzt im Katalog Aménophis III, le Pharaon-Soleil, 1993, Fig. V.1 auf S. 98.

17 H. SOUROUZIAN, La statuaire royale sous Amenophis III dans les grands sites d'Egypte, in: *Les dossiers d'archéologie*, No. 180, März 1993: Amenophis III, L'Égypte à son apogée, 14ff.

18 PM II², 526.

19 L. HABACHI, in: G. HAENY, *Untersuchungen am Totentempel Amenophis' III.* (*BeiträgeBf.* 11), 1981, 119f, Tf. 32b, 33a.

20 Dazu gehört die Basisplatte einer Chnumstatue und einer Osirisfigur, die Basis einer Seschatfigur, deren Inschrift Golenischeff aufgezeichnet hat, sowie die Basen von 14 Sachmetfiguren mit Namensnennung Amenophis' III., s. L. HABACHI, op. cit.

21 So schon die Vermutung von HABACHI, op. cit., 121. Näheres dazu s. C. STRAUß-SEEBER, *Die Königsplastik Amenophis' III.*, Diss-Druck, München 1997, 581f.

fige Meinung, von Ramses III. aus dem Totentempel Amenophis' III. nach Medinet Habu verschleppt worden seien. Die oben genannten nur fragmentarisch erhaltenen Figuren tragen zur Beantwortung der Frage nichts bei. Doch die Familiengruppe — warum hätte sie hierher gebracht werden müssen, wenn sie dann doch nicht aufgestellt wurde. Baumaterial war auf anderem Wege wesentlich leichter zu beschaffen. Bei der intensiven Bautätigkeit, die Amenophis III. entfaltete, war es naheliegend, die Baulücke zwischen Malkata und dem Totentempel durch einen eigenen Kultbau beim Kleinen Tempel zu schließen, in dem die oben genannten Statuen Aufstellung fanden.

Die Statuentypen dieser Anlage sind vielfältig: Sitzfiguren, Stabträger, Königsstatuetten, Uschebtis und Statuengruppen des Königs mit Göttern und mit Teje. Zur Funktion dieses Kultbaus sei die Aussagekraft der Statuen kurz zusammengefaßt:

Der Kopf mit der Weißen Krone (Abb. 1) gehörte zu einer lebensgroßen Statue mit altersgeprägten Zügen. Die Figur stand wohl im Zusammenhang mit Regenerationsritualen für den König. Ebenso auch das Köpfchen aus Diorit (Abb. 2) mit seinen kindlichen, aber strengen Gesichtszügen, das ehemals zu einer Statuette von ca. 30 cm Körpergröße gehörte. Die Basisblöcke der kolossalen Sitzfiguren (3/4) sind mindestens zwei Statuen zuzuordnen, denn bei den reliefierten Darstellungen sind die Augen der Domänengötter auf mehreren Blöcken bandförmig eingefaßt (Abb. 5), auf einem anderen nur schemenhaft konturiert (Abb. 4). Die 10 m hohen Sitzfiguren flankierten vermutlich die Eingangstore.

Abb. 4

Abb. 5

Der Stabträger (5) in Lebensgröße verkörperte die Repräsentation des Königs in seiner aktiven kultischen Verbindung zur Gottheit.

Der Fund von gleich drei Uschebtis in Medinet Habu weist darauf hin, daß diese Figuren nicht nur als Grabfigur dienten, sondern auch in anderer Funktion Aufstellung und

Verwendung fanden. Die Figur aus Serpentinit war ehemals ungefähr 30 cm hoch, die aus Holz sogar 50 cm. Die Statuengruppen des Königs mit Göttern (Abb. 6–11) sind schon allein durch die auffallend dunkle Farbe des Rosengranits miteinander verbunden. Sie sind alle ungefähr gleich breit, die Figuren der Dyaden sind überlebensgroß, die der Triaden etwa lebensgroß. Möglicherweise gehörten alle vier zu einem geschlossenen Statuenensemble, in dem Maat, Thot, Re-Harachte, Horus und Month in den Vergöttlichungs- und Einsetzungsritualen für Amenophis III. wirksam wurden.

Ein gewichtiges Argument für die ehemalige Existenz eines Kultbaus Amenophis' III. in Medinet Habu ist die Auffindung der Familiengruppe im Tempelgelände und deren Fundsituation. Eine derart monumentale und repräsentative Darstellung der königlichen Familie hätte im Totentempel oder einem traditionellen Göttertempel wohl nicht akzeptiert werden können. Der Aufbau der Statue mit der gleichgroßen Darstellung von König und Königin und den seitlich ihrer Unterschenkel im Hochrelief dargestellten Töchtern stellt ein Unikum dar. Die Gruppe ist wohl Ausdruck für ein neues Selbstverständnis des Königtums und für eine Wandlung des gesellschaftspolitischen Konzepts. Darum mußte sie in späterer Zeit zerschlagen werden. Die Singularität des Stückes verlangte sicher auch einen außergewöhnlichen Aufstellungsplatz. Aufgrund ihrer enormen Größe mit 7 m Höhe und 4 m Breite kann die Familiengruppe nur im Freien gestanden haben, in einem Hof oder einem besonderen Bereich der Anlage.

Zur Bedeutung der Kultanlage

Amenophis III. hat im Süden von Theben – auf der Ost- wie auch auf der Westseite – ein neues Kultzentrum geschaffen. Wenn wir auch die architektonische Gestalt des Baues nicht mehr fassen können, so ist seine Lage beim thutmosidischen Tempel ein Anhaltspunkt für seine Bedeutung und Funktion. Hier in Medinet Habu lag die mythische Stätte der Urgötter, an der Kematef, die urgöttliche Erscheinungsform des Amun, bestattet war. Zu Beginn einer jeden Dekade zog Amenemipet, die ithyphallische Gestalt des Amun von Luxor, nach Djeme, wie der Ort später genannt wird, um seine Urkraft zu regenerieren.

Amenophis III. war durch seinen Kultbau an dieser traditionsreichen Verehrungsstätte der Urgötter gegenwärtig und konnte aktiv am Kult zur Erneuerung der Urgötter teilnehmen. Dabei ging deren lebendige Kraft auch auf ihn über, und die Erneuerung seiner eigenen Königskraft konnte sich vollziehen.

Die aus Medinet Habu bekannten Königsstatuen Amenophis' III. verkörpern diese Regeneration des Herrschers: einerseits die Uschebtis (6–8) und die Statuengruppen (9–12), besonders deutlich in dem Krönungsmotiv, andererseits die Einzelstatuen (1, 2) mit altersgeprägten bzw. kindlichen Gesichtszügen. Die Ptahstatue mit der Erwähnung des Sedfestes fügt sich in diesen Themenkreis der Erneuerung des Königs mit ein.

Zu den repräsentativen Statuen gehören die beiden Sitzfiguren (3, 4) und der Stabträger (5), die aufgrund ihres schlechten Erhaltungszustandes nur als Statuentypen berücksichtigt werden können. Die heute wieder rekonstruierte Familiengruppe (13) zeigt, daß die Kultanlage Amenophis' III. in Medinet Habu auch eine besondere, ungewöhnliche Funktion gehabt haben muß. Indem der König seine engsten Familienangehörigen derart ins Blickfeld rückte, brachte er neben seinem dogmatischen Anspruch zur Vergöttlichung (Dyaden und Triaden) hier auch seinen machtpolitischen Anspruch zu Geltung.

Mit diesem Kultbau hatte Amenophis III. den Palast von Malkata und den Bereich seines Totentempels miteinander verbunden. So entstand auf der Westseite im Süden von Theben ein flächendeckendes Kultzentrum — das Gegenüber zu dem auf der Ostseite des Nil erbauten Luxortempels. Während in der Hatschepsut-Zeit der Schwerpunkt *ihrer* Kultpolitik im Norden von Theben mit der Hauptachse Karnak – Deir el-Bahari lag, und die Verbindung von ihrem Barkenschrein in Luxor zu ihrem Tempel in Medinet Habu eine südliche Nebenachse bildete, verlagerte Amenophis III. den Schwerpunkt seiner Regierungs- und Kultaktivitäten nach Süden und schuf die neue Hauptachse Thebens: Luxor – Theben-West.

Zur Deutung von zwei Besuchsfesten der Göttlichen Stätte (*ȝt-nṯrjt*) von Edfu

WOLFGANG WAITKUS

In der Spätzeit tritt neben der Institution des Tempels eine zweite als Aufenthaltsort von Göttern auf, deren ägyptische Bezeichnung *jȝt-nṯrjt* – Göttliche Stätte lautet. Über ihre Existenz in jedem Gau des Landes geben uns in systematischer Form die Große Geographische Inschrift in Edfu und der Geographische Papyrus Tanis Auskunft[1]. Bei diesen Stätten handelt es sich um Götternekropolen — Orte an denen die Vorfahrengötter als verstorbene Göttergeneration ihre Gräber hatten, wozu auch das Grab des Osiris gehörte[2]. Für den Gau von Edfu gibt die Große Geographische Inschrift des Edfu-Tempels Behedet als Namen der Göttlichen Stätte an. Aus anderen Inschriften wissen wir, daß es neben Behedet noch drei weitere Stätten gab, nämlich Horizont-der-Ewigkeit, Stätte-der-Maat und Geheime-Stätte[3]. Außer den genannten vier Stätten gehörten zu diesem Bezirk ein unterer und ein oberer Tempel, ein Lebenshaus und Stationskapellen[4].

Von den drei Möglichkeiten der Lokalisierung von Behedet, die D. KURTH vor einiger Zeit vorschlug[5], nämlich: 1.) Hager Edfu, 2.) das Gebiet um die kleine Stufenpyra-

---

1 Edfou I, 329–344; F.L. GRIFFITH / W.M.F. PETRIE, *Two Hieroglyphic Papyri from Tanis* (EEF 9), 1889, pl. X u. XI. Weitere Angaben finden sich in bislang noch nicht publizierten Papyri, s. J. OSING, in: Sesto Congresso Internazionale di Egittologia Vol. II (1993), 373 ff.; G. ROSATI, ibid., 447 ff. Der Geographische Papyrus Tanis zeigt, daß neben der in der Edfu-Liste für jeden Gau genannten Göttlichen Stätte, weitere in jedem Gau vorhanden gewesen sein müssen, was im übrigen auch durch die Tempelinschriften von Kom Ombo und Esna gezeigt wird (vgl. infra, Anm. 11). — Die Beschäftigung mit diesen Stätten ist Teil meiner „Untersuchungen zu den Göttlichen Stätten, den dort bestatteten Göttern und ihren Festen", dem auch dieser Beitrag entwachsen ist. Für eine kritische Durchsicht der vorliegenden Fassung danke ich Herrn A. EFFLAND herzlich.

2 Siehe hierzu immer noch grundlegend E. CHASSINAT, *Le mystère d'Osiris au mois de Khoiak*, Kairo 1966, 276–297.

3 Vgl. Edfou I, 359.5; Edfou VI, 136.8–9; Dendara VI, 154.5. — Es läßt sich kaum entscheiden, ob das in der Geographischen Inschrift genannte Behedet eine übergreifende Bezeichnung für den gesamten Bezirk ist, in dem die vier Stätten lagen, oder ob hier die einzelne Stätte (Behedet) als Teil für das Ganze steht. Da Südliches-Behedet eine Bezeichnung des gesamten Bezirks ist (s. Anm. 72), könnte man immerhin vermuten, daß das Behedet der Geographischen Inschrift eine Verkürzung dieser Bezeichnung ist.

4 Siehe D. KURTH, Zur Lage von Behedet, dem heiligen Bezirk von Edfu, in: *GM* 142 (1994), 94.

5 KURTH, a.a.O., 93 ff.

mide von el-Ghoneimiya herum[6] und 3.) Nag' el-Hasaya, hat sich mittlerweile letztere als die wahrscheinlichere herauskristallisiert[7], vor allem durch die Wiederauffindung eines Tempelfundaments im Rahmen eines Surveys des Edfu-Projektes[8]. Dieses Fundament liegt im heutigen Fruchtland auf der Höhe von Nag' el-Hasaya und ist nach ersten Messungen[9] auf dessen Nordspitze ausgerichtet.

Die Göttlichen Stätten bzw. Götternekropolen sind neben den Dekadenfesten das Ziel von jährlichen Prozessionsfesten, die man somit dem Typus des „Besuchsfestes" zurechnen muß[10]. Die Häufigkeit dieser Anlässe, die sich einem erschließt, wenn man diese einmal für die Tempel von Dendera, Edfu, Esna und Kom Ombo zusammenstellt[11],

---

6 Bei den KURTH, a.a.O., 96, genannten „Ancient Ruines" handelt es sich um die kleine Stufenpyramide, vgl. G. DREYER u. W. KAISER, Zu den kleinen Stufenpyramiden Ober- und Mittelägyptens, in: *MDAIK* 36 (1980), 45 u. Tf. 72.

7 Vgl. A. EGBERTS, Praxis und System. Die Beziehungen zwischen Liturgie und Tempeldekoration am Beispiel des Festes von Behedet, in: *AÄTT* 1 (1995), 15, der ebenfalls hierfür plädiert. Für die kleine Stufenpyramide von el-Ghoneimiya schlägt er (ibid. 16, Anm. 16) vor, sie mit dem Hügel-des-Geb in Verbindung zu bringen, der auf dem Weg nach Behedet als Zwischenaufenthalt diente.

8 1. Kampagne 1995.

9 2. Kampagne 1996.

10 Vgl. hierzu J. ASSMANN, Das ägyptische Prozessionsfest, in: J. ASSMANN / Th. SUNDERMEIER (Hrsg.), *Das Fest und das Heilige – Religiöse Kontrapunkte zur Alltagswelt, Studien zum Verstehen fremder Religionen*, Gütersloh 1991, Bd. 1 (1991), 111. Siehe auch U. KÖHLER, s.v. Götterbesuch, in: LÄ II, Sp. 669 f.

11 Die Feste von Philae (Abaton) und Theben (Djeme) sollen an anderer Stelle mit einbezogen werden, (s. Anm. 1). Zu den einzelnen Festdaten in der Tabelle vgl. für die Festkalender der genannten Tempel A. GRIMM, *Die Altägyptischen Festkalender in den Tempeln der griechisch-römischen Epoche* (*ÄUAT* 15) 1994, passim. Zur Ergänzung sollen hier noch folgende Bemerkungen und Angaben hinzugefügt werden:

Edfu:

20.4. – Es ist nicht ganz auszuschließen, daß das *sfsf-3w*-Opfer im Edfutempel durchgeführt wird. Ob Ersatzritus (s. u. Dendera)?

Neumond/Pachons – Das Fehlen dieses Festes im Edfukalender erklärt sich aus der Lücke (Zerstörung) vor dem 19. Pachons (E V, 400.8). Für eine Durchführung dieses Festes spricht m. E. die Szene „Schneiden des Getreides" (E VI, 280.18–281.10), einer typischen Kulthandlung dieses Festes (CHASSINAT, op. cit., 561 ff.; S. CAUVILLE, La chapelle de la barque à Dendera, in: *BIFAO* 93 (1993), 100 f.), in der zu Harsomtus von Chadi gesagt wird: „*Du mögest opfern für die Kinder-des-Re wie für dein Abbild, welches sich in Behedet befindet.*" Kinder-des-Re ist m. W. nicht als Bezeichnung für die verstorbenen Götter von Chadi belegt, so daß hier eigentlich nur Behedet gemeint sein kann.

Neumond/Epiphi = Fest von Behedet – Zu diesem Fest s. M. ALLIOT, *Le culte d'Horus à Edfou au temps des Ptolémées* (*BdE* 20), 1949, 441–560; D. KURTH, Die Reise der Hathor von Dendera nach Edfu, in: Tempeltagungen (*HÄB* 37), 1994, 211 ff. ; KURTH, *Treffpunkt der Götter*, 1994, 156 ff.; A. EGBERTS, in: *AÄTT* 1 (1995), 13 ff.

Dendera:

10.1.; 20.5. und 30.5. – Bei diesen Festdaten stellt sich die Frage, ob das genannte *d3d3*-Gebäude sich in Dendera oder Chadi befindet (Vgl. ALLIOT, op. cit, 243, n. 6). Möglicherweise handelt es sich hier um einen Ort in Dendera, an dem ein Ersatzritus für den Ritus in der Göttlichen Stätte stattfand (Rite de Substitution), wie ihn Cl. TRAUNECKER, Une exemple de rite de substitution: une stèle de Nectanebo Ier, in: Karnak VII, Paris (1982), 339, für Karnak in Bezug auf Djeme vorgeschlagen hat. Vgl. auch DERS., *Chapelle d'Achôris à Karnak II*, Paris 1981, 133.

zeigt, welche große Bedeutung die Göttlichen Stätten im Festgeschehen der Tempel der Spzt. gehabt haben müssen[12]. (s. Tab. 1).

30.2.–5.3. – Ob ebenfalls Ersatzritus?

30.4. – Der Besuch der Göttlichen Stätte für das Begräbnis der Osirisfigur des Vorjahres scheint mir indirekt aus Buch VI des Choiaktextes hervorzugehen, s. CHASSINAT, op. cit., 130 (col. 100); 134 (col. 116); 137 (col. 131).

— Zu Chadi, der Göttlichen Stätte von Dendera, s. F. DAUMAS, *Dendara et le temple d'Hathor* (*RAPH* 29), 1969, 12 f.

Esna:

22.3. – Kein Hinweis im Festkalender auf einen Besuch der Heiligen Stätte. Nur Esna III, Nr. 340 gibt darüber Auskunft; s. a. Esna V, 29 f.

23.3. – s. a. Esna III, Nr. 342,9-10; Esna V, 37 f.

29.3. – s. a. Esna III, Nr. 344.11–14; Esna V, 41 f.

30.3. – s. a. Esna III, Nr. 345; Esna V, 45.

1.4. – s. a. Esna III, Nr. 346; Esna V, 60; Esna III, Nr. 347; Esna V, 64 f.

9.10. – s. a. Esna III, Nr. 196.3 f.; Esna V, 312.

19.11. – s. a. Esna III, Nr. 197; Esna V, 331 ff.

20.11. – s. a. Esna III, Nr. 198; Esna III, Nr. 259; Esna V, 356 f.

— Zur Göttlichen Stätte von Esna s. S. SAUNERON, L'Abaton de la campagne d'Esna, in: *MDAIK* 16 (Fs Junker II, 1958), 273 ff.; Esna V, 316 ff.; vgl. a. H. STERNBERG, *Mythische Motive und Mythenbildung in den Ägyptischen Tempeln und Papyri der gr.-röm. Zeit* (*GOF* IV/14), 1985, 89 (h), 104 (c), 105 (q). Die Lokalisierungen und räumlichen Zuordnungen der in den Texten genannten Orte *st-ḥrjt*, *st-ꜥꜣt*, *pr-nṯr* und *pr-ẖnm(-n-sẖt)* sind etwas komplizierter und nicht so eindeutig, wie SAUNERON sie in Esna V dargestellt hat, ein Problem, das hier nur kurz aufgezeigt, aber nicht gelöst werden kann. SAUNERON hat *pr-ẖnm(-n-sẖt)* mit Kom ed-Deir und *pr-nṯr* mit dem nördlich davon gelegenen Kom es-Senoun identifiziert (Esna V, 316). *pr-nṯr* ist für ihn ein Tempel, in dessen Nachbarschaft sich ein Abaton mit dem Grab des Osiris und der verstorbenen Götter befand (*MDAIK* 16, 278). Für STERNBERG, op. cit., 89, n. h, bilden *pr-ẖnm(-n-sẖt)* und *pr-nṯr* zusammen den „Heiligen Bezirk" als Abaton von Esna. (Anders STERNBERG, op. cit., 105, n. q, wo sie offenbar als Synonyme behandelt werden). Nach Esna II, Nr. 81.2, ist *pr-ẖnm-n-sẖt* in der Tat ebenfalls eine *ꜣt-nṯrjt* und besitzt die gleichen Zutrittsverbote wie *pr-nṯr*. Nach SAUNERON ist *st-ꜥꜣt* die Nekropole der toten Götter zwischen *pr-ẖnm(-n-sẖt)* und *pr-nṯr* (Esna V, 294 (bb)). Dagegen spricht, daß nach Esna II, Nr. 130.1, *st-ꜥꜣt* im Süden von *pr-ẖnm-n-sẖt* liegt. *st-ḥrjt* hingegen ist für SAUNERON das Grab der toten Götter in dem Tempel *pr-nṯr* (Esna V, 329 (b)). Nach Esna II, Nr. 77 (171, 6-8) liegt *st-ḥrjt* aber im Süden des Sees „Zerbrechen-des-Aufruhrs", welcher nach Esna III, Nr. 196.2 (5.4–5) im Norden von *pr-ẖnm-n-sẖt* und damit südlich von *pr-nṯr* liegt. Zusätzliche Schwierigkeiten schafft noch ein Umstand, auf den SAUNERON (Esna V, 333, n. 1) hinweist, nämlich daß möglicherweise *pr-nṯr* und *pr-ẖnm* als Kurzform von *pr-ẖnm-n-sẖt* graphisch zusammenfallen können. Eine Lösung dieser gesamten Problematik soll an anderer Stelle versucht werden. In die Tabelle wurden nur die Feste aufgenommen, bei denen ausdrücklich als Ziel oder Handlungsort entweder *st-ḥrjt*, *st-ꜥꜣt* oder eindeutig *pr-nṯr* genannt werden. Unter Umständen müssten nach Klärung der genannten Probleme aber auch Feste mit *pr-ẖnm(-n-sẖt)* als Ziel und Handlungsort hinzugenommen werden.

Kom Ombo:

2.2.–5.2. – s. infra.

26.4.–30.4. – Es scheint sich hier um einen durchgehenden Aufenthalt in der Göttlichen Stätte zu handeln.

— Zur Göttlichen Stätte von Kom Ombo s. A. GUTBUB, *Textes fondamentaux de la théologie de Kom Ombo* (*BdE* 47,1), 1973, 519.

12 Einige dieser Feste sind in zweifacher Hinsicht „Besuchsfeste", so das Fest von Behedet, anläßlich dessen Hathor und andere Götter erst einmal nach Edfu reisen, aber auch das noch zu besprechende Fest im Monat Paophi, an dem Hathor ebenfalls nach Edfu kommt, um von dort aus die Göttliche Stätte zu besuchen. Für Esna vgl. Esna V, 48 ff.

Um die Rolle dieser Stätten im Festablauf zu klären, ist es notwendig, bei den einzelnen Festen erst einmal Klarheit nicht nur über den Ablauf des Festgeschehens, sondern auch über den Sinn des Festes zu gewinnen. Erst dann lassen sich vielleicht gemeinsame Grundkomponenten dieser Feste und ihrer Beziehung zur Göttlichen Stätte herausarbeiten. Die Schwierigkeiten, auf die man dabei stößt, sind außerordentlich groß. Die sehr kurz gehaltenen Eintragungen der Festkalender lassen manchmal kaum ahnen, was der Sinn des Festes ist. Sind weitere Texte außerhalb dieser Kalender vorhanden, kann als nächstes Problem auftreten, daß man nur eine der gleichzeitig möglichen Bedeutungsebenen, d.h. der naturzyklischen, mythischen und königstheologischen Ebene, erfährt. Darüber hinaus ist auf der mythischen Ebene oft auch noch eine Überlagerung von verschiedenen Mythen festzustellen.

Mir dieser grundsätzlichen Unsicherheiten bei der Deutung von Festen bewußt, möchte ich mich im folgenden zwei dieser Besuchsfeste in Edfu widmen und einen kleinen Beitrag zum Themenkomplex „Göttliche Stätten und ihre Feste“ leisten.

Neben dem Großen Fest im Epiphi, anläßlich dessen Hathor von Dendera nach Edfu fuhr, gab es ein zweites Fest an dem ebenfalls eine derartige Fahrt unternommen wurde[13]. Darüber gibt uns ein Textabschnitt in der oberen Bandeauinschrift der östlichen Außenseite der Umfassungsmauer des Edfutempels Auskunft[14], die ursprünglich aufgrund einer falschen Lesung der Monatsangabe von ALLIOT als ein weiterer Text zum Epiphifest aufgefaßt wurde[15]. Diesem Text zufolge fährt Hathor am 5. Paophi in Dendera ab und gelangt am 18. nach Edfu. Zwischendurch macht sie Station in Theben und begibt sich dort auf den Ischeru-See. Nach Ankunft in Edfu begibt sie sich in das Haus-des-Erscheinens, d.h. das Mammisi von Edfu, wobei sich Horus-Behedeti, die Neunheit von Edfu und der Segemeh-Speer bei ihr befinden. Der letzte Teil dieses Textabschnittes sagt dann:

„*Gelangt sie nach Behedet zu den Kindern-des-Re, so erwachen diese an ihrer Stätte bei ihrer (Hathors) Ankunft. Der Überaus-Erhabene ist bei ihr, um ihnen allen ein sfsf-3w-Opfer darzubringen ...*“

Danach ist der Text leider zerstört. Hieraus geht nun klar hervor, daß nach dem Besuch des Mammisi die Urgötternekropole Behedet aufgesucht, und den als Kinder-des-

13 Siehe W. WAITKUS, Eine Fahrt der Hathor von Dendera nach Edfu im Monat Paophi ?, in: *GM* 135 (1993), 105–111; vgl. A. EGBERTS, a.a.O., 18 f.

14 Edfou VII, 26.9–27.5.

15 M. ALLIOT, op. cit., 444. Zur richtigen Lesung der Monatsangabe s. WAITKUS, a.a.O., 106.

Re bezeichneten verstorbenen Urgöttern das für diesen Ort typische *sfsf-3w*-Opfer, eine Wasserspende[16], dargebracht wurde.

Zwei weitere Texte beziehen sich wahrscheinlich auf das gleiche Festgeschehen ohne allerdings Tagesangaben zu machen[17].

Aus dem großen Festkalender von Edfu lassen sich leider keine Informationen gewinnen, da er für den Monat Paophi eine Lücke aufweist[18]. Der kleine Festkalender hat als Eintragungen den 18. und 23. Paophi[19]. Daß beide Daten zusammenhängen, zeigen die Inschriften des Mammisi: Danach begibt sich Horus-Behedeti am 18. in das Mammisi und ruht dort sieben Tage mit Hathor, Harsomtus und dem Horusspeer[20]. Der 23. ist dabei der Beginn der Riten des „*Schönen Festes des Eintretens in das Haus*"[21] bis zum 24.[22] Nach diesem Tag wäre also der Besuch von Behedet anzusetzen[23].

Als letzten Tag des Monats Paophi nennt der Große Festkalender von Edfu das Fest der Großen-Keule[24]. Dieses Fest wurde noch ein zweitesmal gefeiert, nämlich am 15. Mesore[25]. Bemerkenswert ist daran, daß dieses Fest somit beide Male nach einem Fest stattfand, bei dem Hathor nach Edfu fuhr und außerdem ein Besuch der Urgötternekro-

---

16 Siehe hierzu M.-Th. DERCHAIN-URTEL, *Priester im Tempel* (*GOF* 19), 1989, 143–151; E.A.E. REYMOND, The Children of Tanen, in: *ZÄS* 96 (1969), 39, n. 9.

17 Edfou VIII, 23.10; E VII, 32.7–10. Zu letzterem: Die Lücke im Datum ist nach Kollationierung vor Ort sehr viel kleiner als bei CHASSINAT angegeben, läßt sich aber sehr wahrscheinlich zu *2. 3ḫt* ergänzen. Hier wird zum einen interessanterweise auch das Mammisi (*ḥt-ḥ*ʿ*jt*) genannt, zum anderen eine <Stätte>-des-Osiris, was im Hinblick auf den Besuch von Behedet und auf die weiter unten gegebene Deutung des Paophifestes von Bedeutung scheint.

18 Edfou V, 397.6–7. Vgl. hierzu und zu den folgenden Angaben F. DAUMAS, *Les mammisis des temples égyptiens*, Paris 1958, 257–259.

19 Edfou I, 359.16; GRIMM, op. cit., 41 f. (I 4 u. I 5).

20 Edfou Mam., 6.13 u. 56.2–4. Der Horusspeer ist dort mit der Barke zusammen dargestellt, s. ibid. 15.10 u. pl. XIII, und zusammen mit Hathor und Harsomtus in einer Ritualszene, ibid. 94.12–16 u. pl. XIX.

21 Vgl. hierzu A. GUTBUB, A propos de quelques textes dogmatiques concernant la dédicace du temple et sa prise de possession par la divinité à Edfou, in: *Hommages à François Daumas*, Bd. II, Montpellier 1986, 393. Im vorliegenden Fall würde es sich um eine jährliche Wiederholung dieser Weiheriten handeln. Das läßt vermuten, daß beim Paophifest eine Wandlung des Horus-Behedeti stattfindet, die es erforderlich macht, daß der Tempel aufs neue ihm überwiesen werden muß. Möglicherweise finden diese Riten aber auch generell bei jeder Rückkehr nach einem Auszug aus dem Tempel statt.

22 Edfou Mam., 56.7–8.

23 Da zuvor die Riten des „Fest des Eintretens in das Haus" für Horus-Behedeti durchgeführt werden, dieser also in seinen Tempel zurückgekehrt ist, könnte dieses bedeuten, daß er an dem Besuch von Behedet nicht teilnimmt. Vgl. hierzu EGBERTS, a.a.O., 19, der aus anderen Gründen die gleiche Vermutung äußert.

24 Edfou V, 397.7–398.1; GRIMM, op. cit., 45 (H 6).

25 Edfou V, 395.1; GRIMM, op. cit., 139 (H 40*).

pole durchgeführt wurde[26]. Große-Keule ist aber auch eine Bezeichnung des Horusspeers[27]. Dieser ist, wie bereits geschildert, ebenfalls an den am 18. beginnenden Feierlichkeiten im Mammisi beteiligt. A. EGBERTS hat darauf hingewiesen, daß es sich bei dem „Überaus-Erhabenen" (*ḥj ˁ3 wr*), der mit Hathor die Kinder-des-Re besucht, nicht um eine Bez. des Horus von Edfu handelt, da er erst nach Hathor genannt wird. Er warf deshalb die Frage auf, ob dieses nicht eine Bez. des Horusspeeres sein könnte[28]. Dem läßt sich hinzufügen, daß ein Gott mit diesem Namen in den Krypten von Dendera dargestellt ist[29], möglicherweise in Zusammenhang mit dem Paophifest[30]. Eine Beziehung des Horusspeeres mit dem Beinamen „Große-Keule" zur Göttlichen Stätte wird auch in einer Seth-Vernichtungsszene auf der westlichen Außenwand des Naos hergestellt[31].

Daß bei diesem Fest der Horusspeer eine gewisse Rolle gespielt hat, könnte sich auch in den Angaben bei Plutarch wiederfinden, demzufolge am 23. Paophi ein Fest des Stabes-des-Re gefeiert wurde[32]. Stab-des-Re (= *mdw-n-Rˁ*) ist aber auch Bezeichnung des Horusspeeres[33]. Darüber hinaus läßt sich aber leider zur Verbindung der am 5. Paophi mit der Abfahrt der Hathor beginnenden Feierlichkeiten und dem Fest der Großen-Keule kaum mehr an Fakten beitragen, so daß ein weitergehendes Verständnis dieser sich andeutenden Zusammenhänge mir vorerst nicht möglich scheint[34].

---

26 Wenn hier also bei beiden Festen ein Zusammenhang existieren sollte, ließe der scheinbar große Abstand des 15. Mesore zum Epiphifest sich dadurch vielleicht erklären, daß bei einer 14-tägigen Dauer des mit Neumond beginnenden Epiphifestes das Fest der Großen-Keule auch dann im Anschluß stattfinden konnte, wenn der Neumond beispielsweise auf den 30. Epiphi fiel.

27 Vgl. J.-Cl. GOYON, *Les dieux-gardiens et la genèse des temples* (*BdE* 93), 1985, 145–147. Vgl. auch E.A.E. REYMOND, The Origin of the Spear. I, in: *JEA* 49 (1963), 140 ff. und The Origin of the Spear. II, *JEA* 50 (1964), 133 ff.

28 EGBERTS, a.a.O., 19.

29 Krypta Ouest N° 1 B; Dendara VI, 72.11; pl. DXV. Die anthropoide Darstellungsweise muß nicht unbedingt ein Widerspruch zu dieser Annahme sein, denn der Horusspeer wird auch in Edfu einige Male anthropoid (dann allerdings falkenköpfig) dargestellt, s. z.B. Edfou V, 245.1; pl. CXXXII; Edfou VII, 101.2; Edfou Mam., 94.16 u. pl. XIX.

30 Der Grund für die Darstellung liegt eventuell in einer thematischen Verklammerung der Dekoration der Kammern A, B und F der Krypta Ouest N° 1, zu der das auf den Abfahrtstag (5. Paophi) fallende Fest der *ṯhw*-Pflanze gehört, s. W. WAITKUS, *Die Texte in den unteren Krypten des Hathortempels von Dendera* (*MÄS* 47), 1997, 261.

31 Edfou IV, 78.6–9: „*Ḥr sḫm ḥr p3 sgmḥ*..., die Große-Keule des Re, der seine Feinde in der Begräbnisstätte (*zmjt*) schlachtet" und „Die Große-Keule in Horizont-der-Ewigkeit ist erschienen als *Ḥr sḫm ḥr*...". Vgl. auch REYMOND, *JEA* 49 (1963), 142.

32 PLUTARCH, De Iside et Osiride, Kap. 52.

33 Edfou VI, 135.1; Edfou VII, 284.12; Edfou I, 302.12; bei den zuletzt genannten Stellen auch die Gleichsetzung mit *ḥḏ-wr*.

34 Es bleibt noch auf den Zusammenhang des Speers mit dem Nun hinzuweisen (*prj m nwn*, vgl. E.A.E. REYMOND, The Primeval Djeba, in: *JEA* 48 (1962), 82; *JEA* 49 (1963), 140), welcher als personifiziertes

Die Reise der Hathor läßt auch den Mythos der Fernen Göttin anklingen, d.h. die Fahrt nach Edfu ist die Rückkehr des Sonnenauges zu seinem Vater, was auch einige Textpassagen zum Ausdruck bringen[35]. Insbesondere der Zwischenaufenthalt in Theben mit einer Fahrt auf dem Ischeru-See des Muttempels läßt sich als ein Besänftigungsritual auffassen, was sich gut in das Schema dieses Mythos einfügen würde. Der Festkalender im Tor des Mutbezirkes enthält allerdings keinen direkten Hinweis auf dieses Ereignis[36].

Eine weitere Beziehungsebene, die zur Charakterisierung dieses Festes beitragen könnte und die m.E. auch weiter führt, liefern die Tagewählkalender, und zwar hinsichtlich der Eckdaten der Reise der Hathor, nämlich des 5. und 18. Paophi. Chr. Leitz hat bei der Kommentierung des Tagewählkalendertextes zum 5. Paophi aufgezeigt, daß der mythologische Hintergrund dieses und der benachbarten Tage, die postume Zeugung des Horus am 5. Paophi ist[37], und am 18. die Wiederauferstehung des Osiris in Horus stattfindet[38]. Er verweist in diesem Zusammenhang darauf, daß der 18. im Horusmythos von Edfu der Tag ist, an dem Isis Thot gegenüber von ihrer Schwangerschaft erzählt[39]. Da am 5. Paophi, also dem Abfahrtstag der Hathor in Dendera, im Festkalender der Hathor, genau wie im Tagewählkalender an diesem Tag der Phallus genannt wird, erwägt er, daß die Reisedauer die Zeitdifferenz zwischen Empfängnis und Bemerken der Schwangerschaft widerspiegelt[40]. Es bleibt noch hervorzuheben, daß Thot im Horusmythos zu Isis sagt, daß sie nach Edfu gehen solle, um Horus-Behedeti mitzuteilen, daß sie

---

Überschwemmungswasser bei diesem Fest, wie noch zu zeigen sein wird, eine Rolle spielt. Die Tagewählkalender verzeichnen für den letzten Tag des Paophi, an dem in Edfu das Fest der Großen-Keule (d.h. des Speeres) gefeiert wurde, ein Fest des Nun, s. Chr. Leitz, *Tagewählerei. Das Buch ḥȝt nḥḥ pḥ.wy ḏt und verwandte Texte* (*ÄA* 55), 1994, 107.

35 „Die Herrin von Dendera ist gekommen zu ihrer Zeit im Jahr, um ihren Vater zu sehen ..." (Edfou VII, 26.3–4); „Sie findet ihren Vater Re, der sich freut, sie zu sehen, (nämlich) sein Auge, nach ihrer Ankunft."(Edfou VII, 26.14–27.1).

36 Siehe S. Sauneron, *La porte ptolémaïque de l'enceinte de Mout à Karnak* (*MIFAO* 107), 1983, pl. VIII, 14–17 wohl eher mit möglichem Bezug auf den Monat Thoth; vgl. die Übersetzung von A. Spalinger, A Religious Calendar Year in the Mut Temple at Karnak, in: *RdE* 44 (1993), 165–167.

37 Leitz, *Tagewählerei* (*ÄA* 55), 1994, 68–70.

38 Leitz, op. cit., 87–89.

39 Edfou VI, 214.1–3: „Im zweiten Monat der Achet-Jahreszeit, 18. Tag, da sprach Isis zu Thot: Ich bin schwanger für meinen Bruder Osiris." Thot sagte darauf zu Isis: „Gehe nun nach Edfu, um es Horus Behedeti mitzuteilen, dem Herrn von Mesen, dessen Name „Horus der Starke" lautet, weil er immer schon denjenigen gestärkt (und geschützt hat), der in diesem Leibe ist." Übersetzung von Kurth, Treffpunkt der Götter, 1994, 257.

40 Leitz, op. cit., 69, Anm. 22.

schwanger sei[41], so daß auch hierin eine Übereinstimmung mit der Fahrt der Hathor nach Edfu festzustellen ist. Somit wäre ein möglicher mythologischer Hintergrund des Paophifestes die postume Zeugung des Horus, wobei, worauf Chr. LEITZ auch hinweist, diese wiederum mit der in dieser Jahreszeit stattfindenden Nilschwemme zusammenhängt[42].

In diese Deutung fügt sich nun ganz unerwarteterweise auch der Aufenthalt auf dem Ischeru-See in Theben. Unter den von K. SETHE gesammelten Thebanischen Inschriften, gibt es unter den unveröffentlicht gebliebenen einen Text, der über die Enstehung des Ischeru-Sees berichtet[43]:

„... Sie (d. Göttin) näherte sich Theben, das Auge des Re, schwanger mit der Pupille der Lebenden[44] (d. h. das Götterkind). Da kam zu ihr ihr Vater Nun, der Urzeitliche der beiden Länder [... ... ...] Er [lösch]te[45] die Flamme ihrer Majestät und machte ihr ein Wasser auf allen ihren Seiten ...“

Die Entstehung des Ischeru-Sees wird also nicht nur mit der Ankunft einer offenbar feurigen Göttin, die als Auge-des-Re bezeichnet wird, in Theben in Verbindung gebracht, sondern die Göttin ist außerdem auch noch schwanger. Wir haben hier einen möglichen weiteren Hinweis darauf, daß die Fahrt nach Edfu mit der Zeugung des Horus in Beziehung zu setzen ist, indem mit dem Aufenthalt auf dem Ischeru-See in Theben auf einen lokalen Mythos von der Ankunft einer schwangeren Göttin Bezug genommen wird.

---

41 Siehe Übers. in Anm. 39.

42 Unter der Voraussetzung, daß die Festkalender der Tempel der gr.-röm. Zeit nicht im Naturjahr verankert sind, sondern auf dem Kalendersystem des bürgerlichen Wandeljahres basieren, wäre der Zusammenhang zwischen den Festdaten und der Nilschwemme nur ideell, vgl. hierzu auch A. SPALINGER, Calendrical Evidence and Hekanakhte, in: *ZÄS* 123 (1996), 90 f.

43 K. SETHE, Notizbuch 6 (unpubl.), 72. Der Text liegt bei OTTO, Topographie, 1952, 39; nur in Übersetzung vor, vgl. auch S. SAUNERON, Villes et légendes d'Égypte, in: *BIFAO* 62 (1964), 51. Die Abschrift von SETHE konnte von mir im Berliner Archiv des Altägyptischen Wörterbuches mit der Übersetzung von OTTO verglichen werden. Dem Berliner Wörterbuchprojekt und seinen Mitarbeitern möchte ich an dieser Stelle herzlich für diese Möglichkeit danken. Es handelt sich bei diesem Text um eine Türinschrift im Muttempel, die sich aufgrund eines bei SETHE angegebenen Türnamens dem Durchgang zwischen Forecourt und Court (PM II² pl. XXV) zuweisen läßt, da für diese Tür der gleiche Name bei BRUGSCH, Thes., 757 [d] und C. NIMS, Places About Thebes, in: *JNES* 14 (1955), 123, fig. 2 [23 und 117]= PM II², 257 (8) b, gegeben wird.

44 *ꜥnḫt* (Wb I, 201.9) hier wohl eine Bezeichnung der Göttin als Auge (vgl. Wb I, 205.5–7, von OTTO, op. cit., 39 auch so aufgefaßt). Zur „Pupille des *ꜥnḫt*-Auges“ vgl. Kom Ombos I, Nr. 507. Der gesamte Ausdruck ist parallel zur „Pupille des *wḏꜣt*-Auges“ als Bezeichnung des Götterkindes (vgl. Wb V, 573.6–7) aufzufassen.

45 Nach Kontext und dem erhaltenen  als Wortende ist an *ꜥḫm* (Wb I, 224.15) zu denken. So offenbar auch von OTTO, op. cit., 39 ergänzt.

Es gibt hier somit mindestens drei Aspekte, die den Hintergrund für das Paophi-Fest liefern könnten:

Auf der mythischen Ebene:

1. der Mythos vom Sonnenauge und
2. die postume Zeugung des Horus,

auf der naturzyklischen Ebene:

3. die Nilschwemme.

Die Grundidee des 2. Aspekts und damit vielleicht auch der 3. Aspekt findet sich bei einem zeitlich benachbarten Fest in Kom Ombo, daß in der Ausführung und in der mythologischen Formulierung allerdings einen eigenen Weg geht.

Vom 2. bis zum 5. Paophi[46] verzeichnen die Festkalender von Kom Ombo ein Fest, in dessen Verlauf jeden Tag eine Prozession zur dortigen Göttlichen Stätte (*Bg3w*) stattfindet[47]. Über den mythologischen Hintergrund läßt sich den Texten folgendes entnehmen: Haroeris begibt sich am 2. Paophi in der Rolle des Schu zur Göttlichen Stätte, um dort für Geb, seinen Sohn, ein Opfer zu bringen. Geb gehört in Kom Ombo mit Osiris zu den in der dortigen Göttlichen Stätte begrabenen Göttern. Haroeris-Schu vereinigt sich dort mit Geb und beide erschaffen ihren Sohn Osiris. Bei dieser Schöpfung handelt es sich jedoch nicht um die Ersterschaffung, welche ja die Geburt als Kind von Geb und Nut wäre, sondern um eine Wiederholung dieser Schöpfung[48]. Bemerkenswert ist, daß die Tagewählkalender an diesem Tag ein *wḥm mswt* nennen[49]. Der 5. Paophi ist dabei in Kom Ombo der Abschluß des Festes und nicht wie in Edfu bzw. Dendera der Beginn. Dennoch scheint mir gerade die Überschneidung in diesem Datum und die Erneuerung des Osiris bei beiden Festen, in einem Fall eben durch Zeugung seines Sohnes, die

46 Möglicherweise sind auch noch die Festtage vom 7. bis zum 11. im Kalender C dazu zu zählen, cf. GUTBUB, Textes fondamentaux (*BdE* 47,1), 1973, 101 n. (w); GRIMM, op. cit., 37 (C 6).

47 Am 3. Paophi wird eine Prozession des Panebtaui mit Sobek und eine zweite mit Panebtaui und Tasenetneferet angegeben (vgl. GRIMM, op. cit., 35 (C 4)). Da es m. E. unwahrscheinlich ist, daß mit Panebtaui am gleichen Tag zweimal eine Prozession nach *Bg3w* durchgeführt wird, möchte ich annehmen, daß hier das Datum des 4. Tages, welches in diesem Kalender auch fehlt, vor der Nennung der zweiten Prozession ausgefallen ist.

48 Ausgedrückt durch *m wḥm ˁ* in Kom Ombos II, Nr. 709, s. GUTBUB, op. cit., 12 (ao). — Ein möglicher Bezug zur Nilschwemme könnte in Kom Ombo angedeutet werden durch eine Szene, die das am 3. Paophi durchgeführte „Große Opfer" (*ˁ3bt ˁ3t*) zum Gegenstand hat. Die Gegengabe in dieser Szene (Kom Ombos II, Nr. 609) ist Hapi, der die beiden Quellöcher für den König öffnet.

49 LEITZ, op. cit., 63. In der Diskussion S. 64 fehlt allerdings die deutliche Verbindung dieses Datums in Kom Ombo mit der Neuschöpfung des Osiris, s. hierzu Kom Ombos I, Nr. 193; Nr. 182; Kom Ombos II, Nr. 709.

Deutung des Festes in Edfu zu bestätigen. Über die Vorgänge in der Urgötternekropole von Behedet selbst und die Bedeutung dieser Stätte im Festverlauf ist leider nichts zu erfahren, da die Beschreibung dieses Teils des Festes beim Haupttextzeugen leider zerstört ist.

Etwas besser steht es damit bei dem zweiten Festgeschehen in Edfu, in deren Verlauf Behedet aufgesucht wurde.

Über dieses Fest berichtet uns der große Festkalender in Edfu für den Monat Tybi in sehr knapper Weise:

„*Tag 25 bis 27: Feste des Niederlegens von Opfergaben für die Götter von Behedet.*"[50]

Daß hier mit Behedet die Urgötternekropole gemeint ist und außerdem tatsächlich ein Besuch dieser Stätte vorgenommen wurde, was der Kalender ja nicht explizit schildert, zeigt uns eine Inschrift im Südtor des Tempelbezirks, die klar aussagt, daß Horus am 27. Tybi hier durchzog, um den Göttern von Behedet ein *sfsf-ꜣw*-Opfer zu bringen[51].

Der 27. Tybi wird auch in einer Szene der westlichen Innenseite der Umfassungsmauer genannt, eine Szene, die uns wichtige Hinweise über den mythologischen Hintergrund dieses Festes liefert. Sie befindet sich im 2. Register der Wand und schließt an den Mythos von der geflügelten Sonnenscheibe an[52] (s. Abb. 1). H.W. FAIRMAN hat diese Szene als Mythos B bezeichnet und als eigenständig neben dem Mythos der geflügelten Sonnenscheibe, dem sogenannten Mythos A, aufgefaßt[53]. Dargestellt ist die Darreichung des *ḥrw-ꜥ*-Getränks[54] in Verbindung mit einem *wdn*-Opfer vor Re-Harachte, Horus-Behedeti, Hathor und Harsomtus-das-Kind. Hinter den Göttern ist ein großer Baum dargestellt, an dessen Fuß die Namen von drei Göttlichen Stätten zu finden sind (s. Abb. 2)[55], nämlich: Behedet, Horizont-der-Ewigkeit und Geheime-Stätte[56]. Diese stehen hier symbolisch für die Göttlichen Stätten[57]. Der Baum selbst repräsentiert die Heiligen

50 Edfou V, 400.1.

51 Edfou VIII, 160.9–10.

52 Edfou VI, 132.7–136.9; Edfou X, pl. 146.

53 H.W. FAIRMAN, The Myth of Horus at Edfu - I, in: *JEA* 21 (1935), 26.

54 Zu diesem Getränk s. FAIRMAN, a.a.O., 29, Anm. 1; Ph. DERCHAIN, En l'an 363 de Sa Majesté le Roi de Haute et Basse Égypte Râ-Harakhty vivant par-delà le Temps et l'Espace, in: *CdE* 53 (1978), 53 ff.

55 Die Abb. ist ein Ausschnitt aus Edfou XIII, pl. DXXXV.

56 Edfou VI, 136.8–9.

57 Es fällt auf, daß die *jꜣt*-Zeichen im Vergleich mit den anderen Hieroglyphen sehr groß erscheinen. Es ist daher wohl davon auszugehen, daß sie hier als Darstellungen aufzufassen sind, denen die Namen beigeschrieben sind. Im Falle von *jꜣt-štꜣt* könnte das als Phonogramm dienende *jꜣt*-Zeichen in seiner Größe irrigerweise diesen Darstellungen angepaßt worden sein, so daß damit vier Darstellungen vorhan-

Bäume, die zur Anlage einer jeden Göttlichen Stätte gehören. Für Behedet sind dies nach der Großen Geographischen Inschrift *jm3*-, *jšd*- und *šnḏt*-Bäume[58].

Auf den Kult in Behedet als Urgötternekropole nehmen die Beischriften der Götter Bezug[59]. So ist Harsomtus-das-Kind derjenige, der den Göttern von Behedet ein *sfsf-3w*-Opfer bringt. Über Hathor wird gesagt, daß sie die Kinder-des-Re, d. h. die verstorbenen Götter, mit Opferspeisen versorgt und die Kehlen der *ḥtptjw*, der Ruhenden, was hier ebenfalls auf diese Göttergruppe zu beziehen ist, atmen läßt. Horus-Behedeti schließlich ist der, der das Land-der-ersten Körperschaft betritt – wohl eine Bezeichnung von Behedet – und ein Opfer darbringt an der Stätte-der-Maat[60]. Die Bezüge dieser Szene zur Götternekropole werden also durch Text und Ikonographie deutlich herausgestellt. In dem Begleittext hinter dem König wird nun außerdem der 27. bzw. der 25. Tybi genannt und damit die Verbindung zum Eintrag des Festkalenders geschaffen.

So heißt es einmal, nachdem gesagt wird, daß Re-Harachte sich im Süden von Edfu befindet, nachdem seine Feinde getötet waren:

„*Re-Harachte setzte sich nieder auf dem Thronsitz am 27. Tag des 1. Monats der prt-Jahreszeit. Da sagte Re-Harachte zu den Göttern, die in seinem Gefolge waren: „Das Land wurde geordnet wegen dessen, was ich getan habe.“ Man machte ein zahlreiches Opfer für Re-Harachte, ..., und man sagt zu ihm „Das große wdn-Opfer des Re bis zum heutigen Tage an.*“[61]

Außer der Begründung für das *wdn*-Opfer der Szene geht hieraus noch hervor, daß mit dem Datum offenbar ein Sieg über die Feinde des Re verknüpft ist.

An einer weiteren Stelle sagt Re-Harachte:

„*Ich habe mich in Freude zur Ruhe niedergelassen, es war in Thronsitz-des-Horus, in Behedet, am 2[5] (oder 2[7].) Tybi.*“[62]

Bezeichnend ist hier, daß Re sich zur Ruhe begibt, wobei das Wort *mkmk* benutzt wird, das „*ruhen, schlafen*“ bedeutet[63].

den waren und die vierte Göttliche Stätte, für die dann auch kein Platz mehr vorhanden war, weggelassen wurde.

58 Edfou I, 337.12.

59 Edfou VI, 136.2–7.

60 Die vierte Göttliche Stätte, deren Nennung bzw. Darstellung am Fuße des Baumes vielleicht fehlt, weil sie an dieser Stelle bereits genannt wird. Ich halte jedoch die in Anm. 57 gegebene Erklärung für die wahrscheinlichere.

61 Edfou VI, 134.2–3.

62 Edfou VI, 134.6–7. Die Datumsangabe, die hier leider etwas beschädigt ist, läßt beide Ergänzungen als möglich erscheinen.

63 Wb II, 159.1.

M. ALLIOT hat insbesondere wohl wegen der längeren, den Schluß des Begleittextes bildenden Erzählung des Sieges von Horus-Behedeti über Seth in Edfu[64] dieses Fest als ein Erinnerungsfest dieses Ereignisses gedeutet[65]. Ich denke jedoch, daß man auch gerade im Hinblick auf die Funktion der Göttlichen Stätte Behedet bei der Deutung dieser Szene und des Begleittextes hinter dem König in einigen Punkten weiterkommt.

Diese Szene hängt, wie A. EGBERTS in seinem Beitrag gezeigt hat[66], aufs engste mit dem Text A, dem Mythos von der geflügelten Sonnenscheibe zusammen, der hinsichtlich des *ḥrw-ꜥ*-Getränks eine ätiologische Begründung liefert. Der Mythos schildert den Siegeszug des Horus, nachdem er von seinem Vater Re zu Hilfe gerufen wird, da dieser alt und schwach geworden ist und deshalb von Rebellen angegriffen wird. Dieser Siegeszug geht von Unternubien bis zur Küste des Mittelmeeres. Interessant ist nun, an welcher Stelle das *ḥrw-ꜥ*-Getränk im Ablauf der Handlung erscheint. Nachdem Re aus Nubien geflohen und im Gau von Edfu angekommen ist, werden die dort gesichteten Feinde bekämpft. Dazu fliegt Horus-Behedeti als Api zum Horizont auf, wendet seine Stirn gegen die Feinde und beraubt sie ihrer Sinne, so daß sie sich gegenseitig töten. Es heißt dann im Text:

> *„Darauf nun umarmte Re ihn (d. h. Horus) (und nahm ihn) an seine Brust, und Re sagte zu Horus-Behedeti: „Du hast Trauben in den Saft gegeben, der aus ihnen hervorkommt, und dein Herz ist dadurch zufrieden"; man bereitet deswegen das ḥrw-ꜥ-Getränk für Horus-Behedeti bis auf den heutigen Tag."*[67]

Erst nach Schilderung dieser Episode beginnt der Kampf auf dem Wasser, in dessen Verlauf Horus die Feinde durch ganz Ägypten von Kampfplatz zu Kampfplatz vor sich hertreibt und besiegt.

Die Bereitung des *ḥrw-ꜥ*-Getränks erfolgt also zur Erinnerung an diesen ersten Sieg in Edfu[68] und das Fest im Tybi ist somit auch ein Erinnerungsfest dieses Sieges. Weitere Einzelheiten zu diesem Fest lassen sich auch der *ḥrw-ꜥ*-Szene selbst entnehmen:

Der Text hinter dem König besteht u. a. aus mehreren Ätiologien[69], zu denen auch die beiden bereits zitierten Abschnitte mit den Datumsangaben gehören. In dem ersten

---

64 Edfou VI, 135.2–7.

65 ALLIOT, op. cit., 285.

66 Siehe supra S. 17.

67 Edfou VI, 111.9–112.2.

68 Nimmt man einmal die andere Variante der Ausdeutung des dahinter stehenden Solstitialmodells, nämlich den Mythos der fernen Göttin, so entspricht dieses dem Moment, wo die Göttin zum ersten Mal ägyptischen Boden betritt und deshalb ein Freudenfest veranstaltet wird.

ätiologischen Abschnitt wird der Name des Ortes begründet, an dem Re-Harachte sich befindet, nachdem die Widersacher getötet waren. Der Name dieses Ortes lautet: Haus-des-Re-im-Süden-von-Thronsitz-des-Horus.

Im fünften Abschnitt wird über diesen Ort ausgesagt, daß sich in seinem Osten ein See befindet, der ebenfalls im Süden von Edfu liegt, dessen Name Südlicher See bzw. See-des-Königs ist[70].

Es liegt nicht fern, zu vermuten, daß Haus-des-Re ein Teil der Göttlichen Stätte ist[71]. Daß Re sich hier niederläßt, scheint mir auch aus dem vierten ätiologischen Abschnitt hervorzugehen. Hier wird begründet, warum im Südlichen-Behedet, d. h. der Götternekropole[72], sowie den anderen Stätten Ägyptens, Opferungen – wohl anläßlich des genannten Datums – durchgeführt werden. Die Stätten Ägyptens sind nach diesem Text die von Horus eroberten Gebiete; als Ätiologie für Südliches-Behedet bleibt nur die Aussage übrig, daß Re sich im Thronsitz-des-Re, und zwar in Behedet niederläßt. In letzterem möchte ich deshalb auch die Bezeichnung der Götternekropole und nicht des Edfutempels sehen. Die Verwendung von *mkmk* in diesem Zusammenhang, das wie bereits gesagt die Bedeutung „ruhen, schlafen" besitzt, erscheint im Lichte der Interpretation des Mythos A plausibel: Der alt und schwach gewordene Sonnengott setzt sich zur Ruhe und wird abgelöst durch Horus Behedeti.

Das Fest vom 25. bis zum 27. Tybi ist also auch das Fest der Ablösung des alten Sonnengottes durch Horus-Behedeti, seinem Nachfolger. Der Sonnengott findet dabei seine Ruhe in der Götternekropole.

---

69 1) Begründung des Namens des Ortes im Süden von Edfu, an dem sich Re-Harachte aufhält, nachdem die Feinde im Land getötet worden sind (133.9–134.1).
2) Begründung des *wdn*-Opfers (134.2–3).
3) Begründung des Beinamens von Horus-Behedeti (134.3–5).
4) Begründung des Opfers im Südlichen-Behedet und den (erwähnten?) Stätten (134.5–10).
5) Begründung des Seenamens (134.10–11).
6) Begründung des Namens des Speeres (134.11–135.2).

70 Zu den verschiedenen Lesungen des Namens vgl. B. GESSLER-LÖHR, *Die heiligen Seen ägyptischer Tempel* (*HÄB* 21), 1983, 283. Ich schließe mich im folgenden der Lesung von CHASSINAT, op. cit., 210, an.

71 Ein Gedanke den auch bereits A. EGBERTS, a.a.O., 26 f. geäußert hat. Die von GESSLER-LÖHR, op. cit., 283 und CHASSINAT, in: Edfou Mam., XIII, vorgenommene Identifizierung von Haus-des-Re mit dem Edfu-Tempel scheidet aus, ebenso die daraus abgeleitete Identität des Südlichen Sees mit dem Tempelsee.

72 Vgl. Edfou V, 29.10; 62.15; 161.11; 183.4; Edfou VI, 9.5; 134.10; Edfou VII, 120.5–6; 280.17; Edfou VIII, 64.17.

Daraus ergibt sich auch der Ort der Szene. Das *ḥrw-ᶜ-* und *wdn*-Opfer findet in der Götternekropole statt[73], wie es der Baum und die drei Göttlichen Stätten am Ende der Darstellung ja auch andeuten.

Bei dem Baum hinter Re handelt es sich ebenfalls um einen Baum der Götternekropole. Eine vergleichbare Darstellung findet sich am östlichen Ende des 2. Registers der Südwand des Hofes im Anschluß an eine Szene mit den Kindern-des-Re. Re ist vor einem Baum dargestellt, er empfängt auch hier das *ḥrw-ᶜ*-Getränk, und er wird bezeichnet als „Re-Behedeti, … Harachte im Horizont-der Ewigkeit", d. h. in einer der Göttlichen Stätten. Bei dem Baum in beiden Szenen handelt es sich wohl um den *jšd*-Baum. Hierzu findet sich im Balsamierungsritual folgende, an den Toten gerichtete Passage:

„*Du mögest eintreten in Behedet als dem Horizont und Opfergaben erhalten mit den Kindern-des-Re, und er (Horus-Behedeti) möge dir Sträuße (aus Zweigen) geben von Behedet, (nämlich) von dem herrlichen jšd-Baum, der sich an der Seite des Re befindet im Horizont-der-Ewigkeit.*"[74]

In einer Weinopferszene auf der Außenwand des Sanktuars sagt der König zu Re-Harachte:

„*… ich opfere auf dein Grab unter dem Heiligen Baum*[75]" und „*… ich bringe ihn (d. Weinkrug) deinem Ka unter deinem herrlichen jšd-Baum.*"[76]

Aus diesen Texten folgt m. E. recht schlüssig, daß es sich um den *jšd*-Baum handelt[77] und daß in seiner Nähe außerdem das Grab des Re zu lokalisieren ist, was gut dazu paßt, daß er sich in Behedet zur Ruhe begibt.

---

73 Darauf bezieht sich auch eine Passage der Bauinschrift der Umfassungsmauer. Nach einem Extrakt des Horusmythos (Edfou VI, 8.6–9.5) heißt es: „Nachdem er die Anlegestelle im Großen-Sitz erreicht hatte, vollzog man ein großes *wdn*-Opfer an den Festen seines Südlichen-Behedet …"

74 S. SAUNERON, *Rituel de l'Embaumement. Pap. BOULAQ III, Pap. LOUVRE 5.158.* (SAE), Kairo 1952, 37.13–38.3.

75 Edfou I, 86.4. — Zu *št3-st* = Heiliger Baum cf. A. GUTBUB, La tortue animal cosmique bénéfique à l'époque ptolémaique et romaine, in: Hommages Sauneron I, 431; P. KOEMOTH, *Osiris et les arbres* (*Aegyptiaca Leodiensia* 3), 1994, 64 ff.; DERS., Des défunts "Secret-de-places" aux arbres sacres des nécropoles divines *št3.w-s.wt*, in: *Discussions in Egyptology* 25 (1993), 29 ff.

76 Edfou I, 86.7; vgl. a. Edfou I, 100.10–11.

77 Dieser Baum ist in Edfu gleichzeitig auch der, auf dem die Regierungslänge festgelegt wird (entgegen KOEMOTH, op. cit., 63, der zwischen einem Baum des Ostens und des Westens unterscheiden möchte), wie die Szene neben dem Eingang zum Raum L (Thronsitz-des-Re) im Tempel zeigt, s. Edfou I^2, 112.3 f., besonders 112 a, n. (a) : „Der herrliche *jšd*-Baum in Behedet, dem Grab der Leichname der Großen Götter", wonach klar ist, daß der Zusatz „in Behedet" sich auf die Göttliche Stätte beziehen muß. Dieses gilt dann auch für die Darstellungen des *jšd-* und *jm3*-Baumes in dem Raum L (vgl. Edfou IX, pl. XXIX a, b), deren Beischriften ebenfalls diesen Zusatz haben (Edfou I, 290.11–12; 291.4; 297.3 u. 12–13) und zeigt, daß es kein Zufall ist, daß mit der dort ebenfalls dargestellten Akazie (*šnḏt*) alle drei Heili-

Ich möchte an dieser Stelle noch einmal auf den bereits genannten Südlichen-See bzw. See-des-Königs zurückkommen. Nach der Beschreibung in dem Text hinter dem König könnte er in der Nähe der Göttlichen Stätte gelegen haben oder Teil ihres Bezirkes gewesen sein. Die Nennung des Südlichen Sees im 5. ätiologischen Abschnitt erscheint mir ebenso wie der im 6. Abschnitt ätiologisch begründete Horusspeer, den Horus-Behedeti von Re-Harachte erhält, um die Feinde zu besiegen, nur sinnvoll im Zusammenhang mit dem folgenden Abschnitt, in dem der Sieg über Seth in Edfu geschildert wird. In der Tat findet sich in dieser Erzählung ein Gewässer, an dessen Ufer der Kampf stattfindet[78]. Es ist verlockend anzunehmen, daß die Schilderung des Sieges über Seth deshalb in dem Gesamtkontext der Szene hier steht, weil er, vergleichbar dem Mythos C, der während des Siegesfestes des Horus vom 21.–25. Mechir aufgeführt wurde, Grundlage eines Kultspieles ist, das beim Tybifest an einem beim Heiligen Bezirk gelegenen Gewässer aufgeführt wurde, eben jenem Südlichen See.

A. EGBERTS hat einmal darauf hingewiesen, daß dieser See möglicherweise auch mit dem in dem Mythos A genannten See identisch sein könnte, der wohl eine andere Bezeichnung des Tempelkanals *pꜣ-ḫnw* ist. Er hat dabei die Vermutung geäußert, daß seine Mündung in der Nähe von Nag' el-Hasaya zu suchen wäre[79].

Sollte der Tempelkanal sich tatsächlich bis zur Göttlichen Stätte Behedet erstreckt haben, ist es ebenfalls verlockend anzunehmen, daß auch der im Mythos A geschilderte Siegeszug von der Episode an, bei der die Feinde ins Wasser gehen[80], als ein sich auf den

---

gen Bäume der Göttlichen Stätte in diesem Raum auftreten, vgl. auch Edfou II, 25 (209–211); Dendara IX, 39.10–11. Dieser Raum ist in mancherlei Hinsicht ein Pendant zur Göttlichen Stätte:

1) Es ist der Ort, an dem Re abendlich zur Ruhe geht und an dem deshalb das Abendopfer gegeben wird (ALLIOT, op. cit., 121–132; H.W. FAIRMAN, Worship and Festivals in an Egyptian Temple, in: *BRL* 37 (1954), 181).
2) In ihm nimmt der Kult der Vorfahrengötter einen wichtigen Platz ein (S. CAUVILLE, *Essai sur la théologie du temple d'Horus à Edfou* (*BdE* 102), 1987, 22; Chr. FAVARD-MEEKS, *Le temple de Behbeit el-Hagara* (*SAK* Beiheft 6), 1991, 426). Bezeichnend ist in diesem Zusammenhang auch die Bezeichnung *st-wꜣḥ-jḫt* für den Opferaltar (vgl. FAVARD-MEEKS, op. cit., 401–433).

Die an diesen Raum geknüpfte Vorstellung des Übergangs der Herrschaft des Re an seinen Nachfolger Horus (ALLIOT, op. cit., 131) ist hier mit der Ebene des Königskultes verwoben und erklärt m.E. die hier dargestellten Episoden der königlichen Krönung.

78 Edfou VI, 135.6: *spt nt jm*. Nach ALLIOT, op. cit., 752, n. 1, bezeichnet *jm* hier den Nil. Es könnte sich aber auch um einen See handeln.

79 EGBERTS, a.a.O., 26 f.

80 Edfou VI, 112.8 ff. Der im Mythos vorangehende Sieg in Edfu wäre durch die Riten in Behedet und einem möglichen Kultspiel auf dem südlichen See bereits abgedeckt.

Edfu-Tempel zubewegendes Kultspiel auf diesem Kanal durchgeführt wurde, so daß mit Erreichung des Tempels die Eroberung Ägyptens sinnbildlich abgeschlossen war[81].

Der Charakter des Tybi-Festes läßt sich also wie folgt umreißen:

Es ist das Fest der Machtübernahme durch Horus-Behedeti, wobei dieses einerseits auf den ersten Sieg – die Eroberung Edfus – und andererseits auf die Machtübernahme in ganz Ägypten Bezug nimmt. Die Eroberung Edfus spielt dabei eine besondere Rolle, weil dieses, zumindest aus der Sicht der Theologen Edfus, der erste Ort ist, wo Re ägyptischen Boden betritt, und wo Re sich letztlich zur Ruhe begibt.

Daß es sich um ein Fest der Machtübernahme handelt, würde sich auch mit der schon einmal zitierten Inschrift des Südtores decken. Diese zeigt an einer leider etwas beschädigten Stelle, daß eine der Bezeichnungen des Festes mit einer gewissen Wahrscheinlichkeit „Fest des Königtums" ist[82].

Ein weiterer Hinweis findet sich möglicherweise auch in den Tagewählkalendern. Der Eintrag der Tagewählkalender für den 25. Tybi ist höchstwahrscheinlich als Hinweis auf eine Thronbesteigung des Horus zu interpretieren. Hier ist die Rede von einer Einsetzung des Horus vor Re. Außerdem wird dort interessanterweise für diesen Tag das Essen von Weintrauben verboten und man ist versucht hier eine Verbindung zum *ḥrw-ʿ*-Getränk zu sehen.[83]

Die Bedeutung der Göttlichen Stätte liegt bei diesem Fest offenbar darin, daß sie als Aufenthaltsort des Re bzw. Ort seines Grabes nach der Übergabe der Macht an seinen Nachfolger gilt. Das typische Opfer dieses Festes wird demzufolge auch hier durchgeführt. Im Zusammenhang damit werden aber auch andere Teile des Festgeschehens hierher verlegt, wie z. B. möglicherweise der „Sieg über Seth" als ein Kultspiel auf dem zu dieser Stätte gehörenden Gewässer.

Die eben genannte Bedeutung des Heiligen Bezirkes wie auch Grundzüge des Festgeschehens finden sich auch an anderen Orten. Hier ist in erster Linie das Fest des 9. Payni und das am 19. Epiphi beginnende Fest des „*Ergreifens des Stabes*" in Esna zu nennen. Auch bei diesen beiden Festen, die in einem Zusammenhang miteinander stehen, ist der mythische Hintergrund der alternde Sonnengott, gegen den sich eine Rebel-

81 Diese Annahme ist völlig unabhängig von der Frage, ob der Südliche See ein Teil des Tempelkanals war oder ob es sich um verschiedene Gewässer handelt.

82 Edfou VIII, 160.10. Rekonstruierte Anordnung im Stein: 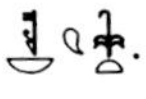.

83 LEITZ, op. cit., 219 f.

lion erhebt. Der Ort, an den er sich zurückzieht ist der Ort, an dem auch die urzeitlichen Götter begraben sind, d.h. der Heilige Bezirk im Norden von Esna. Als Stätte des Kampfes gegen die Feinde des Sonnengottes gilt der hier ebenfalls gelegene See mit dem Namen „Zerbrechen des Aufruhrs", auf dem wahrscheinlich am 20. Epiphi dieses Ereignis in Form eines Kultspieles aufgeführt wurde[84].

Die Götternekropolenfeste sind offenbar mehr als der reine Vollzug von Totenriten, wie diese Beispiele zeigen. Betrachtet man die Gelegenheiten, bei denen die Götternekropolen in Esna, Dendera, Kom Ombo oder Edfu aufgesucht wurden und bei denen wenigstens in Grundzügen bislang der Sinn der Feste erschlossen werden konnte, so stellt man fest, daß die dabei am häufigsten zu erkennenden Grundzüge des Sinns dieser Feste zum einen wie eben gezeigt der *Generationswechsel* sind, und hier ließe sich auch das eingangs geschilderte Paophifest einordnen[85], zum anderen geht es um die *zyklische Erneuerung*, wie beispielsweise in Kom Ombo beim Fest vom 2.–5. Paophi oder beim Epiphifest in Edfu[86]. In beide Prozesse sind jeweils einzelne[87] oder die gesamte Gruppe der verstorbenen Götter eingebunden[88]. *Generationswechsel* und *zyklische Erneuerung*

84 Esna V, 311 ff. — Das gleiche Schema (Kampf auf einem See gegen die Feinde des Sonnengottes in Verbindung mit einem Generationswechsel) findet sich auch bei der Göttlichen Stätte des 20. unterägyptischen Gaues, vgl. GEBLER-LÖHR, op. cit., 257 ff. Zu *j3t-nbs* als Göttliche Stätte des 20. uäg. Gaus s. Edfou I, 335.11.

85 Ebenso hier einzuordnen sind das Fest am 22.3. und das Festensemble zu Beginn des Monats Choiak in Esna, vgl. Esna V, 33 f. u. 63 f.

86 Die verstorbenen Götter werden verjüngt, s. Edfou V, 29.13; vgl. KURTH, Treffpunkt der Götter, 1994, 174, aber auch Horus und Hathor holen sich die Kraft zu ihrer jahreszyklischen Erneuerung, s. ibid., 157. — Auch die Osiris-Mysterien im Monat Choiak mit der Grablegung der Kornmumie des Vorjahres in der Göttlichen Stätte gehören in diese Kategorie. Es scheint, daß auch das thebanische Dekadenfest bestimmte Aspekte besaß, die zeigen, daß es in diese Kategorie gehört, vgl. J.-Cl. GOYON, The Decoration, in: R. PARKER u.a., *The Edifice of Taharka* (*Brown Egyptological Studies* VIII), 1979, 82.

87 Z.B. Osiris beim Fest vom 2.–5. Paophi in Kom Ombo und beim Choiakfest, Re beim Tybifest (25.–27.5.) in Edfu und beim Fest des „Ergreifen des Stabes" (19./20. Epiphi) in Esna.

88 Z.B. beim Epiphifest in Edfu. In der Einbindung der verstorbenen Götter scheint mir auch der Zusammenhang zwischen der Göttlichen Stätte und dem Neumondfest im Pachons zu bestehen. Die hierfür relevante Bedeutung dieses Festes, daß zweifellos auf das Minfest des Neuen Reiches zurückgeht und zu den Hauptfesten der Göttlichen Stätten gehört, scheint mir u.a. darin zu liegen, daß die im Neuen Reich feststellbare Komponente des königlichen Vorfahrenkultes (vgl. H. JACOBSOHN, *Die dogmatische Stellung des Königs in der Theologie der alten Ägypter* (*ÄF* 8), 1939, 32 ff.) offenbar in einen Kult der verstorbenen Urgötter transformiert wurde, und die einstmals in Anwesenheit der königlichen Vorfahren durchgeführten Riten (z.B. Getreide sicheln) nun in Anwesenheit der verstorbenen Urgötter, d.h. in der Göttlichen Stätte stattfinden. — Unter dem Aspekt der Einbindung einzelner oder aller verstorbenen Götter gesehen bleibt die Rolle der Göttlichen Stätte beim Paophifest unklar. Eine offene Frage ist vorerst auch noch, wodurch die in der Tab. 1. erkennbare Pause der Festaktivitäten in den Monaten Mechir, Phamenoth und Pharmuthi begründet ist.

liegen dicht beieinander und scheinen mir als ein Anliegen von Besuchsfesten der Götternekropole sinnvoll, denn die Götternekropole ist ein Ort der Verjüngung und Erneuerung, da beides nach altägyptischer Anschauung durch den Tod ermöglicht wird[89].

---

89 Zu Verjüngung und Regeneration als eigentlichen Sinn des Todes s. E. HORNUNG, *Der Eine und die Vielen*, Darmstadt 1971, 153 f.

DATUM		EDFU	DENDERA	ESNA	KOM OMBO
Thoth	10.1.		•	•	
	11.1.			•	
Paophi	2.2.				•
	3.2.				•
	4.2.				• (?)
	5.2.				•
	10.2.				•
	nach d. 24.	•			
	30.2.		•		
Athyr	1.3.		•		
	2.3.		•		
	3.3.		•		
	4.3.		•		•
	5.3.		•		
	22.3.			•	
	23.3.			•	
	29.3.			•	
	30.3.			•	
Choiak	1.4.			•	
	4.4.			•	
	5.4.			•	
	20.4.	•			
	26.4.				•
	27.4.				•
	28.4.				•
	29.4.				•
	30.4.		•	•	•
Tybi	20.5.		•		
	25.5.	•			
	26.5.	•			
	27.5.	•			
	30.5.		•		
Mechir	—	—	—	—	—
Phame-noth	—	—	—	—	—
Phar-muthi	—	—	—	—	—
Pachons	Neumond	• (?)	•		•
Payni	9.10.			•	
	19.10.				•
Epiphi	Neumond	•			
	19.11.			•	
	20.11.			•	
Mesore	—	—	—	—	—
Epg.	5.			•	

Tabelle 1

Abb. 1: nach Edfou X, pl. 146

Abb. 2: nach Edfou XIII, pl. DXXXV

Indizes

Sachindex

Gottheiten und verwandte Begriffe

Könige und Königinnen

Privatpersonen

Toponyme

Ägyptische Wörter

Museen, Sammlungen und Textkorpora